中国法院2024年度案例

国家法官学院 最高人民法院司法案例研究院 / 编

行政纠纷

中国法制出版社
CHINA LEGAL PUBLISHING HOUSE

《中国法院2024年度案例》通讯编辑名单

序

党的二十大擘画了全面建成社会主义现代化强国、以中国式现代化全面推进中华民族伟大复兴的宏伟蓝图，强调全面依法治国是国家治理的一场深刻革命，必须更好发挥法治固根本、稳预期、利长远的保障作用，在法治轨道上全面建设社会主义现代化国家。为落实习近平总书记“一个案例胜过一打文件”的重要指示精神，人民法院始终把完善中国特色案例制度，加强司法案例研究作为推进全面依法治国、支撑和服务中国式现代化的重要途径，通过发布具有普遍指导意义的典型案例，统一法律适用、提高审判质效，提升司法公信力，努力让人民群众在每一个司法案件中感受到公平正义。为更好满足社会各界和人民群众多元化司法需求，把习近平法治思想落实到人民法院审判工作全过程各方面，人民法院案例库于2024年2月27日正式上线并向社会开放，这是进一步完善中国特色案例制度的重要举措，是最高人民法院推出的新的“公共法律服务产品”。

“中国法院年度案例系列”丛书以及时记录人民法院司法审判工作新发展、新成就为己任，通过总结提炼典型案例的裁判规则、裁判方法和裁判理念，发挥案例鲜活生动、针对性强的优势，以案释法，以点带面，有针对性地阐释法律条文和立法精神，促进社会公众通过案例更加方便地学习法律，领悟法治精神，发挥司法规范、指导、评价、引领的重要作用，大力弘扬社会主义核心价值观，积极服务人民法院案例库建设，加强案例库案例研究，促进统一法律适用、提升审判质效，丰富实践法学研究，增强全民法治意识和法治素养，展现新时代我国法治建设新成就。

“中国法院年度案例系列”丛书自2012年编辑出版以来，已连续出版13年，受到读者广泛好评。为更加全面地反映我国司法审判执行工作的发展进程，顺应审判执行实践需要，响应读者需求，丛书于2014年度新增金融纠纷、行政纠纷、刑事案例3个分册，2015年度将刑事案例调整为刑法总则案例、刑法分则案例2个分册，2016年度新增知识产权纠纷分册，2017年度新增执行案例分册，2018年度将刑事案例扩充为4个分册，2022年度将土地纠纷（含林地纠纷）分册改为土地纠纷（含环境资源纠纷）分册。自2020年起，丛书由国家法官学院与最高人民法院司法案例研究院共同编辑，每年年初定期出版。在全国各级人民法院的大力支持下，丛书编委会现编辑出版《中国法院2024年度案例系列》丛书，共23册。

“中国法院年度案例系列”丛书以开放务实的态度、简洁明快的风格，在编辑过程中坚持以下方法，努力让案例书籍“好读有用”：一是高度提炼案例内容，控制案例篇幅，每个案例字数基本在3000字左右；二是突出争议焦点，尽可能在有限的篇幅内为读者提供更多有效、有益的信息；三是注重释法说理，大多数案例由法官撰写“法官后语”，高度提炼、总结案例的指导价值，力求引发读者思考，为司法审判提供借鉴，为法学研究提供启迪。

“中国法院年度案例系列”丛书编辑工作坚持以下原则：一是以研究案例库案例为首要任务。自今年起，“中国法院年度案例系列”丛书优先选用人民法院案例库案例作为研究对象，力求对案例库案例裁判要旨的基本内涵、价值导向、法理基础、适用要点等进行深入分析，增强丛书的权威性、参考性。二是广泛选编案例。国家法官学院和最高人民法院司法案例研究院每年通过各高级人民法院从全国各地法院汇集上一年度审结的典型案例近万件，使该丛书有广泛的精选基础，通过优中选优，可提供给读者新近发生的全国各地多种类型的典型性、疑难性案例。三是方便读者检索。丛书坚持以读者为本，做到分卷细化，每卷案例主要根据案由（罪名）分类编排，每个案例用一句话概括裁判规则、裁判思路、裁判理念、裁判方法或焦点问题作为主标题，让读者一目了然，迅速找到目标案例。

中国法制出版社始终全力支持“中国法院年度案例系列”丛书的出版，给了编者们巨大的鼓励。2024年，丛书将继续提供数据库增值服务。购买本书，扫描前勒口二维码，即可在本年度免费查阅往年同类案例数据库。我们在此谨表谢忱，并希望通过共同努力，逐步完善，做得更好，探索出一条充分挖掘好、宣传好人民法院案例库案例和其他典型案例价值的新路，为广大法律工作者和社会公众提供权威、鲜活、精准的办案参考、研究素材，更好地服务司法审判实践、服务法学教育研究、服务法治中国建设。

“中国法院年度案例系列”丛书既是法官、检察官、律师等法律工作者的办案参考和司法人员培训辅助教材，也是社会大众学法用法的经典案例读本，同时也为教学科研机构开展案例研究提供了良好的系列素材。当然，编者们在编写过程中也难以一步到位实现最初的编写愿望，客观上会存在各种不足甚至错误，欢迎读者批评指正。我们诚心听取各方建议，立足提质增效，不断拓宽司法案例研究领域，创新司法案例研究方法，助推实现中国特色司法案例研究事业的高质量发展。

国家法官学院　最高人民法院司法案例研究院

2024 年 5 月

目　录

Contents

一、行政处罚

二、行政强制执行

三、行政许可

四、行政登记

五、行政确认

六、政府信息公开

七、行政协议

八、行政补偿

九、其　他

一、行政处罚

1

行政处罚法过罚相当原则的裁量因素

——农副产品配送公司诉某区市场监督管理局、某市人民政府警告、没收违法所得、罚款及行政复议案

【案件基本信息】

1. 裁判书字号

广东省珠海市中级人民法院（2022）粤04行终17号行政判决书

2. 案由：警告、没收违法所得、罚款及行政复议

3. 当事人

原告（上诉人）：农副产品配送公司

被告（被上诉人）：某区市场监督管理局、某市人民政府

【基本案情】

2020年1月9日，农副产品配送公司以11元/斤的价格采购光鸭13斤，并于当日以12元/斤的价格转售给某幼儿园，获利13元。同日，某区市场监督管理局对该幼儿园经营的光鸭进行监督抽检。经抽样检验，磺胺类总量不符合农业部公告第235号的要求，检验结论为不合格。后农副产品配送公司向某区市场监督管理局出示了《动物检疫合格证明》，但未能提供采购光鸭的进货查验

记录。2020年11月9日，某区市场监督管理局作出《处罚决定书》，认定农副产品配送公司未建立食品进货查验记录制度及采购鸭（光鸭）时未查验食品合格证明文件的行为，违反了《中华人民共和国食品安全法》第五十三条第一款、第二款的规定，依据《中华人民共和国食品安全法》第一百二十六条第一款第三项的规定，责令农副产品配送公司改正，并给予农副产品配送公司警告的行政处罚；农副产品配送公司经营兽药（磺胺类）残留超过食品安全标准限量的食品的行为，违反了《中华人民共和国食品安全法》第三十四条第二项的规定，依据《中华人民共和国食品安全法》第一百二十四条第一款第一项的规定，责令农副产品配送公司改正，并给予农副产品配送公司没收违法所得13元及罚款8万元的行政处罚。农副产品配送公司不服，向某市人民政府申请行政复议。某市人民政府经延长审理期限30日，于2021年4月6日作出《行政复议决定书》，维持某区市场监督管理局作出的处罚决定。农副产品配送公司不服，向珠海市金湾区人民法院提起诉讼。

【案件焦点】

被诉处罚决定认定事实是否清楚，适用法律是否正确，程序是否合法。

【法院裁判要旨】[①]

广东省珠海市金湾区人民法院经审理认为：被诉处罚决定认定事实清楚、证据确凿、适用法律正确、处罚适当，程序轻微违法，但对农副产品配送公司权利不产生实际损害，应确认违法，保留其法律效力。被诉行政复议决定认定事实有误，程序合法。

广东省珠海市金湾区人民法院判决如下：

一、确认某区市场监督管理局于2020年11月9日作出的《处罚决定书》程序违法；

二、撤销某市人民政府于2021年4月6日作出的《行政复议决定书》。

---

① 本书【法院裁判要旨】适用的法律法规等条文均为案件裁判当时有效，下文不再对此进行提示。

农副产品配送公司不服一审判决，提起上诉。广东省珠海市中级人民法院经审理认为，某区市场监督管理局对农副产品配送公司的案涉违法行为作出处罚并无不当，但处罚款 8 万元，裁量明显不当。对食品违法行为处以罚款，除应适用《中华人民共和国食品安全法》的规定外，还应遵循《中华人民共和国食品安全法》规定的过罚相当原则，应全面考量违法行为的具体情况、违法情节及违法后果以确定处罚数额。农副产品配送公司违法经营数额较小，客观上对食品安全市场扰乱程度较轻，且在经营该批鸭肉时不存在主观故意，案涉鸭肉被食用后并未出现不良事件或不良后果，因此可认定农副产品配送公司案涉违法行为情节较为轻微，社会危害性较小。某区市场监督管理局根据一般裁量幅度的规定，对农副产品配送公司处罚款 8 万元，处罚裁量畸重。出于实现教育与处罚相结合的处罚目的、保护小微经济体发展的考虑，二审法院将罚款数额变更为 5000 元。此外，确认一审法院认定被诉处罚决定程序轻微违法结论正确。

广东省珠海市中级人民法院依照《中华人民共和国行政诉讼法》第七十七条第一款，第八十九条第一款第一项、第二项之规定，判决如下：

一、维持珠海市金湾区人民法院（2021）粤 0404 行初 208 号行政判决第二项，即撤销某市人民政府于 2021 年 4 月 6 日作出的《行政复议决定书》；

二、撤销珠海市金湾区人民法院（2021）粤 0404 行初 208 号行政判决第一项，即确认某区市场监督管理局于 2020 年 11 月 9 日作出的《处罚决定书》程序违法；

三、变更某区市场监督管理局于 2020 年 11 月 9 日作出的《处罚决定书》第三项中“罚款人民币 80000 元”为“罚款人民币 5000 元”。

【法官后语】[①]

在过罚相当原则的适用规则尚未实质性构建的前提下，如何根据立法精神

① 本书【法官后语】对相关法律问题涉及的法律法规等进行了时效性更新，下文不再对此进行提示。

与过罚相当原则落实相应的处罚，进一步妥善解决食品安全行政处罚实践中的问题，值得探讨。

一、过罚相当原则的裁量因素

过罚相当原则包含的裁量因素包括“过”和“相当”两大方面。根据违法行为的性质、情节、社会危害程度判断“过”的大小后，还需全面考虑过罚“相当”的相关因素①。

（一）“过”的大小裁量

司法实践中，一般主要考虑以下裁量因素：

1. 处罚前科。主要表现为行为人违法前的一贯表现，特别是有无实施过类似违法行为。《中华人民共和国行政处罚法》仅规定有“初次违法且危害后果轻微并及时改正的，可以不予行政处罚”，那么不具备“危害后果轻微并及时改正”要件的一般违法行为，有无前科便成了一个酌定裁量因素。

2. 主观过错。根据《中华人民共和国行政处罚法》第三十三条第二款的规定，主观过错之有无属于是否给予处罚的法定因素，而过错程度，包括行为动机、有无客观原因、是否故意为之、过错大小等，则属于自由裁量因素。

3. 客观行为。包括行为场域与行为方式两类。行为场域往往意味着特定的价值取向，包括行为发生的时代背景、社会关系领域等。行为方式则蕴含纠纷性质与行为社会危害性之大小，主要包括行为是否既遂、持续时间、涉案金额等。

4. 损害后果。在行政法上，违法行为是否应予处罚并不以造成实际损害为必要，但损害结果与主观过错一样，也是一个不可或缺的裁量因素。《中华人民共和国行政处罚法》第三十二条将“主动消除或者减轻违法行为危害后果”作为“应当从轻或者减轻行政处罚”的条件，第三十三条将“危害后果轻微”作为“可以不予行政处罚”的条件，对于超出前述范围的情形，损害后果就转化为自由裁量因素。

5. 悔错态度。违法行为实施完毕后，以行为人是否配合行政机关调查查

---

① 刘权：《过罚相当原则的规范构造与适用》，载《中国法学》2023年第4期。

处、采取补救措施、赔偿受害人损失为主要表现形态的悔错态度，也是法院评价行为人主观恶性及再犯可能性的重要依据。

6. 经济能力。经济能力因素对于财产罚，尤其是罚款的科处具有影响力。在行为人经济承受能力限度内，罚款威慑效应与行为人资力呈负相关关系：资力越强，同等数量的罚款威慑效应越弱。司法实践中已有案件将行为人的经济能力作为裁量是否适当的考量因素。

（二）过罚“相当”的因素

“相当”是过罚相当原则的核心所在，是行政诉讼合理性审查的一个重要维度，但过罚相当原则并没有提供明确的标准和方法，而比例原则与过罚相当原则具有相通性，因此，一般会运用比例原则进一步补充和衡量行政处罚效果。

二、对本案的分析

本案中，农副产品配送公司违反了法律禁止性规定，且不符合法定免予处罚条件，对其违法行为依法应予处罚，但其违法经营数额较小，客观上对食品安全市场扰乱程度较轻，且不存在主观过错、损害后果轻微，8 万元罚款的处罚相对于小微经济体的承受能力和接受程度明显过重。判决变更罚款数额为 5000 元，不仅能实现教育与处罚相结合的处罚目的，也有利于保护小微经济体的发展，符合过罚相当原则。判决作出后，双方当事人均服判息诉，收到较好的社会效果和法律效果。

编写人：广东省珠海市中级人民法院　黄莎莎

2

在对广告违法行为实施行政处罚时，除适用广告法确定处罚种类及幅度以外，还应当遵循行政处罚法的过罚相当原则

——粮油脂营销公司诉某区市场监督管理局、某市市场监督管理局行政处罚及行政复议案

【案件基本信息】

1. 裁判书字号

北京市第一中级人民法院（2023）京 01 行终 166 号行政判决书

2. 案由：行政处罚及行政复议

3. 当事人

原告（上诉人）：粮油脂营销公司

被告（被上诉人）：某区市场监督管理局（以下简称某区市监局）

被告（上诉人）：某市市场监督管理局（以下简称某市市监局）

【基本案情】

某区市监局接到举报信，内容为反映粮油脂营销公司运营的微信公众号发布的产品介绍中存在医疗用语，违反了《中华人民共和国广告法》等法律规定。某区市监局经过调查核实，对粮油脂营销公司作出处罚决定，主要内容为：经查明，粮油脂营销公司于 2014 年 5 月开通涉案微信公众号。粮油脂营销公司于 2017 年 9 月在该微信公众号中发布产品介绍，其中“小榨浓香菜籽油”的介绍中写有“其含油酸、亚油酸等不饱和脂肪酸等高达 92%，油酸、亚油酸具

有一定软化血管、延缓衰老的功效”，在“压榨玉米油”的介绍中写有“含有亚油酸、植物甾醇、维生素等多种营养元素，不饱和脂肪酸含量达到80%以上；对降低脂肪、预防和改善心脑血管疾病具有一定促进作用”，在“压榨葵花籽油”的介绍中写有“葵花籽油含有天然维生素E、亚油酸等对人体有益的物质，可增强血管的柔性和弹性，对降低脂肪有一定帮助”等内容。在上述产品介绍下方有“阅读原文”链接，点击后跳转至粮油脂营销公司的受托经销商在某线上商城开设的“××食用油京东自营旗舰店”店铺。上述微信公众号中的产品介绍内容由粮油脂营销公司的员工编辑、制作、发布。粮油脂营销公司对上述宣传内容无任何广告制作、发布等广告费用。粮油脂营销公司在微信公众号中发布上述产品介绍的行为属于除医疗、药品、医疗器械广告外，广告涉及疾病治疗功能，使用了医疗用语或者易使推销的商品与药品、医疗器械相混淆的用语的行为，违反了《中华人民共和国广告法》第十七条的规定，依据《中华人民共和国广告法》第五十八条第一款第二项之规定，责令粮油脂营销公司改正上述违法行为，并决定责令粮油脂营销公司停止发布广告，在相应范围内消除影响，罚款15万元。此后，粮油脂营销公司不服案涉处罚决定，向某市市监局申请行政复议，某市市监局作出复议决定，决定维持某区市监局作出的案涉处罚决定。粮油脂营销公司不服案涉处罚决定及案涉复议决定，遂提起本案行政诉讼。

【案件焦点】

1. 粮油脂营销公司在企业微信公众号发布产品介绍的行为是否属于发布商业广告的行为；2. 粮油脂营销公司发布广告的行为是否违反《中华人民共和国广告法》第十七条的规定；3. 某区市监局作出案涉处罚决定是否明显不当；4. 某市市监局作出案涉复议决定是否合法。

【法院裁判要旨】

北京市石景山区人民法院经审理认为：粮油脂营销公司在其运营的涉案微信公众号中发布产品介绍，违反了《中华人民共和国广告法》第十七条的禁止性规定。某市市监局未在法定期限内向粮油脂营销公司邮寄《延期审理通知书》及案涉复议决定的行为属于程序轻微违法。

北京市石景山区人民法院依据《中华人民共和国行政诉讼法》第六十九条、第七十四条第一款第二项之规定，判决如下：

一、确认被告某市市监局作出的《行政复议决定书》违法；

二、驳回原告粮油脂营销公司的其他诉讼请求。

粮油脂营销公司不服一审判决，提起上诉。北京市第一中级人民法院经审理认为：第一，粮油脂营销公司发布的“小榨浓香菜籽油”“压榨葵花籽油”产品介绍中，部分有关“具有一定软化血管、延缓衰老的功效”“可增强血管的柔性和弹性，对降低脂肪有一定帮助”的内容，属于声称产品所含物质具有一定保健功能。某区市监局认定粮油脂营销公司上述的行为违反《中华人民共和国广告法》第十七条的规定，属于适用法律错误。第二，某区市监局作出案涉处罚决定明显不当。行政处罚兼具惩罚和教育的双重功能，适当处罚有利于教育被处罚人改正违法行为，增强依法生产经营的自觉性，也有利于树立行政执法的权威性和公信力。在对广告违法行为实施行政处罚时，除了适用《中华人民共和国广告法》的具体规定确定处罚种类及幅度以外，还应当遵循行政处罚法确定的基本原则和制度，根据案涉违法行为的具体情况，综合全案事实考量违法行为的情节、性质、后果及危害程度等因素，以及是否存在从轻、减轻或者不予行政处罚等情形。本案中，某区市监局认定粮油脂营销公司发布广告的部分行为存在适用法律错误的情形，且粮油脂营销公司在某区市监局立案调查后，能够认识自身错误，并积极配合调查，及时对违法的广告内容进行整改，删除违法广告。本院认为某区市监局对粮油脂营销公司处以15万元罚款，在处罚数额的裁量上明显过重，属于明显不当。第三，某市市监局作出案涉复议决定程序轻微违法。

北京市第一中级人民法院判决如下：

一、撤销北京市石景山区人民法院（2022）京0107行初73号行政判决；

二、变更某区市监局2021年12月9日作出的案涉处罚决定关于“罚款15

万元”部分，改为“罚款10万元”；

三、撤销某市市监局2022年4月27日作出的案涉复议决定；

四、驳回粮油脂营销公司的其他诉讼请求。

【法官后语】

一、微信公众号发布产品介绍应当遵守《中华人民共和国广告法》的规定

微信公众号发布产品介绍属于发布商业广告的行为，应当遵守《中华人民共和国广告法》的规定，不能为提高销售量而违法使用具有疾病治疗功能的宣传用语。《中华人民共和国广告法》第二条第一款规定，在中华人民共和国境内，商品经营者或者服务提供者通过一定媒介和形式直接或者间接地介绍自己所推销的商品或者服务的商业广告活动，适用本法。根据《微信公众平台服务协议》载明的内容，微信公众号系腾讯向用户提供的包括信息发布功能在内的互联网技术服务。微信公众号可以通过微信公众平台为相关用户提供服务，包括群发信息、单发信息、用户信息处理等。据此，企业通过微信公众号发布信息，能够起到向微信用户介绍商品或者服务的作用，属于《中华人民共和国广告法》规定的商业广告活动，应当遵守其规定。《中华人民共和国广告法》第十七条规定，除医疗、药品、医疗器械广告外，禁止其他任何广告涉及疾病治疗功能，并不得使用医疗用语或者易使推销的商品与药品、医疗器械相混淆的用语。判断是否违反上述规定，需要结合具体的广告环境，综合判断该广告是否会让受众认为产品可治疗某种疾病，进而考量广告是否存在上述法律规定的情形。

二、行政处罚是否明显不当的认定标准

《中华人民共和国行政诉讼法》将“明显不当”纳入审查范围。对于行政处罚明显不当的，人民法院可以判决变更。在对行政行为进行形式合法性审查的同时，还要进行实质合法性审查，将行政行为置于社会需求、社会价值、社会变化中进行考量，以实现裁判的最佳社会效果。[①] 本案是一起因行政处罚引发争议的案件，行政处罚兼具惩罚和教育的双重功能，适当处罚有利于教育被

① 程琥：《行政诉讼合法性审查原则新探》，载《法律适用》2019年第19期。

处罚人改正违法行为，增强依法生产经营的自觉性，也有利于树立行政执法的权威性和公信力。对本案中行政处罚行为的合法性审查，是否符合过罚相当原则是司法实践中常用的认定标准。过罚相当原则指的是对符合行政处罚构成要件的行为人的处罚，应当与其违法行为相均衡的处罚准则。该原则的实体法依据是《中华人民共和国行政处罚法》第五条第二款，即设定和实施行政处罚必须以事实为依据，与违法行为的事实、性质、情节以及社会危害程度相当。①

行政机关在对广告违法行为实施行政处罚时，除适用《中华人民共和国广告法》的具体规定确定处罚种类及幅度外，还应当遵循《中华人民共和国行政处罚法》确定的基本原则和制度，根据案涉违法行为的具体情况，综合全案事实考量违法行为的情节、性质、后果及危害程度等因素，以及是否存在从轻、减轻或者不予行政处罚等情形。因此，本案在审理过程中，考虑到当前保障企业经济健康发展的现实需要，从维护企业经济发展的良好营商环境目的出发，在行政处罚法规定幅度内作出减少处罚金额的变更判决，既坚持了依法审判，又减轻了企业负担，为助力优化首都营商环境贡献了司法力量。

三、实质性化解行政纠纷，避免程序空转

法院通过对行政行为进行正当性审查，追求的是实质正义和裁判的社会效果。实现行政争议实质化解，需要在合法审查的前提下平衡各方利益，让裁判结果最大限度实现公平正义。本案是一起因行政处罚引发争议的案件，行政处罚兼具惩罚和教育的双重功能，适当处罚有利于教育被处罚人改正违法行为，增强依法生产经营的自觉性，也有利于树立行政执法的权威性和公信力。本案中，本着教育与处罚相结合的原则，二审法院认为某区市监局对粮油脂营销公司处以 15 万元罚款，在处罚数额的裁量上明显过重，属于明显不当，对被诉行政处罚决定之罚款金额判决变更为处罚 10 万元，兼顾法理与人情，作出减少处罚金额的变更判决，既有利于维护企业经济发展的良好营商环境，又能有效减少当事人诉累，避免了程序空转，促进了行政争议的实质性解决。

编写人：北京市第一中级人民法院　程琥　李静怡

① 陈太清：《过罚相当原则的司法适用》，载《法学》2021 年第 10 期。

3

"超限"与"超载"属于同一个违法行为不得给予两次以上罚款的行政处罚

——吴某某诉某县交通运输局罚款案

【案件基本信息】

1. 裁判书字号

湖南省娄底市中级人民法院(2022)湘13行终186号行政判决书

2. 案由:罚款

3. 当事人

原告(被上诉人):吴某某

被告(上诉人):某县交通运输局

第三人:某省高速公路交通警察局某交警大队

【基本案情】

2022年3月22日凌晨,原告吴某某驾驶湘KH××××/KS×××挂重型半挂牵引车从W收费站冲关后在某高速公路上行驶,2时35分在往北135km+778m M收费站出口处,被收费员拦截。第三人某省高速公路交通警察局某交警大队接警后赶赴现场,经检查,该车挂车车厢栏板加高,挂车后方大梁处加装了两个液压顶泵,车厢内装满碎石。第三人将吴某某及车辆带到下属单位某中队等待进一步处理。当日9时许,第三人将吴某某及车辆带至超限检测站进行称重过磅检测。超限监测站向第三人出具了《车辆超限报告单》,报告单上记载"检测时间:09:33:29,车辆牌照:湘KH××××,限重:49000,车辆轴数:6,车辆总重:77240,车辆超限:28240,超限比率:57.63,驾驶员签名:吴某某，执法员签名：李某、罗某某”字样。同时，超限监测站又出具了同一票号的报告单给被告，执法员签名为“扶某、何某某、袁某”。随即，被告执法人员要求吴某某卸载超重货物，消除违法行为，并于当日10时43分46秒再次对吴某某车货进行称重检测，超限监测站出具了已消除违法行为的《车辆超限检测报告单》。

第三人取证后依据超限监测站出具的《车辆超限报告单》车货总质量超限28.24吨及货车改形的违法事实，结合其他证据向吴某某作出了《公安交通管理行政处罚决定书》。决定书的主要内容为：“……依据对你擅自改变机动车外形和已登记的有关技术数据的违法行为，现依据《机动车登记规定》第五十七条的规定，决定给予罚款伍佰元的处罚；对你驾驶货车载物超过核定载质量50%不足100%的违法行为，现依据《中华人民共和国道路交通安全法》第九十二条第二款的规定，决定给予罚款捌佰元的处罚；以上两项违法行为，分别裁决、合并执行罚款壹仟叁佰元。决定处以：罚款壹仟叁佰元。”当日12时57分，吴某某通过邮政银行缴费1300元。

同日，被告以吴某某驾驶湘KH××××/KS×××挂重型半挂牵引车在公路上擅自超限行使为由立案调查。

被告向吴某某作出了《行政处罚事前告知书》，告知吴某某拟作出行政处罚事实、依据及享有听证、陈述申辩等权利。其主要内容为：“你如对上述拟给予的行政处罚内容及事实、理由、依据有异议，可在收到本告知书之日起5个工作日内向本机关提出陈述、申辩意见。（如果符合听证条件的）依据《中华人民共和国行政处罚法》第六十三条之规定，你对拟作出的行政处罚有要求听证的权利，你可在收到本告知书之日起5个工作日内提出听证申请。逾期不提供陈述、申辩意见又不要求听证的，本机关将依法作出行政处罚决定。”同时，被告的执法人员于16时05分至14分，对原告制作了《陈述申辩笔录》，笔录中记录“自愿放弃陈述申辩的权利，不要求组织听证”，吴某某签名并在笔录中签署了“笔录属实”的字样。被告行政机关负责人于17时至17时30分对该案进行了集体讨论，对吴某某的违法行为作出了罚款

14000元处罚的讨论意见。

同日，被告以超限监测站出具的《车辆超限报告单》中车货总质量超限28.24吨事实及《陈述申辩笔录》《重大案件集体讨论决定》等证据向原告作出了《行政处罚决定书》，该决定书的主要内容为："……现已查明，你于2022年3月22日驾驶湘KH××××/KS×××挂重型半挂牵引车装运碎石由某县W镇至长沙，车货总质量77.24吨，车货总质量超限28.24吨……依据《中华人民共和国公路法》第七十六条第五项、《公路安全保护条例》第六十四条、《超限运输车辆行驶公路管理规定》第四十三条、《湖南省治理货物运输车辆超限超载条例》第三十一条规定，本机关对你作出如下行政处罚：1. 责令改正。2. 罚款人民币壹万肆仟元整……"

另查明，3月22日16时前，吴某某通过工商银行向被告某县交通运输局缴纳罚款14000元。

【案件焦点】

1. 被告作出的《行政处罚决定书》程序是否合法；2. 该案是一个违法行为还是两个违法行为，被告某交通局作出《行政处罚决定书》是否违法；3. 被告是否应当返还原告吴某某支付的14000元及相应利息。

【法院裁判要旨】

湖南省涟源市人民法院经审理认为：关于争议焦点一，被告作出《行政处罚决定书》的程序是否合法。根据《中华人民共和国行政诉讼法》第三十四条的规定："被告对作出的行政行为负有举证责任，应当提供作出该行政行为的证据和所依据的规范性文件。被告不提供或者无正当理由逾期提供证据，视为没有相应证据。但是，被诉行政行为涉及第三人合法权益，第三人提供证据的除外。"

被告对吴某某作出14000元罚款属于较重的行政处罚。在作出处罚决定前，应当由行政机关负责人集体讨论决定，并由从事行政处罚决定法制审核的人员进行审核。对于应当依法经行政机关负责人集体讨论作出行政处罚决定的案件，集体讨论决定的程序应当在案件调查程序终结后、行政处罚决定作出前进行。本案中，被告于 3 月 22 日 17 时至 17 时 30 分进行集体讨论，被告称集体讨论后作出《行政处罚决定书》。原告却在当日的 16 时前缴纳罚款。被告依法应当对行政行为的合法性承担举证责任，但在本案诉讼过程中被告未提供对原告缴纳罚款时间早于被告集体讨论时间作出合理说明的相关证据及规范性文件，依法视为没有相应证据，应当承担举证不能的法律后果。故，被告在集体讨论前作出《行政处罚决定书》程序违法。

关于争议焦点二，该案是一个违法行为还是两个违法行为，被告某县交通运输局作出《行政处罚决定书》是否合法。其实质在于被告作出《行政处罚决定书》是否违反了行政处罚法中的一事不再罚原则。

根据《中华人民共和国行政处罚法》第二十九条规定："对当事人的同一个违法行为，不得给予两次以上罚款的行政处罚。同一个违法行为违反多个法律规范应当给予罚款处罚的，按照罚款数额高的规定处罚。"本院认为，第三人和被告均以《车辆超限报告单》为处罚依据，虽然先后依据不同的法律规范作出行政处罚决定，但本质上是一个违法行为，在第三人作出行政处罚罚款决定后，被告不得再对该违法行为作出罚款处罚。故，被告作出《行政处罚决定书》违反"对同一违法行为不得作出两次以上的罚款处罚"的规定。

关于争议焦点三，被告是否应当返还原告吴某某支付的 14000 元及相应利息。《中华人民共和国国家赔偿法》第三十六条规定："……（一）处罚款、罚金、追缴、没收财产或者违法征收、征用财产的，返还财产……（七）返还执行的罚款或者罚金、追缴或者没收的金钱，解除冻结的存款或者汇款的，应当支付银行同期存款利息……"本案被告作出的《行政处罚决定书》违法，依法应当予以撤销；原告已经缴纳的罚款，依法应当予以返还。故，对原告要求被告返还 14000 元罚款及相应利息的诉讼请求，本院予以支持。

湖南省涟源市人民法院依照《中华人民共和国行政诉讼法》第七十条第一项及第三项、《中华人民共和国国家赔偿法》第三十六条第一项及第七项之规定，判决如下：

一、撤销被告某县交通运输局于2022年3月22日作出的《行政处罚决定书》；

二、责令被告某县交通运输局在本判决生效之日起五日内返还原告吴某某已经缴纳的罚款14000元并支付同期存款利息（利息按中国人民银行同期存款利率从2022年3月22日起计算至实际清偿之日止）。

被告某县交通运输局不服一审判决，提起上诉。湖南省娄底市中级人民法院经审理认为：《中华人民共和国行政处罚法》第二十九条规定："对当事人的同一个违法行为，不得给予两次以上罚款的行政处罚。同一个违法行为违反多个法律规范应当给予罚款处罚的，按照罚款数额高的规定处罚。"本案中，吴某某既是案涉车辆的所有者，同时又是驾驶者。吴某某于2022年3月22日驾驶案涉车辆装运碎石由某县W镇至长沙，从W收费站冲关后在长芷高速上行驶，在M收费站出口处被收费员拦截。经检查发现其行为不仅违反了《机动车登记规定》《中华人民共和国道路交通安全法》，并且同时违反了《中华人民共和国公路法》《公路安全保护条例》《超限运输车辆行驶公路管理规定》《湖南省治理货物运输车辆超限超载条例》的规定，按照前述规定，吴某某的行为属于同一个行为违反多个法律规范，应该按照罚款数额高的规定处罚。

对于较重的行政处罚应当依法集体讨论作出行政处罚决定，集体讨论决定的程序应当在案件调查程序终结后、行政处罚决定作出前进行。上诉人对吴某某作出14000元罚款属于较重的行政处罚。在对其作出处罚决定前，应当集体讨论决定。本案中，吴某某在3月22日16时前已经缴纳罚款。上诉人却于3月22日17时至17时30分进行集体讨论后作出《行政处罚决定书》，且上诉人在本案诉讼过程中未提供对吴某某缴纳罚款时间早于上诉人集体讨论时间合理说明的相关证据及规范性文件，故上诉人作出的《行政处罚决定书》程序违法，一审法院判决结果并无不当，上诉人请求撤销一审判决的理由不充分，本院不予支持。

湖南省娄底市中级人民法院依照《中华人民共和国行政诉讼法》第八十九条第一款第一项的规定，判决如下：

驳回上诉，维持原判。

【法官后语】

高速公路交通警察局、交通运输局两个行政机关分别以同一份“超限报告检测单”，依据不同的法律规定，对吴某某作出罚款决定。“超限”与“超载”有严格的界定标准，在特定的情况下“超限”涵盖了“超载”。超限是指货运车辆的载货长度、宽度、高度和载货质量超过规章制度规定的限度，主要研究的是车辆装载与公路的关系，特别关注的是公路的正常使用。超载指汽车装载货物时超过汽车额定载重量，对超载的核定，主要关注的是汽车性能以及由此而引发的行车安全性。本案从“超限”与“超载”是否属于同一个违法行为、最先立案与最高罚款相冲突并存的情况下法律应如何适用、行政机关的执法程序当如何规范三个方面进行阐述。

1. 本案是一个违法行为还是两个违法行为。虽然“超限”和“超载”依据不同的法律有不同的认定标准，但可能存在超限但不超载的情形，也可能存在超载但不超限的情况，具体要考虑到车辆的前轴、后轴、双轴每侧的承载能力（轴载承受能力）。2016年《交通运输部、工业和信息化部、公安部、工商总局、质检总局关于进一步做好货车非法改装和超限超载治理工作的意见》规定，“统一车辆限载标准。取消车货总重超过55吨、平均轴载超过10吨和载货超过车辆出厂标记载质量的超限超载认定标准”。统一后的“超载”“超限”违法行为认定，均按照国家标准GB 1589—2016《汽车、挂车及汽车列车外廓尺寸、轴荷及质量限值》规定的最大允许总质量限值。

进一步分析“超载”与“超限”违法行为，在主体、主观方面、客体、客观方面等违法行为四要素构成上，具有高度一致性。“超载”与“超限”违法行为，在认定标准统一之后，“超载”与“超限”两者实质上属于“同一违法行为”。故，本案中被告某县交通运输局与第三人某省高速公路交通警察局某交警大队依据同一份《车辆超限报告单》，根据不同的法律法规作出处罚，本质上针对的是同一个违法行为。

2. 应当由哪个单位作出处罚决定，最先立案与最高罚款相冲突应当如何处理？《中华人民共和国行政处罚法》第二十五条规定：“两个以上行政机关都有管辖权的，由最先立案的行政机关管辖。对管辖发生争议的，应当协商解决，协商不成的，报请共同的上一级行政机关指定管辖；也可以直接由共同的上一级行政机关指定管辖。”第二十九条规定：“对当事人的同一个违法行为，不得给予两次以上罚款的行政处罚。同一个违法行为违反多个法律规范应当给予罚款处罚的，按照罚款数额高的规定处罚。”本案中，被告及第三人均具有管辖权，第三人某省高速公路交通警察局某交警大队最先立案，依据《中华人民共和国道路交通安全法》第九十二条第二款的规定，对原告执行罚款1300元，原告当即缴付罚款。随后，第三人将作出的处罚决定告知了在现场的被告的工作人员。被告立案受理后，进行调查，依据《中华人民共和国公路法》第七十六条第五项、《公路安全保护条例》第六十四条、《超限运输车辆行驶公路管理规定》第四十三条、《湖南省治理货物运输车辆超限超载条例》第三十一条规定，对原告作出了罚款14000元的行政处罚。存在第三人最先立案作出罚款当事人缴纳后与被告后立案作出最高罚款相冲突，法律应如何适用的问题。《中华人民共和国行政处罚法》第五条规定：“行政处罚遵循公正、公开的原则。设定和实施行政处罚必须以事实为依据，与违法行为的事实、性质、情节以及社会危害程度相当。对违法行为给予行政处罚的规定必须公布；未经公布的，不得作为行政处罚的依据。”上述法律规定了过罚相当的原则，本案的情形属于法条竞合，“从一重”处罚即可。当最先立案的行政机关没有发现行为人的行为违反了多个法律规定，应当给予罚款处罚时，可以直接实施行政处罚。其他有权行政机关事后可以补充处罚，如果该行政机关的处罚依据是“罚款数额高的规定”，则该行政机关可以补充处罚差额部分。当最先立案的行政机关发现行为人的行为违反了多个法律规范，应当给予罚款处罚时，最先立案的行政机关应当将案件移送罚款数额最高的行政机关管辖。当同一个违法行为违反多个法律规范应当给予罚款处罚时，不同行政机关，应当通过线上和线下执法信息交换平台，互通有无，实现信息对称，以确保最先立案的机关就是“罚款数额高”的行政机关。

3. 行政机关的执法程序应当如何规范？程序合法是对行政处罚行为程序的

最低要求。具有行政处罚权的行政机关应当加强对执法人员的执法培训力度及考核，从而提高执法人员的主动履职意识和执法能力。行政机关在作出处罚决定前应当严格依法履行立案、调查程序，充分保障当事人的陈述、申辩及听证等权利，对行政处罚的启动、调查取证、审核、决定、送达、执行等进行全过程记录，归档保存。需要经过法制审查的，应当由从事行政处罚决定法制审核的人员进行法制审核，未经法制审核或者审核未通过的，不得作出决定。本案中，被告作出了处罚决定并且当事人已经缴纳罚款后，被告才进行集体讨论，颠倒了法定顺序，程序明显违法。坚定地遵守法律程序，是赖以实现法律面前人人平等的主要保证。

编写人：湖南省涟源市人民法院　欧发丽

4

危险化学品安全监管领域不予行政处罚规定的适用

——商贸中心诉某区应急管理局、某市应急管理局没收违法所得、罚款处罚及行政复议案

【案件基本信息】

1. 裁判书字号

北京市第三中级人民法院（2022）京 03 行终 859 号行政判决书

2. 案由：没收违法所得、罚款处罚及行政复议

3. 当事人

原告（上诉人）：商贸中心

被告（被上诉人）：某区应急管理局、某市应急管理局

【基本案情】

2021年6月8日，某区应急管理局接到商贸中心（系个体工商户商号）涉嫌存在未取得危险化学品经营许可证经营危险化学品行为的举报。经审批予以立案后，某区应急管理局至现场检查，调取了商贸中心的营业执照，并对商贸中心经营者屈某某进行调查询问，就购买视频内容，商贸中心经营者表示没有异议并认可视频中显示的场所是其经营场所，视频中的人员为其子，其未取得危险化学品经营许可证。某区应急管理局针对商贸中心的违法行为，现场处理决定责令停止销售危险化学品（无水乙醇）。2021年7月1日，某区应急管理局作出并向屈某某直接送达《行政处罚告知书》，告知其涉嫌存在违法事实、理由及法律依据，并告知商贸中心享有陈述、申辩、听证的权利。2021年7月6日，某区应急管理局制作《案件调查终结报告》并经审批办理期限延长60日。2021年8月4日，某区应急管理局经集体讨论后作出被诉《行政处罚决定书》，认定商贸中心存在未取得危险化学品经营许可证从事危险化学品经营的行为（销售危险化学品无水乙醇1瓶，收取人民币10元），违反了《危险化学品安全管理条例》第三十三条第一款的规定，依据《危险化学品安全管理条例》第七十七条第三款的规定，参照《北京市安全生产行政处罚自由裁量基准》（2020年修订版）中《危险化学品安全管理条例》相关裁量基准（五）.1的规定，决定对商贸中心作出没收违法所得10元，并处人民币10万元罚款的行政处罚，合计人民币100010元。

商贸中心收到某区应急管理局向其送达的上述决定书后，向某市应急管理局申请行政复议。某市应急管理局经受理、通知、组织听证后，于2021年9月23日作出并向商贸中心直接送达被诉《行政复议决定书》，依法决定维持某区应急管理局作出的《行政处罚决定书》。

商贸中心不服，主要理由为处罚金额明显过高，与违法事实、性质、情节及危害程度不相当，其违法情况应依法不予处罚，故，提起本次诉讼，请求撤销被诉《行政处罚决定书》及《行政复议决定书》。

【案件焦点】

商贸中心未取得危险化学品经营许可证从事危险化学品经营的行为，是否符合《中华人民共和国行政处罚法》第三十三条规定的不予处罚情形。

【法院裁判要旨】

北京市朝阳区人民法院经审理认为：本案系因行政机关在危险化学品监督管理中实施行政处罚引发的纠纷。《危险化学品目录》（2015版）是现行有效的落实《危险化学品安全管理条例》的重要基础性文件，是企业落实危险化学品安全管理主体责任，以及相关部门实施监督管理的重要依据。该目录中列明“乙醇［无水］”为危险化学品。结合举报人提交的视频、《送（销）货单》，并结合某区应急管理局在执法过程中调取的原告《营业执照》复印件、对原告的调查询问情况，能够证明原告未取得危险化学品经营许可证，于2020年12月7日在其经营场所销售无水乙醇1瓶，并收取人民币10元的事实。原告的行为已构成违反《危险化学品安全管理条例》第三十三条第一款规定的未经许可经营危险化学品行为。某区应急管理局针对原告的违法行为作出没收违法所得并处罚款10万元的处罚，处罚种类和幅度的确定具有相应法律依据。某区应急管理局作出的被诉《处罚决定书》程序合法，应予以认可。某市应急管理局作为朝阳区市监局的上一级主管部门，其复议程序并无不当、结论正确。

关于原告的诉讼理由，北京市朝阳区人民法院认为危险化学品一旦未经许可销售，即存在危害民众生命财产安全的潜在危险，原告未取得危险化学品经营许可销售无水乙醇，该行为已经构成了对行政管理秩序的违反，应推定为具有主观过错。同时，原告作为个体经营者对其经营范围以及销售的化工产品中不得含有化学危险品应明确知晓，故原告的违法行为不符合法定不予处罚的适用条件，亦不符合酌定不予处罚的条件。原告主张的举报视频存在人为剪辑不具有真实性及所售无水乙醇为兑水酒精，无事实依据，不予采信。

北京市朝阳区人民法院依照《中华人民共和国行政诉讼法》第六十九条、第七十九条之规定，判决如下：

驳回原告商贸中心的全部诉讼请求。

商贸中心不服一审判决，提起上诉。北京市第三中级人民法院经审理同意一审法院裁判意见，依照《中华人民共和国行政诉讼法》第八十九条第一款第一项之规定，判决如下：

驳回上诉，维持一审判决。

【法官后语】

在当前持续优化营商环境的大背景下，各行政监管领域都在积极探索包容、审慎的监管方式。与之相适应，2021 年修订的《中华人民共和国行政处罚法》（以下简称《行政处罚法》）第三十三条也确立了"轻微免罚""首违不罚"制度。[①] 本案争议涉及危险化学品监管领域不予行政处罚规定的适用，需结合危险化学品监管的特殊性、不予行政处罚的构成要件进行分析。

首先，《行政处罚法》第三十三条对不予行政处罚规定的理解。《行政处罚法》第三十三条规定了法定不予处罚和酌定不予处罚两类。其中，法定不予处罚包括两种适用情形：一是违法行为轻微并及时改正，没有造成危害后果的，即"轻微不罚"；二是当事人有证据足以证明没有主观过错的。2021 年修订的《行政处罚法》增加了"主观过错"条款，但并未改变我国行政处罚"客观归责"立场，主观过错并非行政处罚的构成要件，而是行政相对人的法定不予处罚事由。

酌定不予处罚即"首违不罚"，必须同时符合"初次违法""危害后果轻微""及时改正"三个条件。危害后果是"轻微不罚"和"首违不罚"的必备要件，是适用法律规定进行不予处罚裁量的重要事实因素。行政处罚的危害后果并不以是否实际发生危害后果评价其行为的危害性，通常以行为人不履行行政法上的义务而造成的社会危害性反映其危害后果。危害后果轻重程度应以违反行政义务所对应保护的法益受到侵害程度为标准进行判断。

---

① 《行政处罚法》第三十三条第一款、第二款规定："违法行为轻微并及时改正，没有造成危害后果的，不予行政处罚。初次违法且危害后果轻微并及时改正的，可以不予行政处罚。当事人有证据足以证明没有主观过错的，不予行政处罚。法律、行政法规另有规定的，从其规定。"

其次，危险化学品监管领域中“轻微不罚”和酌定不予处罚的认定。通过上述分析，危害后果直接影响法定不予处罚中“轻微不罚”和酌定不予处罚的认定。《危险化学品安全管理条例》第三十三条第一款规定了危险化学品经营实行许可制度，未经许可，任何单位和个人不得经营危险化学品。该项行政义务的立法目的和危险化学品的经营实施许可制度的要义在于危险化学品经营行为直接关系到人民群众生命财产安全，其管理必须严格遵循安全第一的基本原则。危险化学品一旦未经许可销售，即存在直接危害民众生命财产安全的潜在危险，对人民群众生命财产安全造成了侵害，不能仅以是否实际发生危害后果评价其行为的危害后果，而应遵循预防为主的基本原则。故在案证据能够证明原告存在未经许可经营危险化学品无水乙醇的情况下，其不符合没有造成危害后果、危害后果轻微的条件，排除了法定不予处罚中“轻微不罚”和酌定不予处罚“首违不罚”的适用。

最后，关于法定不予处罚中当事人有证据足以证明没有主观过错不予处罚的认定。“主观过错”条款的规定，一定程度上使“客观归责”立场有所松动，更符合现代行政处罚的发展趋势。危险化学品监管领域的行政处罚非该条款的但书情形，仍为“客观归责”原则，行为人一旦未经许可经营危险化学品即构成对行政管理秩序的违反，推定其存在主观过错，只有在行为人有证据足以证明没有主观过错的情况下，才可否定主观过错的推定，适用不予处罚。在“有证据足以证明”的认定上，涉及证明责任和证明标准。依据《行政处罚法》第三十三条第二款的规定，行政相对人对无主观过错承担举证责任，且证明标准需运用“证明成熟性原则”认定“足以证明”。本案原告客观上已构成对危险化学品监管秩序的违反，且在其营业执照载明的经营范围内明确不包括危险化学品，其又未提交证据证明其主观没有过错的情况下，亦应排除“主观过错”不予处罚条款的适用。

编写人：北京市朝阳区人民法院　朱军巍　刘会霞

5

不确定法律概念“重大交通事故”的判定

——刘某某诉某市公安局交警支队、某市人民政府吊销驾驶许可证及行政复议案

【案件基本信息】

1. 裁判书字号

江苏省泰州市中级人民法院（2022）苏12行终320号行政判决书

2. 案由：吊销驾驶许可证及行政复议案

3. 当事人

原告（上诉人）：刘某某

被告（被上诉人）：某市公安局交警支队、某市人民政府

【基本案情】

2015年9月10日20时30分许，刘某某在某市城区道路上驾驶机动车苏MET×××发生交通事故，造成一人受轻微伤、四人受轻伤。某市人民法院根据《中华人民共和国刑法》第一百三十三条之一的规定于2016年7月5日作出（2016）苏1281刑初222号刑事判决，认定刘某某的行为既符合危险驾驶罪的构成要件，也符合以危险方法危害公共安全罪的犯罪构成要件，根据《中华人民共和国刑法》第一百三十三条之一的规定，构成危险驾驶罪，同时构成其他犯罪，依照处罚较重的以危险方法危害公共安全罪定罪处罚，判决刘某某犯以危险方法危害公共安全罪，判处有期徒刑六年六个月。

2019年8月8日，某市公安局交警支队向刘某某作出公安交通管理行政处罚决定，查明刘某某于2015年9月10日20时30分左右，在某大桥北侧路段

处实施醉酒驾驶机动车发生重大事故，构成犯罪的行为。根据《中华人民共和国道路交通安全法》第九十一条第五款规定，决定给予：吊销机动车驾驶证，终生不得重新取得机动车驾驶证。刘某某不服，向某市人民政府申请行政复议，某市人民政府于 2022 年 1 月 17 日作出行政复议决定，确认行政处罚符合法律规定，但办案期限过长，决定维持某市公安局交警支队给予刘某某吊销机动车驾驶证，终生不得重新取得机动车驾驶证的行政处罚决定；确认其处罚程序违法。

【案件焦点】

《中华人民共和国道路交通安全法》第九十一条第五款规定中“重大交通事故”的判定。

【法院裁判要旨】

江苏省泰州医药高新技术产业开发区人民法院经审理认为：《中华人民共和国道路交通安全法》第九十一条第五款虽将“重大交通事故”作为量罚情形予以规定，但《中华人民共和国道路交通安全法》以及《中华人民共和国道路交通安全法实施条例》均未对“重大交通事故”的判定标准作出明确规定。故而在行政领域，“重大交通事故”为不确定法律概念。

因“发生重大交通事故”为交通肇事罪的法定构成要件，故而刑事法律规范对“重大交通事故”的判定有所涉及，但鉴于刑事处罚与行政处罚两种制度更多呈现的是目的性与结构性差异，基于刑法的谦抑性原则，刑法范畴的“重大交通事故”标准应当高于行政处罚法范畴的同等标准。因此，并不宜参照刑事相关规定对“重大交通事故”进行界定。

鉴于“法官不得拒绝裁判”，法院虽无力全面而准确填补“重大交通事故”这一不确定概念，但仍得充分考虑道路交通立法目的，审慎进行价值取舍，判断案涉违法情形与事故样态是否足以构成“重大”之情形。

本案中，从事故样态来看，刘某某既已达醉酒之标准，又连续违章驾驶冲撞，造成多人受伤，构成“危险驾驶罪”与“危害公共安全罪”之竞合，最终被择一重罪处理。由此可见，刘某某在此次违法行为中，违反多个道路交通安全法律规则，主观上恶性较强；致多人受伤，客观上侵害后果严重。因此，无论从普通人的认知、经验和情感来看，还是从有效遏制同等性质的违法性与侵害事件抑或指引正确的道路交通行驶规范而言，刘某某所致事故均足以构成情节上之“重大”，得纳入“重大交通事故”之概念范畴。刘某某要求撤销某市公安局交警支队作出的行政处罚决定、某市人民政府作出的行政复议决定欠缺事实和法律依据。

江苏省泰州医药高新技术产业开发区人民法院依照《中华人民共和国行政诉讼法》第六十九条、第七十九条之规定，判决如下：

驳回刘某某的诉讼请求。

刘某某不服一审判决，提出上诉。江苏省泰州市中级人民法院同意一审法院裁判意见。

江苏省泰州市中级人民法院依照《中华人民共和国行政诉讼法》第八十九条第一款第一项之规定，判决如下：

驳回上诉，维持原判。

【法官后语】

本案中的“重大交通事故”属于不确定法律概念，行政法体系对此并无明确规定。基于刑法的谦抑性原则，并不宜参照刑事相关规定对行政法域内“重大交通事故”进行界定。本案充分考虑道路交通法立法目的，综合运用文义解释、体系解释等方法，结合行政处罚的过罚相当原则，认定违法情形与事故样态是否足以构成“重大交通事故”。

一、关于“重大交通事故”专用术语的沿革

1991年9月22日发布的《道路交通事故处理办法》第六条规定：“根据人身伤亡或者财产损失的程度和数额，交通事故分为轻微事故、一般事故、重大事故和特大事故。具体标准由公安部制定。”

2004年，《中华人民共和国道路交通安全法》及其实施条例施行后，《道路交通事故处理办法》宣告废止。经检索，《中华人民共和国道路交通安全法》

及其实施条例未再对交通事故等级作出划分，亦未对“重大交通事故”作出界定。故而在行政领域，“重大交通事故”为不确定法律概念，在对其进行解释时不宜再直接适用已经失效的《道路交通事故处理办法》的规定对“重大交通事故”进行界定。

二、关于行政法上的概念是否可以直接援用刑事法律体制进行解释

因“发生重大交通事故”为交通肇事罪的法定构成要件，因此刑事法律规范中对“重大交通事故”的判定亦有所涉及。《中华人民共和国刑法》第一百三十三条规定：“违反交通运输管理法规，因而发生重大事故，致人重伤、死亡或者使公私财产遭受重大损失的，处三年以下有期徒刑或者拘役；交通运输肇事后逃逸或者有其他特别恶劣情节的，处三年以上七年以下有期徒刑；因逃逸致人死亡的，处七年以上有期徒刑。”2000年11月21日施行的《最高人民法院关于审理交通肇事刑事案件具体应用法律若干问题的解释》从定罪量刑角度出发，对“重大交通事故”的认定，结合事故结果和责任大小两方面因素进行了细化。该解释第二条规定：“交通肇事具有下列情形之一的，处三年以下有期徒刑或者拘役：(一) 死亡一人或者重伤三人以上，负事故全部或者主要责任的；(二) 死亡三人以上，负事故同等责任的；(三) 造成公共财产或者他人财产直接损失，负事故全部或者主要责任，无能力赔偿数额在三十万元以上的。交通肇事致一人以上重伤，负事故全部或者主要责任，并具有下列情形之一的，以交通肇事罪定罪处罚：(一) 酒后、吸食毒品后驾驶机动车辆的；(二) 无驾驶资格驾驶机动车辆的；(三) 明知是安全装置不全或者安全机件失灵的机动车辆而驾驶的；(四) 明知是无牌证或者已报废的机动车辆而驾驶的；(五) 严重超载驾驶的；(六) 为逃避法律追究逃离事故现场的。”

但应当注意的是，行政处罚与刑事处罚是两种性质迥异的法律制裁体系，两者基于制度价值功能的不同，在实施机关、程序以及定性标准等方面均存在显著差异。虽然刑事处罚与行政处罚在规范价值、构成要件等方面具有一定的相似性，但两种制度更多呈现的是目的性与结构性差异，其中最为关键的就是“入罪与否”的区分。显然，以“刑事入罪”的“重大交通事故”标

准来评价行政法上归属于处罚量罚要素的“重大交通事故”概念，将导致整个法律体系内部欠缺协调性，在公众期待上缺乏可能性。此外，基于刑法的谦抑性原则，刑法范畴的“重大交通事故”标准应当高于行政处罚法范畴的同等标准。故，刑罚规范体系中的“重大交通事故”并不能当然适用于行政处罚领域。因此，在本案中亦不宜参照刑事相关规定对“重大交通事故”进行界定。

三、当归责情形欠缺行政法上专用术语的确定意义，又不得参照刑事法制进行解释时，如何进行评价

应当注意到，对于饮酒后或者醉酒驾驶行为的行政处罚，《中华人民共和国道路交通安全法》第九十一条按违法性及处罚程度由轻到重作出规定。对涉醉酒驾驶机动车的，在第二款规定：“醉酒驾驶机动车的，由公安机关交通管理部门约束至酒醒，吊销机动车驾驶证，依法追究刑事责任；五年内不得重新取得机动车驾驶证。”在第五款规定：“饮酒后或者醉酒驾驶机动车发生重大交通事故，构成犯罪的，依法追究刑事责任，并由公安机关交通管理部门吊销机动车驾驶证，终生不得重新取得机动车驾驶证。”由此可见，构成犯罪并非“构成重大交通事故”的同位语，特别是在醉酒驾驶构成危险驾驶罪时，入罪并不必然导致“终生不得重新取得机动车驾驶证”的处罚情形。

综上，《中华人民共和国道路交通安全法》第九十一条第五款中的“重大交通事故”属不确定法律概念，在当前法律体系内尚无解释参照。鉴于“法官不得拒绝裁判”，法院虽无力全面而准确填补“重大交通事故”这一不确定概念，但仍得充分考虑道路交通立法目的，综合运用文义解释、体系解释等方法，结合行政处罚的过罚相当原则，从社会公众的普遍认知和常理以及充分发挥法治教育引导功能的角度出发，审慎进行价值取舍，判断具体个案中，违法情形与事故样态是否足以构成“重大”之情形。

本案中，刘某某无视法律规定，醉酒驾车，且在肇事后连续驾车冲撞，造成一人轻微伤、四人轻伤，被判处“以危险方法危害公共安全罪”，不仅主观恶性大、后果严重且具有不可控性，在社会上造成极其恶劣的影响，在主客观

上均足以认定构成“重大交通事故”。行政处罚机关的认定，法院予以尊重、支持与确认。

编写人：江苏省泰州市中级人民法院　蔡鹏

江苏省泰州医药高新技术产业开发区人民法院　李剑峰　祝倩

6

行为人以报警相要挟索赔过分高于自身损失的赔偿款构成敲诈勒索

——王某诉某市公安局、某市人民政府行政拘留、罚款及行政复议案

【案件基本信息】

1. 裁判书字号

山东省聊城市中级人民法院（2022）鲁15行终293号行政判决书

2. 案由：行政拘留、罚款及行政复议

3. 当事人

原告（上诉人）：王某

被告（被上诉人）：某市公安局、某市人民政府

第三人：谢某甲、张某甲、张某乙、陈某甲

【基本案情】

谢某甲、张某甲、张某乙、陈某甲均系未成年人。2021年8月12日下午，谢某甲等四人在王某父母经营的提子园内偷摘提子（谢某甲等人陈述二三串；王某陈述三斤至四斤，价值70元），王某及其父亲发现后将四人带至其住所，后王某联系四人的亲属前来处理。陈某甲父亲陈某因故不能到现场。当日16时

19 分，陈某添加王某为微信好友，王某向陈某发送了陈某甲被控制在王某住所的视频，陈某向王某发送“大哥，你别生气，你看看祸害了多少钱的水果，我给你转账过去”。16 时 23 分，王某回复“一个孩子 500 元”。16 时 30 分，陈某向王某微信账户支付 500 元，陈某被其祖父带离。后谢某甲、张某甲和张某乙的亲属张某到场，张某提出赔偿，王某告知其“大点的孩子（指谢某甲）1000 元，小点的孩子每人 500 元”，并称如果不给钱就报警，给孩子留案底。18 时 16 分 15 秒，张某向王某付款 2000 元。谢某甲父亲谢某到场后报警。某市公安局于 2021 年 8 月 13 日受理该案，经询问调查、履行行政处罚前告知等程序，于 2021 年 8 月 17 日作出《行政处罚决定书》，认定王某的行为构成敲诈勒索，依照《中华人民共和国治安管理处罚法》第四十九条规定，给予王某行政拘留 5 日并处罚款 500 元的行政处罚。某市人民政府经复议维持了该处罚决定。

【案件焦点】

王某将谢某甲等人留置其住所后，向其亲属索要钱财的行为，是否构成敲诈勒索。

【法院裁判要旨】

山东省高唐县人民法院经审理认为：敲诈勒索的构成要件有二：一是行为人具有非法占有他人财物的目的；二是行为人实施了以威胁或者要挟的方法勒索财物的行为。对于“威胁或者要挟”的认定，可从行为人实施的行为是否对受害人造成一种精神上的强制，使其产生恐惧、畏惧心理，不得已而交出财物来判断。本案中，王某被盗提子数量较少，即使按照王某主张的价值也仅 70 余元，故其提出的 2500 元赔偿款远大于被盗提子的价值，能够认定其主观目的并非仅是填补自身财产损害。王某将谢某甲等人留置在其住所，在亲属张某不同意支付 2000 元赔偿款时，以“不给钱就报警，给孩子留案底”相要挟，给张某精神上造成了一种压力，即担忧报警后将会给谢某甲等人留下不良记录，无奈之下支付赔偿款。陈某甲父亲陈某得知其子被控制在王某家中但其无法到现场处理时，作为一般行为人会产生一种畏惧子女受到伤害的心理，故在王某提出 500 元赔偿时也予以支付。综上认定，王某系使用威胁或者要挟的方法，迫使他人支付远远超出其实际损失的赔偿款，主观上具有非法占有他人财物的目的，构成敲诈勒索。

《中华人民共和国治安管理处罚法》第四十九条规定："盗窃、诈骗、哄抢、抢夺、敲诈勒索或者故意损毁公私财物的，处五日以上十日以下拘留，可以并处五百元以下罚款……" 本案中，王某的违法行为系因谢某甲等人偷摘提子而引起，且王某积极退回收取款项，某市公安局给予其五日行政拘留并处五百元罚款的行政处罚，适用法律正确、处罚适当且程序合法。某市人民政府作出的复议维持决定，亦合法。

山东省高唐县人民法院依照《中华人民共和国行政诉讼法》第六十九条之规定，判决如下：

驳回王某的诉讼请求。

王某不服一审判决，提起上诉。山东省聊城市中级人民法院同意一审法院裁判意见。

山东省聊城市中级人民法院根据《中华人民共和国行政诉讼法》第八十九条第一款第一项之规定，判决如下：

驳回上诉，维持原判。

【法官后语】

本案主要涉及治安案件中敲诈勒索与自助行为如何正确界定的问题。虽然人们选择公力救济方式维护受损权益已较为普遍，但基于公力救济在处理紧急事件方面的功能局限性，人们在处理一些矛盾纠纷时，有时仍然习惯于选择私力救济方式，通过自助行为来维护自身的合法权益。在当事人实施自助行为不当时，有些行为同时具备敲诈勒索与自助行为的外观特征，导致在界定其行为性质时存在一定的难度。就本案涉及的治安案件中敲诈勒索与自助行为如何正确界定的典型性问题，可以根据以下审判思路予以正确把握。

一、敲诈勒索与自助行为的概念及适用

敲诈勒索，是指以非法占有为目的，对公私财物的所有人、保管人使用威胁或者要挟的方法，勒索公私财物的行为。其构成要件：一是行为人具有非法占有他人财物的目的；二是行为人实施了以威胁或者要挟的方法勒索财物的行为。如果敲诈勒索的财物数额较小，一般给予治安处罚，但是当敲诈勒索的财物数额较大或者多次敲诈勒索时，将构成敲诈勒索罪，涉及刑事责任。而自助行为，是指权利人为保护自己的权利，在情势紧迫而又不能及时请求国家机关予以救助的情形下，对他人的财产或人身施加扣押、约束或其他措施，而为法律或社会公德所认可的行为。《中华人民共和国民法典》第一千一百七十七条①对自助行为的行使作出了明确规定，行使自助行为有着较为严格的适用条件：一是须有不法侵害状态存在；二是须为保护自己的合法权利；三是须情况紧迫而来不及请求有关国家机关的援助；四是不得超过必要限度；五是须为法律或公序良俗所许可。

二、正确认定行为人的索赔目的

对于合法的自助行为而言，行为人实施自助行为的目的，在于保护自己的合法权利，使受损权益能获得实质、完整、迅速的填补。而敲诈勒索则是以非法占有他人的财物为目的。认定行为人的索赔目的，可从行为人索赔数额与权益受损程度是否相当、是否超出了保护合法权益的必要范围以及该索赔数额是否为侵权人自愿接受等方面进行判断。

1. 索赔数额与权益受损程度是否相当。根据法律规定，一般情况下，当合法财产受到侵害时，财产权利人仅能要求侵权人赔偿财产损失，赔偿数额以填补其经济损失为限。但是，如果该权利人提出的索赔数额高于造成的经济损失，但在合理的范围之内，也为社会公德所容忍。例如，当事人提出的索赔数额还包括时间成本、预期收益损失等。本案中，王某向第三人亲属提出的2500元赔偿款，是其财产损失的35倍之多，索赔数额与其权益受损程度明显不相当，足

① 《中华人民共和国民法典》第一千一百七十七条规定："合法权益受到侵害，情况紧迫且不能及时获得国家机关保护，不立即采取措施将使其合法权益受到难以弥补的损害的，受害人可以在保护自己合法权益的必要范围内采取扣留侵权人的财物等合理措施；但是，应当立即请求有关国家机关处理。受害人采取的措施不当造成他人损害的，应当承担侵权责任。"

以认定王某行使自助行为明显超出了保护合法权益的必要范围。

2. 赔偿数额是否为侵权人自愿接受。按照意思自治原则的要求，如果侵权人对于自助行为人提出的索赔数额予以认可，且索赔数额体现公平和自愿原则，法院应予支持。判断侵权人是否为自愿赔偿，应结合双方的行为能力，以及在协商过程中各自表达的意见、采取的手段和方法综合判断。本案中，第三人亲属虽然主动向王某提出赔偿损失，但对于赔偿数额的确定，是王某单方提出，不是双方协商的结果，不能视为自愿赔偿。综上，王某向谢某甲等人亲属索赔2500元，不仅是为保护自身的合法权利，还具有非法占有他人财物的目的。

三、正确把握行为人采取措施或者使用方法的合理性

1. 合理措施的范围。根据《中华人民共和国民法典》第一千一百七十七条的规定，自助行为人可以采取的措施指扣留侵权人的财物等合理措施。此处列举的合理措施仅指扣留财物，对于“等合理措施”中是否包括对侵权人自由的限制，法律并未作出明确规定。但在实践中，对于侵权人自由的适当限制往往不可避免，如侵权人毁损他人财物后意欲逃脱，在无可供保全的财产时，被侵权人暂时限制其人身自由等待公力救济，该种措施具有一定的合理性。本案中，王某将属未成年人的谢某甲等人留置在其住所后，立即联系其家长处理赔偿事宜，如果过程中未使用暴力或者言语侮辱，也未采取威胁或者要挟的方法，双方按照公平、自愿的原则协商处理，尚且为公序良俗所许可。

2. 敲诈勒索中威胁或者要挟方法的认定。威胁和要挟，是指通过对被害人及其亲属实施精神上的强制，使其在心理上产生恐惧和压力。实践中，威胁或者要挟的方法多种多样，从形式上看，既包括明示也包括暗示。从内容上看，既包括实施暴力，也包括揭发隐私、违法犯罪活动以及毁坏名誉等。本案中，王某系以报警、给孩子留案底相要挟，使谢某甲等人的亲属产生恐惧、畏惧心理，不得已支付赔偿款，该种情形属于揭发“违法活动”的威胁、要挟方法。陈某得知其子被控制在王某家中，但其无法到现场处理时，使陈某产生畏惧子女受到伤害的心理，该种情况下王某虽未明示威胁或者要挟，但陈某甲被王某控制的这一事实本身，已经使得陈某相信陈某甲生命、健康具有被危害或者人

身自由具有被限制的可能，客观上已经实现威胁或者要挟的目的。结合前述分析，本案能够认定王某是以非法占有为目的，使用威胁或者要挟的方法勒索他人财物，构成敲诈勒索。

综上，对于治安案件中敲诈勒索与自助行为如何正确界定的问题，应当从行为人所欲保护的合法权益着手，通过索赔数额与权益受损程度是否相当、是否超出了保护合法权益的必要范围以及该索赔数额是否为侵权人自愿接受等方面来判断行为人的索赔目的，然后结合法律规定及公序良俗，对行为人所采取措施或者使用方法的合理性进行判断，综合全案事实，对行为性质作出正确认定。如行为人使用威胁或者要挟的方法，索赔过分高于自身损失的赔偿款，则构成敲诈勒索。

编写人：山东省高唐县人民法院　李秀红

7

因自身疾病体内产生酒精达到醉酒标准，应按照醉酒驾驶机动车的规定予以处罚

——祖某诉某市公安局交通警察支队、某市人民政府行政处罚及行政复议案

【案件基本信息】

1. 裁判书字号

吉林省长春铁路运输中级法院（2022）吉71行终130号行政判决书

2. 案由：行政处罚及行政复议

3. 当事人

原告（上诉人）：祖某

被告（被上诉人）：某市公安局交通警察支队（以下简称某市交警支队）、某市人民政府（以下简称某市政府）

【基本案情】

2021 年 10 月 29 日 17 时 20 分许，祖某驾驶小型轿车与其他小型轿车首尾相撞，发生交通事故。某市交警支队民警对其进行酒精呼气检测，其呼气值为 458mg/100ml，涉嫌醉酒后驾驶机动车。民警遂将祖某带到医院抽取静脉血检测。在前往医院途中，祖某向民警表示其肝功能异常，体内自行产生酒精，医生建议其不得驾驶机动车。2021 年 11 月 4 日，某市公安交通司法鉴定中心作出《鉴定事项确认书》，检验结果为祖某静脉血中乙醇含量为 334. 09mg/100ml。祖某收到《鉴定意见通知书》后，表示无异议。2021 年 11 月 25 日，祖某前往医院就诊，医师诊断祖某为意识障碍、自酿酒综合征。2021 年 12 月 13 日，某市交警支队告知祖某有陈述、申辩及听证的权利，祖某未进行陈述、申辩，不要求听证。某市交警支队遂于当日作出公安交通管理行政处罚决定，根据《中华人民共和国道路交通安全法》第九十一条第二款、第一百一十条第一款的规定，对祖某处以吊销机动车驾驶证、五年内不得重新取得机动车驾驶证的行政处罚。祖某不服，申请行政复议，某市政府作出行政复议决定，维持某市交警支队行政处罚决定。祖某不服提起诉讼，请求撤销行政处罚决定及复议决定。

【案件焦点】

1. 依据祖某血液酒精检测结果是否能够认定其属于醉酒驾驶机动车；2. 被诉行政处罚是否合法。

【法院裁判要旨】

长春铁路运输法院经审理认为：《车辆驾驶人员血液、呼气酒精含量阈值与检验》（GB 19522—2010）规定，车辆驾驶人员血液酒精含量阈值大于等于 80mg/100ml 属于醉酒后驾车。本案中，祖某经呼气酒精检测仪检测，其数值为 458mg/100ml，经静脉血液酒精检测含量为 334. 09mg/100ml，某市交警支队据此认为祖某属醉酒驾驶机动车，认定事实并无不当。祖某主张患有自酿酒综合征，其提供的最早诊断时间为2021年11月25日，并非在行政处罚前已诊断患病的证据。依据《中华人民共和国道路交通安全法》第二十二条第二款规定，饮酒、服用国家管制的精神药品或者麻醉药品，或者患有妨碍安全驾驶机动车的疾病，或者过度疲劳影响安全驾驶的，不得驾驶机动车。故即使祖某未饮酒，在明知自身肝功能异常，存在醉酒驾驶风险，仍然驾驶机动车的情形，符合上述法律规定。根据《中华人民共和国道路交通安全法》第九十一条第二款规定，某市交警支队对祖某作出吊销机动车驾驶证、五年内不得重新取得机动车驾驶证的处罚，适用法律依据正确。某市政府受理复议申请后，进行审查核实作出复议维持的决定并无不当。

长春铁路运输法院依据《中华人民共和国行政诉讼法》第六十九条之规定，判决如下：

驳回祖某的诉讼请求。

祖某不服一审判决，提起上诉。吉林省长春铁路运输中级法院经审理认为：祖某血液中酒精含量为334.09mg/100ml，已经达到醉酒标准。某市交警支队经过法定程序认定祖某属醉酒驾驶机动车，作出吊销机动车驾驶证，五年内不得重新取得机动车驾驶证的处罚决定，事实清楚，适用法律正确。某市政府复议维持某市交警支队的处罚决定亦无不当。根据《中华人民共和国道路交通安全法》第二十二条第二款的规定，饮酒、服用国家管制的精神药品或者麻醉药品，或者患有妨碍安全驾驶机动车的疾病，或者过度疲劳影响安全驾驶的，不得驾驶机动车。认定机动车驾驶人是否构成醉酒的标准为血液中酒精含量，并不限制酒精的来源为酒类。只要机动车驾驶人体内酒精含量达到醉酒标准，即应按照醉酒驾驶机动车的规定进行处理。故对祖某未饮酒，体内酒精系自身疾病产生，不能认定为醉驾的主张不予采纳。

吉林省长春铁路运输中级法院依照《中华人民共和国行政诉讼法》第八十九条第一款第一项之规定，判决如下：

驳回上诉，维持原判。

【法官后语】

《中华人民共和国道路交通安全法》旨在通过行政机关实施行政管理行为，维护道路交通秩序，预防和减少交通事故，保护公民、法人和其他组织的财产安全及其他合法权益。醉酒驾驶机动车是一种严重的道路交通违法行为，不仅危害机动车驾驶人的生命安全，也对他人的生命财产安全构成重大威胁。

第一，不论是否饮酒，只要驾驶车辆时血液酒精含量达到醉驾标准，就构成醉驾行为。《车辆驾驶人员血液、呼气酒精含量阈值与检验》（GB 19522—2010）规定，车辆驾驶人员血液酒精含量阈值大于等于80mg/100ml属于醉酒后驾车。《最高人民法院、最高人民检察院、公安部、司法部关于办理醉酒危险驾驶刑事案件的意见》第四条规定，在道路上驾驶机动车，经呼气酒精含量检测，显示血液酒精含量达到80mg/100ml以上的，公安机关应当依照刑事诉讼法和本意见的规定决定是否立案。对情节显著轻微、危害不大，不认为是犯罪的，不予立案。公安机关应当及时提取犯罪嫌疑人血液样本送检。认定犯罪嫌疑人是否醉酒，主要以血液酒精含量鉴定意见作为依据，认定醉酒的标准为血液中酒精含量的比例，并未限制酒精的来源一定是饮酒。只要机动车驾驶人体内酒精含量达到醉酒标准，即应按照醉酒驾驶机动车的规定进行处理。

第二，因自身疾病致使血液内产生酒精妨碍安全驾驶的，不得驾驶机动车。患有妨碍安全驾驶机动车的疾病具有严重的危害性，主要表现为影响驾驶人各方面的感官判断，一旦操作失误，极易引发交通事故。《中华人民共和国道路交通安全法》第二十二条规定，机动车驾驶人应当遵守道路交通安全法律、法规的规定，按照操作规范安全驾驶、文明驾驶。饮酒、服用国家管制的精神药品或者麻醉药品，或者患有妨碍安全驾驶机动车的疾病，或者过度疲劳影响安全驾驶的，不得驾驶机动车。从保护驾驶人自身安全和公共安全的角度而言，驾驶人在申领驾驶证后身体条件发生变化，患上妨碍安全驾驶的疾病的，应当按照《机动车驾驶证申领和使用规定》的有关规定，在30日内到机动车驾驶证核发地车辆管理所申请注销驾驶证，不再驾驶机动车，以保护自身合法权益，维护社会公众利益。

第三，公安机关交通管理部门要严格规范公正文明执法，对于醉酒驾驶机动车的，依法作出行政处罚，以维护道路交通秩序，预防和减少交通事故，保护人身、财产安全。《中华人民共和国道路交通安全法》第九十一条第二款规定，醉酒驾驶机动车的，由公安机关交通管理部门约束至酒醒，吊销机动车驾驶证，依法追究刑事责任；五年内不得重新取得机动车驾驶证。醉驾属于严重的饮酒后驾驶机动车行为，驾驶人血液酒精含量达到80mg/100ml以上，公安机关交通管理部门应当依法作出吊销机动车驾驶证，五年内不得重新取得机动车驾驶证的处罚决定。《最高人民法院、最高人民检察院、公安部、司法部关于办理醉酒危险驾驶刑事案件的意见》规定，醉驾情节轻微的，可不起诉或定罪免刑，但要按照《中华人民共和国道路交通安全法》的规定给予行政处罚，进一步明确对于醉驾的行政处罚与刑事处罚宽严相济的执法司法理念。

编写人：吉林省长春铁路运输中级法院　李长清

8

非法买卖外汇行政处罚案件中单位行为与个人行为的区分

——吴某某诉某省外汇管理分局、国家外汇管理局行政处罚及行政复议案

【案件基本信息】

1. 裁判书字号

北京金融法院（2022）京74行终145号行政判决书

2. 案由：行政处罚及行政复议

3. 当事人

原告（上诉人）：吴某某

被告（被上诉人）：某省外汇管理分局、国家外汇管理局

【基本案情】

2020 年 11 月 4 日，接甘肃省公安厅移交案件线索，某省外汇管理分局经审批对吴某某非法买卖外汇案进行立案调查。同年 11 月 5 日，某省外汇管理分局对吴某某进行询问，制作了询问笔录，并调取了吴某某 2018 年 3 月至 2020 年 1 月甲银行个人活期账户交易明细、吴某某和郑某某的微信聊天记录、科技公司乙银行汇款记录单、科技公司注册查询信息及甘肃省公安厅对吴某某作的询问笔录等证据。2020 年 11 月 9 日，某省外汇管理分局作出《行政处罚告知书》，告知吴某某拟对其作出行政处罚决定的事实、理由、依据，同时告知其依法享有陈述、申辩及要求举行听证的权利，并于同年 11 月 11 日向吴某某送达。吴某某于同年 11 月 12 日提出听证申请。2020 年 11 月 17 日，某省外汇管理分局作出《受理听证通知书》，并于 2020 年 12 月 18 日组织听证，听取了吴某某的陈述和申辩意见。经审议，2020 年 12 月 28 日，某省外汇管理分局作出甘汇检罚〔2020〕219 号《行政处罚决定书》（以下简称被诉处罚决定），并于 2021 年 1 月 5 日向吴某某送达。吴某某不服，向国家外汇管理局申请行政复议。2021 年 2 月 7 日，国家外汇管理局收到并受理该行政复议申请。2021 年 4 月 7 日，国家外汇管理局作出汇发〔2021〕15 号行政复议决定书（以下简称被诉复议决定），决定维持某省外汇管理分局作出的被诉处罚决定。吴某某亦不服，向本院提起行政诉讼，请求撤销被诉处罚决定及被诉复议决定。

【案件焦点】

1. 吴某某的行为是否构成非法买卖外汇；2. 吴某某的行为属于公司行为还是个人行为。

【法院裁判要旨】

北京市海淀区人民法院经审理认为：根据《个人外汇管理办法》第三十

条、《结汇、售汇及付汇管理规定》第三十二条规定，境内居民个人买卖外汇只能在指定银行办理，否则即可构成非法买卖外汇。本案中，吴某某2018年3月至2020年1月甲银行个人活期账户交易明细、吴某某和郑某某的微信聊天记录、科技公司乙银行汇款记录单、科技公司注册查询信息及甘肃省公安厅对吴某某作的询问笔录等证据，能够证明吴某某作为科技公司的唯一董事和实际控制人，将科技公司乙银行账户中的美元通过地下钱庄控制的境内个人账户转账至其个人名下的甲银行账户，上述行为均由吴某某自行联系并实施，且将所有转账汇入其个人名下的银行账户，故应视为吴某某的个人行为而非公司行为，某省外汇管理分局据此认定吴某某的行为属于非法买卖外汇的违法行为，认定事实清楚，适用法律正确。

根据《外汇管理条例》第四十五条对私自买卖外汇、变相买卖外汇处罚幅度的规定，由外汇管理机关给予警告，没收违法所得，处违法金额30%以下罚款。某省外汇管理分局根据吴某某违法行为的具体情节，对其处以违法金额10%的罚款270519.25元，处罚幅度适当。此外，根据适时有效的《中华人民共和国行政处罚法》第二十九条对处罚追究时间的规定，吴某某自2018年7月至2019年11月多次通过地下钱庄非法买卖外汇，其交易对象、行为目的同一且属于连续状态，故某省外汇管理分局对其处罚的追究时间从行为终了之日起计算，将2018年涉案的4笔涉案金额计算为违法金额，并无不当。

北京市海淀区人民法院根据《中华人民共和国行政诉讼法》第六十九条、第七十九条之规定，判决如下：

驳回原告吴某某的全部诉讼请求。

吴某某不服一审判决，提起上诉。北京金融法院同意一审法院裁判意见。

北京金融法院依照《中华人民共和国行政诉讼法》第八十九条第一款第一项之规定，判决如下：

驳回上诉，维持判决。

【法官后语】

本案系对通过地下钱庄非法买卖外汇行为进行处罚的典型案例，此类案件因通过多形式的跨境交易实现，具有较大的隐秘性，实践中对违法行为主体即被处罚相对人的认定存在难点。本案最大的难点及争议点即在于，在公司与个人行为混同的情况下如何认定被处罚相对人的问题。

一、非法买卖外汇行为的认定

非法买卖外汇是指，在国家规定的交易场所以外私自买卖外汇、变相买卖外汇或倒买倒卖外汇，从而违反国家外汇管理法规关于外汇交易的场所、币种、方式等规定，进行非法外汇交易活动。参考《最高人民法院关于审理骗购外汇、非法买卖外汇刑事案件具体应用法律若干问题的解释》中对非法买卖外汇行为的查处主体和裁量幅度的规定，行政处罚的对象通常为地下钱庄的参与主体。根据《个人外汇管理办法》第三十条及《结汇、售汇及付汇管理规定》第三十二条规定，境内个人和外商投资企业从事外汇买卖等交易，应当通过依法取得相应业务资格的境内金融机构办理，否则构成非法买卖外汇的行为。本案中，吴某某通过其实际控制的科技公司账户和个人账户，分别通过人民币账户和外币资金账户，实现外币资金的兑换清算，未在外汇指定的银行办理，系典型的对敲型非法买卖外汇。

二、单位违法与个人违法的区分

《中华人民共和国行政处罚法》并没有对单位违法进行专门规定，实务中大多是按照违法行为不构成刑事处罚标准的适用行政处罚标准予以处理。因此，刑法理论中对单位犯罪的认定对单位违法同样具有适用性。单位犯罪目前存在以单位名义说、违法所得归单位所有说、单位集体决定或者负责人决定说、为了单位利益说、单位业务范围说等。笔者认为这些均是认定单位犯罪其中要件之一，认定单位违法，与个人违法相区分应当适用综合标准，即从以下三个方面考量：第一，是否有合法存在的单位。对于虽经市场监管部门审批登记注册的公司，如果确有证据证实实际为特定一人出资、一人从事经营管理活动，主要利益归属该特定个人的，以刑法上的个人论。第二，主观上是否体现单位的意志。单位决策机构产生单位意志，指挥单位行为的实施，任何单位成员在单位业务活动中依据决策机构的决定实施的行为，均应视为单位行为。第三，客观上是否由单位组织实施。《最高人民法院关于审理单位犯罪案件具体应用法律有关问题的解释》第二条及第三条规定亦专门将个人为进行违法犯罪而设立公司的情形和盗用单位名义实施犯罪的情形排除在单位犯罪外。结合本案，吴某某系科技公司唯一的董事（股东），实际控制该公司账户。从吴某某的微信聊天记录来看，实际是由其本人与地下钱庄人员沟通联络，实施外汇兑换的行为，并未体现单位决策和单位意志。相关账户资金均通过地下钱庄控制的境内个人账户转至其个人名下的银行账户，未归属到公司账户，故，不能认定为单位违法行为。

三、职务行为与个人行为的区分

行政处罚中的“行为人”的判断直接关系行政处罚对象的认定，不能仅以形式上从事该行为为准，而应探求实质上该行为效果或利益归属者，由此还需区分个人行为是否属于职务行为。可以综合参考以下几个方面：第一，是否具有单位的明确授权，是不是具有雇佣关系的工作人员所为。第二，是否发生在工作时间、工作场所，基于履行工作职责之必要。第三，是不是以单位的名义实施。第四，产生的利益由谁享有。可见，无论是从主观意图、客观行为还是从结果归属角度而言，职务行为均体现为个人系履行工作职责，体现单位意志。结合本案，吴某某实际控制科技公司，整个买卖外汇的流程均由其联络和实施，其为违法行为的实施者，获得的账目收益都归其个人所有，无法体现公司授权，故其上述行为亦不属于职务行为。

本案例有助于厘清外汇管理类行政处罚中对违法行为人认定的堵点，避免违法行为人以单位行为为掩护躲避个人处罚，为此类案件的行政处罚和司法审理提供了有力借鉴，为维护健康的营商环境和经济秩序提供了司法保障。

编写人：北京市海淀区人民法院　黄志勇　黄越

9

教育惩戒过度行为不属于治安处罚适用范围

——毕某某诉某县人民政府行政处罚及行政复议案

【案件基本信息】

1. 裁判书字号

黑龙江省高级人民法院（2022）黑行终 499 号行政判决书

2. 案由：行政处罚及行政复议

3. 当事人

原告（上诉人）：毕某某

被告（被上诉人）：某县人民政府

第三人：某县公安局、王某

【基本案情】

王某案发时系公办学校某小学二年四班班主任，毕某某系该班级学生。2021 年 5 月 27 日，毕某某因在课堂上说话遭到王某用格尺击打右臂，导致手臂红肿受伤。2021 年 5 月 28 日，毕某某因排队期间打闹再次遭到王某用格尺击打，导致左耳廓挫伤。2021 年 5 月 29 日，毕某某在其家长带领下前往公安机关报案，经鉴定左耳廓挫伤系轻微伤。2021 年 8 月 10 日，某县公安局作出《行政处罚决定书》（以下简称案涉处罚决定），决定对王某行政拘留十日并处罚款五百元。某县教育局于 2021 年 12 月 1 日作出《关于对某小学校教师王某的处分决定》，给予王某记过处分。2021 年 12 月 13 日，某县人民政府作出案涉《行政复议决定书》（以下简称案涉复议决定），认为某县公安局对王某的职务行为作出治安处罚，适用法律错误，决定撤销案涉处罚决定。毕某某不服案涉复议决定，提起本案诉讼，请求予以撤销，并且恢复案涉处罚决定的效力。

【案件焦点】

案涉复议决定以王某击打毕某某的行为属教育惩戒过度且不适用《中华人民共和国治安管理处罚法》（以下简称《治安管理处罚法》）为由，撤销案涉处罚决定是否合乎法律规定。

【法院裁判要旨】

黑龙江省哈尔滨市中级人民法院经审理认为：《中小学教育惩戒规则（试行）》第二条第二款规定："本规则所称教育惩戒，是指学校、教师基于教育目的，对违规违纪学生进行管理、训导或者以规定方式予以矫治，促使学生引以为戒、认识和改正错误的教育行为。"第七条第一款规定："学生有下列情形之一，学校及其教师应当予以制止并进行批评教育，确有必要的，可以实施教育惩戒……（二）扰乱课堂秩序、学校教育教学秩序的……"第十二条规定："教师在教育教学管理、实施教育惩戒过程中，不得有下列行为：（一）以击打、刺扎等方式直接造成身体痛苦的体罚……"本案中，毕某某存在扰乱课堂、学校教育秩序的情况。王某作为教师根据上述规定应当进行批评教育，必要时可以实施教育惩戒，但实施教育惩戒不应超过必要限度，更不应对学生身体造成伤害。《中华人民共和国教师法》（以下简称《教师法》）第三十七条规定："教师有下列情形之一的，由所在学校、其他教育机构或者教育行政部门给予行政处分或者解聘……（二）体罚学生，经教育不改的……教师有前款第二项、第三项所列情形之一，情节严重，构成犯罪的，依法追究刑事责任。"据此规定，王某虽有用格尺击打毕某某的行为，但该行为在空间上发生在学校之内，在时间上发生在教学活动期间，目的是制止毕某某扰乱课堂秩序。王某系依据《教师法》履行教师职务的行为，该行为有别于《治安管理处罚法》所规定的殴打他人或者故意伤害他人身体的行为，不属于《治安管理处罚法》所调整的社会上违反治安管理的行为。某县公安局依据《治安管理处罚法》作出案涉处罚决定适用法律错误。某县人民政府作出的案涉复议决定认定事实清楚，证据确凿，适用法律、法规正确，程序合法。毕某某请求撤销案涉复议决定没有法律依据，不应予支持。

黑龙江省哈尔滨市中级人民法院根据《中华人民共和国行政诉讼法》第六十九条之规定，判决如下：

驳回毕某某的诉讼请求。

毕某某不服一审判决，提出上诉。黑龙江省高级人民法院经审理认为：通过比较《治安管理处罚法》《教师法》《中小学教育惩戒规则（试行）》相关法律规定可知，为维护教学秩序且纠正学生不良行为，《教师法》等涉教育法律规范赋予人民教师在教育教学管理过程中实施必要惩戒的职权，而《治安管理处罚法》系对一般主体扰乱公共秩序、妨害公共安全等违法行为予以惩戒。上述两类法律规范在调整对象、适用范围等方面存在明显不同。教师对学生实施的击打等体罚且未满足“经教育不改”“情节严重”“构成犯罪”情形的行为，系教育惩戒过度行为，应受《教师法》等涉教育法律规范而非《治安管理处罚法》调整。

本案中，根据案涉处罚决定、毕某某的陈述、毕某某同班同学证言等原审在卷证据证实，2018 年 5 月 27 日、28 日，毕某某系因在教室内两次扰乱教学秩序，被王某两次用格尺分别击打了其小臂、耳廓各一下，经鉴定耳廓部受轻微伤。结合案涉击打行为发生的时间、地点、手段、后果等客观因素可认定，王某击打毕某某的主观目的系整肃教学秩序，而非出于个人好恶，属教育惩戒过度行为。王某击打毕某某的行为未构成犯罪，原审判决认定案涉复议决定撤销案涉处罚决定合乎法律规定，并无不当。原审判决认定事实清楚，适用法律正确，应予维持。

黑龙江省高级人民法院依照《中华人民共和国行政诉讼法》第八十六条、第八十九条第一款第一项之规定，判决如下：

驳回上诉，维持原判。

【法官后语】

本案中，对于案涉复议决定以王某击打毕某某的行为属教育惩戒过度且不适用《治安管理处罚法》为由撤销案涉处罚决定是否合法的认定，涉及三个问题：一是关于教育惩戒行为的认定；二是本案中教师实施的教育惩戒行为是否过度；三是教育惩戒过度行为是否适用《治安管理处罚法》。

一、关于教育惩戒行为的认定

《中小学教育惩戒规则（试行）》第二条第二款规定："本规则所称教育惩戒，是指学校、教师基于教育目的，对违规违纪学生进行管理、训导或者以规定方式予以矫治，促使学生引以为戒、认识和改正错误的教育行为。"同时，第七条第一款对于教师实施教育惩戒行为的情形予以明确："学生有下列情形之一，学校及其教师应当予以制止并进行批评教育，确有必要的，可以实施教育惩戒：（一）故意不完成教学任务要求或者不服从教育、管理的；（二）扰乱课堂秩序、学校教育教学秩序的；（三）吸烟、饮酒，或者言行失范违反学生守则的；（四）实施有害自己或者他人身心健康的危险行为的；（五）打骂同学、老师，欺凌同学或者侵害他人合法权益的；（六）其他违反校规校纪的行为。"毕某某在课堂上未经老师允许说话的行为扰乱了课堂纪律，排队期间打闹扰乱了学校教育秩序，教师出于维护课堂秩序和学校教育秩序的目的予以制止，实施了用格尺击打其小臂、耳廓的行为，可以认定属于教育惩戒行为。

二、关于本案中教师实施的教育惩戒行为是否过度

《中小学教育惩戒规则（试行）》第八条列举了教育惩戒行为的六种方式："教师在课堂教学、日常管理中，对违规违纪情节较为轻微的学生，可以当场实施以下教育惩戒：（一）点名批评；（二）责令赔礼道歉、做口头或者书面检讨；（三）适当增加额外的教学或者班级公益服务任务；（四）一节课堂教学时间内的教室内站立；（五）课后教导；（六）学校校规校纪或者班规、班级公约规定的其他适当措施。教师对学生实施前款措施后，可以以适当方式告知学生家长。"教师实施的惩戒行为不应明显超过上述规定范围。本案中教师实施了"用格尺击打"的行为。根据《中小学教育惩戒规则（试行）》第十二条的规定，"教师在教育教学管理、实施教育惩戒过程中，不得有下列行为：（一）以击打、刺扎等方式直接造成身体痛苦的体罚"，此种行为属于体罚。根据《中

华人民共和国未成年人保护法》第二十七条的规定："学校、幼儿园的教职员工应当尊重未成年人人格尊严，不得对未成年人实施体罚、变相体罚或者其他侮辱人格尊严的行为。"案涉教育惩戒行为已超出必要限度，属于惩戒过度。

三、关于教育惩戒行为过度是否适用《治安管理处罚法》

《治安管理处罚法》第二条规定："扰乱公共秩序，妨害公共安全，侵犯人身权利、财产权利，妨害社会管理，具有社会危害性，依照《中华人民共和国刑法》的规定构成犯罪的，依法追究刑事责任；尚不够刑事处罚的，由公安机关依照本法给予治安管理处罚。"即《治安管理处罚法》系对一般主体扰乱公共秩序、妨害公共安全等违法行为予以惩戒。而学校、教师为维护教学秩序且纠正学生不良行为，被相关教育法律规范赋予了在教育教学管理过程中实施必要惩戒的职权。上述两类法律规范在调整对象、适用范围等方面存在明显不同。本案中教师实施的击打行为属于体罚，但尚未达到"经教育不改""情节严重""构成犯罪"的程度，应认定为属于教育法律规范调整的教育惩戒过度行为，而非适用《治安管理处罚法》予以处罚。

学生是家庭、社会、国家，乃至民族的未来和希望，全社会均要担负起教育和关爱学生的义务。但教育不代表粗暴的体罚，关爱也不代表纵容和溺爱。教师和父母作为学生最直接的教育者，系学生崇拜和模仿的对象，更应谨言慎行、依规守法、温良恭谨。行政机关应正确理解不同法律规范的适用边界，在保护学生合法权益的同时，亦要弘扬我国尊师重道的历史传统。本案区分了教育惩戒行为与扰乱社会公共秩序的违法行为，对行政机关依法作出的认定事实清楚、适用法律正确、程序合法的案涉复议决定予以确认，支持行政机关依法行政，达到了二审裁判精准定分止争的根本目的。同时，将社会主义核心价值观充分融入裁判论理，引导学校、教师、家长共同为学生营造良好的学习生活环境，树立了正确的价值导向。

编写人：黑龙江省高级人民法院　盛悦

10

“首违不罚”制度适用条件的分析与认定

——包装公司诉某区市场监督管理局、某区人民政府行政处罚及行政复议案

【案件基本信息】

1. 裁判书字号

山东省青岛市中级人法院（2022）鲁02行终1098号行政判决书

2. 案由：行政处罚及行政复议

3. 当事人

原告（被上诉人）：包装公司

被告（上诉人）：某区市场监督管理局（以下简称某区市监局）

被告：某区人民政府（以下简称某区政府）

【基本案情】

2021年9月7日，某区市监局对包装公司进行现场检查，发现其车间内有在用电动叉车一辆，该叉车无铭牌、无车牌，叉车两侧有“h200015”“合力叉车”字样，该公司现场不能提供该车的检验、登记手续。某区市监局现场作出《特种设备安全监察指令书》并当场送达该公司，要求其于2021年10月18日前采取以下措施予以改正或者消除事故隐患：1. 停止使用未经检验登记的叉车；2. 不得使用无操作证的人员操作叉车。

2021年9月8日，某区市监局再次进行现场检查，核实涉案叉车牵引电动机的出厂编号、型号及生产公司等信息。同日，某区市监局以该公司涉嫌使用未检验的叉车为由立案。2021年9月17日，某区市监局对该公司负责人进行

调查询问，其自认涉案叉车是2014年2月购置的二手叉车，没有发票、铭牌、合格证、说明书等任何出厂材料，未办理检验、登记手续，叉车司机为其本人，无操作证件，并提交《叉车购买合同》《叉车来源保证书》、出售人身份证复印件以及该公司职工证明。后该公司分别于2021年9月30日、11月3日、11月4日向某区市监局提交了公司负责人的特种设备作业人员申请材料受理凭证、新购置叉车的《合格证明书》《特种设备检验意见通知书（1）》《机动工业车辆定期（首次）检验报告》《特种设备使用登记表》《特种设备使用登记证》。

2021年12月17日，某区市监局作出行政处罚决定，对该公司处罚款3万元。该公司缴纳罚款后向某区政府申请行政复议。某区人民政府经审查，维持了涉案行政处罚决定。该公司不服，诉至法院。

【案件焦点】

1. 被告某区市监局作出的行政处罚决定适用法律是否正确、恰当；2. 被告某区政府所作行政复议决定适用法律是否正确。

【法院裁判要旨】

山东省莱西市人民法院经审理认为：根据《中华人民共和国行政处罚法》第六条的规定，行政处罚具有惩戒违法行为的性质，同时也有纠正、预防和减少违法行为的功能。行政处罚的目的并不在于罚款本身，而是通过惩戒性的措施教育公民、法人或者其他组织自觉守法，从而达到预防违法的实际效果。该法第三十三条第一款明确了有条件的“首违不罚”，即对于违法者，同时满足初次违法、危害后果轻微、及时改正三个条件的，行政机关可以不予行政处罚。本案中，原告的行为确系违反了《中华人民共和国特种设备安全法》第三十二条第一款的规定，但被告某区市监局对原告系初次违法、所涉特种设备数量较少以及原告在自用该叉车过程中也未造成实际危害后果等事实予以确认，且在被告某区市监局作出《特种设备安全监察指令书》之后，原告也及时将涉案叉车进行报废处理，又购置了新的、经登记检验合格的叉车并申请了特种设备作业人员资格，消除了涉案叉车的安全隐患，符合对先前违法行为进行及时纠正的情形。故，原告的行为已满足了“首违不罚”的三项条件，被告某区市监局可根据上述情形适用《中华人民共和国行政处罚法》第三十三条第一款的规定，对原告包装公司不予行政处罚。

被告某区市监局通过前期的现场检查、调查询问、指令改正等行为，其引导和促进企业自觉守法的目的已经达到。故，在这种情况下，被告某区市监局再对原告作出罚款3万元的处罚，无疑不仅加重了企业的经营负担，同时也与社会大力倡导的优化营商环境、支持中小企业发展的价值导向明显不符，且有悖于《中华人民共和国行政处罚法》的立法目的，故，法院不予支持。

被告某区市监局主张原告违法行为属于安全生产领域，不在《山东省轻微违法行为不予处罚清单》之中，不应免除处罚。经审查，法院认为，综观原告对纠正违法行为采取的多项补救措施，被告欲作出行政处罚的实际效果已经实现。不罚清单虽未列明特种设备轻微违法不予处罚的情形，但亦未将其排除在外，《中华人民共和国行政处罚法》的相关规定，行政执法机关仍可以直接适用。因此，对其上述主张本院不予支持。当然，行政机关对相对人是否及时纠正违法情形应慎重研判，不能为了片面追求优化营商环境导致公共利益受损，对拒不改正的，仍可依法依规作出行政处罚。不论是《中华人民共和国行政处罚法》的“首违不罚”规定，还是《山东省轻微违法行为不予行政处罚和一般违法行为减轻行政处罚事项清单》(2021年版)，均体现了对初次轻微违法行为的容错纠错机制，引导行政相对人及时自我改正，主动消除、减轻社会危害后果。因此，行政机关在执法时采取的行政措施和手段应当必要、适当，做到宽严相济、过罚相当，尽量采用对行为主体权益减损最小的方式实现法律目的，做到不仅让执法有力度，也更有温度。综上，原告使用的涉案叉车未经检验合格属实，被告某区市监局在职权范围内，作出被诉行政处罚的行为虽无不当之处，但未充分衡量违法情节和危害程度等因素，作出的处罚有违行政处罚过罚相当的原则，也不符合“首违不罚”的规定。

山东省莱西市人民法院依照《中华人民共和国行政诉讼法》第七十条第二项、第七十九条，《最高人民法院关于适用〈中华人民共和国行政诉讼法〉的解释》第一百三十六条第一款之规定，判决如下：

一、撤销被告某区市监局于2021年12月17日作出的《行政处罚决定书》；

二、撤销被告某区人民政府于2022年5月15日作出的《行政复议决定书》。

某区市监局不服一审判决，提起上诉。山东省青岛市中级人民法院同意一审法院意见。

山东省青岛市中级人民法院依照《中华人民共和国行政诉讼法》第八十九条第一款第一项之规定，判决如下：

驳回上诉，维持原判。

【法官后语】

本案主要涉及对《中华人民共和国行政处罚法》第三十三条第一款规定的"首违不罚"制度的理解和适用问题。

《中华人民共和国行政处罚法》第三十三条第一款规定"初次违法且危害后果轻微并及时改正的"，行政机关可不予处罚。该条规定的"首违不罚"既是行政处罚法处罚与教育相结合原则的具体体现，同时也符合行政处罚的功能定位。即对于违法者，同时满足初次违法、危害后果轻微、及时改正三个条件的，行政机关可以不予行政处罚，且不应以是否被列入"不罚清单"为前提条件。

一、"首违不罚"的适用条件

根据规定，"首违不罚"的适用必须同时满足三项条件：一是初次违法；二是危害后果轻微；三是违法行为人及时改正。三者缺一不可。

"初次违法"顾名思义指的是第一次有某种违法行为。初次违法应指当事人生来第一次实施该性质的违法行为，若为"首次"设定一定周期，则违法者周期外再犯将无须付出其他成本，这必然有违立法本意。如何来认定初次，具体在执法实践中可通过询问当事人，并查询国家企业信用信息公示系统以及执法办案系统来确定。

关于"危害后果轻微"的判断因素则相对具有主观性。危害后果表现为违法活动对法律的对抗性程度、对社会公共利益和第三人合法权益的损害程度。轻微则意味着危害后果对法律的对抗性以及对公共利益和第三人权利的损害性较弱。[①]“首违不罚”制度将危害后果轻微作为构成条件之一，为具体执法行为留有自由裁量余地的同时，也易形成权力寻租空间，引发公众信任危机。因此，关于危害后果轻微的认定可通过引入客观的评价要素，如违法行为针对特定行为对象的，没有造成或者造成较小的损失以及不利影响，当事人主动赔偿损害、消除影响，与特定对象达成和解的；违法行为针对不特定行为对象的，没有造成或者造成较轻的社会影响、没有造成或者造成较小的损失以及不利影响，危害范围较小，当事人积极主动采取整改措施及时赔偿损失、消除影响的。各行政执法领域也可根据实际情况及执法特点，综合考虑危害程度较轻、危害范围较小、危害后果易于消除或者减轻以及其他能够反映危害后果轻微的因素作出认定。

关于“及时改正”的判断标准有“及时”与“改正”两个因素。“及时”强调时效性，以违法行为是否被发现及行政机关作出责令改正期限为时间节点可以划分为：在行政机关发现违法行为线索之前主动改正；在行政机关发现违法行为线索之后，责令改正之前主动改正；在行政机关责令改正后按要求改正。从包容审慎执法理念以及行政处罚教育、引导功能的角度而言，及时改正应最迟在行政机关作出责令限期改正的期限内改正。“改正”的程度应当是消除危害后果和危险隐患，使之恢复到违法行为发生之前的状态，即未产生危害后果或者完全消除危害后果的程度。

二、“不罚清单”之外是否可以适用“首违不罚”

《中华人民共和国行政处罚法》第三十三条是作为规范行政处罚行为的法律规定，本案中，某区市监局主张其参照的《山东省市场监督管理行政处罚裁量基准（试行）》《山东省轻微违法行为不予行政处罚和一般违法行为减轻行政处罚事项清单》（2021 年版）则是地方规范性文件，根据“上位法优于下位法原则”，法律规定的效力显然高于地方规范性文件的效力。在当事人符合“首违不罚”情形下，市场监管局以违法行为不在清单之列予以抗辩显然不能得到支持。

在具体执法实践中，部分行政机关更依赖于上级机关制定的“不罚清单”，

---

① 胡建淼：《行政法学》，法律出版社 2016 年版，第 643 页。

以所涉违法行为是否被列入该清单为直接判断依据。对此，行政处罚机关应在具体执法过程中精准把握“首违不罚”制度的适用条件，在防止随意设定条件限缩适用的同时，也可引入告知承诺制，对拒不改正的，仍可依法依规作出行政处罚。

编写人：山东省莱西市人民法院　刘英　赵小葵

11

烟草专卖品的“异地携带”和“无证运输”应进行区分

——朱某某诉甲区烟草专卖局、某市烟草专卖局行政处罚及行政复议案

【案件基本信息】

1. 裁判书字号

山东省济宁市中级人民法院（2022）鲁08行终232号行政判决书

2. 案由：行政处罚及行政复议

3. 当事人

原告（被上诉人）：朱某某

被告（上诉人）：甲区烟草专卖局、某市烟草专卖局

【基本案情】

原告朱某某与其妻靳某在乙区共同经营某商行，持有烟草专卖零售许可证，登记负责人是靳某。2020年3月18日，被告甲区烟草专卖局对驾乘人员为朱某某、靳某的货车、轿车各一辆进行检查，查获卷烟共3906条。朱某某承认上述卷烟均是其在乙区（与甲区隶属同一地市）收购，每次用轿车从乙区拉到甲区，把卷烟从轿车移装至停车场内的厢货车中。朱某某未能提供烟草专卖品准

运证及在当地购买卷烟的有效证明，甲区烟草专卖局以“涉嫌无烟草专卖品准运证运输烟草专卖品”为由立案调查。经核对，甲区烟草专卖局认定上述卷烟中695条“扣码”或“码段不全”，3211条显示为非甲区的其他地区监销卷烟。经检测，上述送检卷烟均为“真品卷烟”。甲区烟草专卖局以《山东省内在销卷烟涉案零售价格目录》计算上述卷烟总价值1258260元。2020年9月10日，甲区烟草专卖局制作并向原告朱某某送达《行政处罚决定书》。后法院以该《行政处罚决定书》违反法定程序为由予以撤销，并责令甲区烟草专卖局重新作出处理。2021年6月30日，甲区烟草专卖局经过集体讨论，决定对此案重新审理。2021年8月2日，甲区烟草专卖局举行“朱某某无烟草专卖准运证运输烟草专卖品案”听证会，经过再次集体讨论、法制审核、内部审批，甲区烟草专卖局于2021年8月11日作出《行政处罚决定书》，决定对朱某某处以没收案涉卷烟33个品种3840条（已扣除抽样损耗33×2=66条）的行政处罚。朱某某不服，申请行政复议。被告某市烟草专卖局于2021年10月15日作出《行政复议决定书》，决定维持甲区烟草专卖局作出的《行政处罚决定书》和责令改正通知书。朱某某不服，提起诉讼。

【案件焦点】

1. 朱某某将案涉卷烟3906条分多次从乙区自驾私家车携带“运”至甲区的行为应如何定性；2. 是否应予处罚。

【法院裁判要旨】

山东省邹城市人民法院经审理认为：本案中，被告提交的证据不能证明朱某某单次携带卷烟超过1万支（50条）。根据《中华人民共和国烟草专卖法》第二十二条、第二十九条，《国家烟草专卖局关于调整异地携带卷烟管理有关事项的通知》规定可知，对于每次携带卷烟不超过50条的行为，不属于超限量携带行为，不能认定是无证运输；对于多次不超限量携带卷烟的行为，因每一次行为并不违法，故不能认定多次行为累加违法，进而按照无证运输进行处理。故，被告甲区烟草专卖局认定朱某某多次携带卷烟数量累加超过最高限量，按照无证运输作出行政处罚，应属于主要证据不足、适用法律错误，依法应予撤销。

山东省邹城市人民法院依照《中华人民共和国行政诉讼法》第七十条第一项及第二项、第七十九条，《最高人民法院关于适用〈中华人民共和国行政诉讼法〉的解释》第一百三十六条第一款等规定，判决如下：

一、撤销被告甲区烟草专卖局于2021年8月11日作出的《行政处罚决定书》；

二、撤销被告某市烟草专卖局于2021年10月15日作出的《行政复议决定书》；

三、驳回原告朱某某的其他诉讼请求。

甲区烟草专卖局、某市烟草专卖局不服一审判决，提起上诉。山东省济宁市中级人民法院经审理认为：本案中，甲区烟草专卖局的证据能够证明案涉3906条真品卷烟均系朱某某在乙区收购，分多次用轿车从乙区运至甲区，移装至厢货车中。根据《中华人民共和国烟草专卖法》第二十九条第一款、《中华人民共和国烟草专卖法实施条例》第五十二条之规定，甲区烟草专卖局认定朱某某构成“无烟草专卖品准运证运输烟草专卖品”违法行为，证据充分，定性准确。但在处罚标准上，虽案涉卷烟累计数量为3906条，但无证据证明朱某某每次运输均达到了没收的标准，一审判决以证据不足为由撤销被诉处罚决定及复议决定并无不当，但应责令甲区烟草专卖局重新作出行政行为。

山东省济宁市中级人民法院依照《中华人民共和国行政诉讼法》第七十条第一项及第二项、第八十九条之规定，判决如下：

一、维持山东省邹城市人民法院（2022）鲁0883行初20号行政判决，即撤销甲区烟草专卖局于2021年8月11日作出的《行政处罚决定书》；撤销某市烟草专卖局于2021年10月15日作出的《行政复议决定书》；驳回朱某某的其他诉讼请求。

二、责令甲区烟草专卖局于本判决生效后60日内对朱某某重新作出处罚决定。

【法官后语】

烟草制品作为国家实行专卖的特许经营商品，与其相关的生产、携带、运输、销售等行为，均应严格遵守国家相关法律、法规。但因其违法收益远高于违法成本，部分行为人仍抱有侥幸心理，铤而走险，在法律许可的范围外从事上述行为，扰乱市场秩序，破坏正常的营商环境。

本案主要涉及烟草“异地携带”与“无证运输”的认定问题。对朱某某在同一地级市内跨区县进行“蚂蚁搬家”式运送案涉3906条真品卷烟的行为，如认定为异地携带，则不应予处罚；如认定为无证运输，则应予处罚。

第一种观点认为，对朱某某的行为应认定为异地携带，对其不予处罚。《中华人民共和国烟草专卖法》第二十二条规定，邮寄、异地携带烟叶、烟草制品的，不得超过国务院有关主管部门规定的限量。《国家烟草专卖局关于调整异地携带卷烟管理有关事项的通知》亦明确异地携带卷烟的最高限量为每人次1万支（50条）。根据上述规定，异地携带每人次不超过1万支（50条）为法律许可的范围。本案中，朱某某携带的卷烟数量虽累计达到3906条，但无证据证明朱某某单次携带的卷烟数量达到50条，故不应处罚。本案一审持此观点。

第二种观点认为，对朱某某的行为应认定为无证运输，对其予以处罚。《中华人民共和国烟草专卖法》《中华人民共和国烟草专卖法实施条例》等相关法律法规并未就无证运输的数额设定可被容许的范围，其中《中华人民共和国烟草专卖法实施条例》第五十二条规定了一定的数额范围作为行政处罚的量罚情节出现，即“非法运输的烟草专卖品价值超过5万元或者运输卷烟数量超过100件（每1万支为1件）的”才会处以“没收”。本案中，虽然无证据证明朱某某单次运输的数额均达到了予以没收的标准，但朱某某运输3906条卷烟的行为至少符合无准运证托运或者自运烟草专卖品的情形，故应予处罚。本案二审持此观点。

针对上述不同观点，笔者同意本案二审判决所采用的观点。第一种观点混淆了“异地携带”与“无证运输”，将二者视为同一种行为，认为“每人次1万支（50条）”既是异地携带的处罚标准，也是无证运输的处罚标准，进而认定朱某某的行为应不予处罚，无异于对“蚂蚁搬家”式运送烟草行为的纵容。本案反映的争议问题为异地携带与无证运输的区分，实践中应当根据以下审判思路予以把握。

首先，“每人次1万支（50条）”可作为裁量的分界点，而非是否予以处罚的分界点。每人次超过1万支（50条）的行为，必然违反了烟草异地携带的规定，应予处罚。

其次，在无充分证据证明每人次超过1万支（50条）的情况下，则应综合考虑其他因素再下定论，而非“一刀切”直接不予处罚。影响是否处罚因素可以包括如下两个方面：第一，行为人的主观方面，如是否存在经营的目的和盈利心理等。一般而言，异地携带不要求有经营或盈利的目的，且更倾向于应无经营或盈利目的；无证运输则要求行为人有经营或盈利的目的。当然，行为人往往并不会承认自己的经营、盈利目的，故需要结合其他事实进行综合判断。第二，行为人的客观行为方面，如在一定时间内运送、转移香烟的总量是否较大，是否采取了隐蔽手段，采取的运输工具为公共交通工具还是专门的运输工具，等等。值得一提的是，关于异地携带对交通工具是否有限制，根据“携带”和“运输”的一般理解，“携带”更侧重于“货随人走”，货物具有伴随性，故对交通工具的要求不需太高，更宽泛、随机。而“运输”则以货物为中心，为了实现顺利运输货物的目的，往往需要交通工具能够被运输货物的行为人支配、控制，并具有一定的专门性。

结合本案，朱某某夫妇本就在乙区从事烟草经营，其驾驶固定的两辆私家车异地运送的卷烟数量累计高达3906条，若此时再认定为“异地携带”，并以“每人次1万支（50条）”为限制不予处罚，则会纵容其不法行为，不利于烟草市场的有序运行，使行政执法处于被动局面。相反，虽无证据证明朱某某单次行为运输卷烟量超过1万支（50条），但无证运输并不以数额作为是否处罚的标准，且朱某某的行为整体来看完全符合“无证运输”的情形。在此情况下，认定朱某某的行为为“无证运输”并予以相应处罚，更能实现对违法行为的有效打击，发挥行政机关的管理职能。

判决生效后，甲区烟草专卖局对朱某某重新作出了行政处罚决定，依据

《中华人民共和国烟草专卖法实施条例》第五十二条第一款之规定，对朱某某处以违法运输的烟草专卖品价值20%的罚款，并按照卷烟市场批发价格的70%收购违法运输的烟叶及其违法运输的卷烟。朱某某对该次处罚决定未提出异议。

本案对烟草的“异地携带”与“无证运输”进行了区分，对实践中将“异地携带”与“无证运输”混为一谈的错误认定进行了纠正，打击了游走于法律边缘的烟草违法运输行为，进一步规范了烟草专卖市场秩序，持续优化了法治化营商环境。

编写人：山东省济宁市中级人民法院　李传平　李岩

12

公安机关对违反治安管理情形的私力救济应当进行调查处理

——张某诉某市公安局分局治安管理处罚案

【案件基本信息】

1. 裁判书字号

山东省烟台市中级人民法院（2022）鲁06行终232号行政判决书

2. 案由：治安管理处罚

3. 当事人

原告（被上诉人）：张某

被告：某市公安局分局

第三人（上诉人）：刘某

【基本案情】

原告系某便利店的业主，第三人与原告经营的便利店存在业务往来，因账目发生纠纷，2021年7月6日上午8时，第三人开车堵在原告便利店门口，原告报警，被告派出所出警赶到现场制止，第三人把堵门的车辆开走。2021年7月7日19时许、21时许、23时许第三人三次带人开车到原告便利店搬货并装到车上停在店门口，原告经理报警，被告接警后出警并进行制止，但未作出处理。2021年8月7日，原告之夫傅某报警其便利店被抢，被告出警后组织原告与第三人对第三人从原告便利店搬出的货物进行清点，因原告不同意接收该货，第三人遂将货拉走。2021年8月13日，原告报警称其两便利店被抢，被告告知原告其报警事项属经济纠纷，不属于公安机关管辖，让原告通过其他渠道解决。原告不服，被告于2021年8月13日受理原告对其经营的某便利店被抢报警，并作出受案登记，2021年8月15日，被告受理原告的另一便利店被抢的报警，并作出受案登记。被告经过调查，于2021年9月17日作出不予立案通知书，对原告的报警事项经审查认为无犯罪事实，根据《中华人民共和国刑事诉讼法》第一百一十二条之规定，决定不予立案。原告认为，第三人的行为如果不构成犯罪，但是违反治安管理处罚法的相关规定，也应当受到相应的行政处罚，故提起本案诉讼。

【案件焦点】

公安机关对违反治安管理情形的私力救济应如何进行调查处理。

【法院裁判要旨】

山东省烟台市蓬莱区人民法院经审理认为：根据《中华人民共和国治安管理处罚法》第七条、第九十一条规定，被告具有对辖区内违反治安管理的相关行为进行调查处理及处罚的法定职责。

根据《中华人民共和国治安管理处罚法》第二条之规定，公安机关依法具有刑事侦查和治安管理双重职责。当事人向公安机关报案时往往不能准确说明或界定其要求履行刑事侦查职责还是治安管理职责，因此，公安机关受理案件后应对案件系刑事案件还是治安案件进行全面审查。根据《中华人民共和国治安管理处罚法》第七十八条规定，被告受理原告便利店被抢报警后，经审查认为第三人的行为没有犯罪事实，根据《中华人民共和国刑事诉讼法》的规定不予立案，履行了刑事侦查职责，同时被告告知原告双方的纠纷属经济纠纷，不归公安机关处理，让原告到法院起诉，即被告认为第三人的行为不属于违反治安管理的行为。但综观本案原告、被告、第三人庭审陈述及提交的证据，可以认定第三人与原告因经营问题而发生纠纷，双方间应采取合法途径予以解决民事纠纷，但第三人先是采取开车堵门的方式，在原告报警，被告出警并告知第三人通过法律途径解决后，第三人仍未通过合法途径解决双方纠纷，而是在第二天又自行带人到原告经营的多个便利店，强行将便利店的货物搬到车上予以扣押，以此方式逼迫原告解决双方间纠纷，原告方再次报警，被告出警，第三人采取私力救济的方式明显超出法律界定的范围，其行为侵犯了原告的合法权益，同时也扰乱了社会治安秩序，公安机关依法应对其作出处理，而不应以有经济纠纷为由而怠于依法行政。被告告知原告属经济纠纷不应由公安机关管辖，认定事实及适用法律不当。原告诉请确认被告未履行法定职责的行为违法并要求公安机关对第三人作出行政处理，具有事实与法律依据，应依法予以支持。

山东省烟台市蓬莱区人民法院依照《中华人民共和国行政诉讼法》第七十二条之规定，判决如下：

责令被告于判决生效后在法定期限内对原告张某的报警事项依法作出处理。

第三人不服一审判决，提起上诉。

山东省烟台市中级人民法院同意一审法院裁判意见。

山东省烟台市中级人民法院依照《中华人民共和国行政诉讼法》第八十九条第一款第一项之规定，判决如下：

驳回上诉，维持原判。

【法官后语】

本案主要涉及公安机关面对私力救济时如何进行判断处理的问题。

随着大众教育程度的提高，人们的自我保护意识也在不断增强，对安宁和秩序也提出了更高的要求，由此决定公安机关在处理各类纠纷过程中要认真调查，仔细研判，在坚持法律底线的前提下综合考虑其他各项因素。就本案体现的典型性问题，应当从以下几个方面进行考量。

一、公安机关的职责范围

根据《中华人民共和国治安管理处罚法》第二条的规定，扰乱公共秩序，妨害公共安全，侵犯人身权利、财产权利，妨害社会管理，具有社会危害性，依照《中华人民共和国刑法》的规定构成犯罪的，依法追究刑事责任；尚不够刑事处罚的，由公安机关依照本法给予治安管理处罚。公安机关依法具有刑事侦查和治安管理双重职责，其在接到当事人报案后，应对案件进行全面审查。对于侵犯公民财产权和兼具妨害社会管理、具有社会危险性的行为，不能简单以存在政府行为或者经济纠纷，没有犯罪事实为由不予立案，应根据相关法律规定对违法情形进行调查处理。

二、公安机关履职过程中对私力救济的应对

面对当事人发生纠纷后寻求公力救济未果或直接进行私力救济引发的纠纷，公安机关应如何处置？根据《中华人民共和国民法典》第一千一百七十七条的规定，合法权益受到侵害，情况紧迫且不能及时获得国家机关保护，不立即采取措施将使其合法权益受到难以弥补的损害的，受害人可以在保护自己合法权益的必要范围内采取扣留侵权人的财物等合理措施；但是，应当立即请求有关国家机关处理。私力救济作为公力救济的补充，是权利主体在法律允许的范围内，依靠自身的实力，通过实施自卫行为或者自助行为来救济自己被侵害的权利，并应以情事紧迫、公力救济无法及时应用为前提。

首先，公安机关应判断该私力救济是否违背公序良俗、是否存在重大过错以及是否为滥用私权利制止侵权行为。如不能以限制他人人身自由进行讨债，不能以扰乱公共秩序达到私人目的。若存在上述情形，则该私力救济不论因何而起，其反制措施将不发生私力救济的效力，无违法阻却性，则可能构成侵权甚至犯罪。本案中，便利店货物系原告的合法财产，原告对货物享有占有、使用的合法权利，不应受到非法侵犯。第三人强行将便利店的货物搬到车上予以扣押的私力救济行为，不具合法性，且为我国法律所禁止。公安机关在处置治安纠纷中虽不介入民事纠纷，但对因民事纠纷而引发的侵权行为、扰乱社会正常秩序的行为是否属于合法之自力救济，应当作出识别和认定。

其次，公安机关应判断该私力救济是否具有紧迫性。对于没有侵权的紧迫性和人身、财产的重大损害不可逆转性，完全可以通过协商或民事诉讼途径救济的纠纷，应当引导其通过合法途径解决争议，并要对已经在非情事紧迫的前提下实施的私力救济进行调查处理，如构成违反治安管理情形的，予以适当并有效地作出处置行为，而非不立案调查仅作出调解就不予处置。如本案当事人之间的经济纠纷并非情事紧迫，双方可以通过协商或诉讼等途径进行解决，通过侵占他人财产迫使解决纠纷则属于违反治安管理的情形，公安机关应当予以立案处理。对于具有侵权紧迫性的行为，公安机关亦应当充分考虑实际情况，实现法理与情理相结合。如两人发生纠纷，女性一直拽着男性理论，并对男性动手，男性均未反抗，后女性向男性裆部踢了一脚，男性遂将女性推倒，公安机关调查后对该男性作出行政拘留三日的行政处罚，法院经审理认为该男性当事人的防卫行为是为制止正在进行的不法侵害行为而实施，具有被动性、紧迫性和必要性，且未超过必要限度，最终公安机关自行撤销该处罚决定，当事人撤诉。由此可见，公正执法、精准执法更能够满足人民群众对公平正义的获得感。

综上，公安机关对于以存在政府行为、民事纠纷为由，违反法定程序、扰乱公共秩序或任意损毁、占用公私财物等私力救济应当及时调查处理，属于违反治安管理的违法行为应进行行政处罚，情节严重构成犯罪的，应及时移交司法机关。而对于为免受正在进行的不法行为侵害，采取未超出必要限度的私力救济，公安机关则不得滥用治安管理处罚法赋予的自由裁量权。本案即根据上述观点，通过对双方纠纷的起因、案发时当事人的主观故意以及其私力救济的紧迫性、必要性和限度进行综合考量后，最终认定公安机关不予立案违反法律规定，既充分保障了当事人的合法权益，又实现了监督依法行政的司法追求。案件虽“小”，却直接关乎民心。在案件办理中，人民法院应牢牢把握社会主义核心价值观的根本要求，把监督依法行政切实贯穿于每一个案件裁判中，解决人民群众的揪心事。

编写人：山东省烟台市中级人民法院　唐玉洁

13

非诉执行案件中的被执行人身份材料审查规则

——某区市场监督管理局申请执行行政处罚决定案

【案件基本信息】

1. 裁判书字号

北京市第三中级人民法院（2022）京03行审复1号行政裁定书

2. 案由：申请执行行政处罚决定

3. 当事人

申请执行人（复议申请人）：某区市场监督管理局（以下简称某区市监局）

被执行人（被申请人）：科技公司

【基本案情】

科技公司于2018年7月26日和2019年4月24日先后注册并创建了域名为“×××tgk.com”和“×××eak.com”两个网站并使用，于2018年7月26日至2020年7月20日、2019年4月24日至2021年6月7日分别在上述两个网站宣传其所经销的标有×特商标的×特牌不间断电源（UPS）、蓄电池等系列产品及相关信息。科技公司在“www.×××tgk.com”和“www.×××eak.com”两个网站上使用×特电子公司的企业名称（包括简称、字号等）、官方网站名称、网页内容及注册商标标识等均未有相关的授权。某区市监局接到举报后对此进行调查，时任科技公司监事并负责该公司日常经营管理的负责人渠某代表公司接受了某区市监局的调查询问。某区市监局依据《中华人民共和国反不正当竞争法》第十八条第一款的规定，于2021年8月20日向科技公司作出《行政处罚决定书》，责令科技公司停止违法行为，并决定对科技公司罚款80000元。2021年8月27日，某区市监局向科技公司邮寄送达《行政处罚决定书》，科技公司拒收，邮件于2021年8月31日被退回某区市监局。科技公司在法定期限内未申请行政复议，亦未提起行政诉讼。2022年3月7日，某区市监局作出《行政处罚决定履行催告书》（以下简称《催告书》），催告科技公司自收到催告书之日起十个工作日内按照《行政处罚决定书》确定的方式依法履行义务。2022年3月9日，某区市监局向科技公司邮寄送达《催告书》。经催告，科技公司仍未履行《行政处罚决定书》中所确定的义务。2022年3月31日，某区市监局向本院申请强制执行《行政处罚决定书》。经审查，经与科技公司法定代表人贾某核实，其否认曾在行政程序中对渠某进行授权委托，渠某亦承认其在未取得科技公司及法定代表人贾某授权委托的情况下，接受了某区市监局的调查、询问，其提供的授权委托书及送达地址确认书均系其个人自行填写。

【案件焦点】

1. 行政处罚中行政机关对被处罚人提交的身份及授权委托材料是否应尽到实质性审查义务；2. 被处罚人法定代表人否认授权委托书真实性且不予追认的情况下，行政机关对被处罚人送达处罚决定书的效力问题。

【法院裁判要旨】

北京市怀柔区人民法院经审理认为：某区市监局依据渠某自行填写的授权委托书对渠某进行调查、询问、现场检查，并依据其提交的送达地址确认书邮寄送达《行政处罚决定书》和《催告书》，且科技公司法定代表人亦否认授权委托书的真实性，且表示未收到《行政处罚决定书》和《催告书》，亦不知晓《行政处罚决定书》的内容和相关权利义务，某区市监局又未提供证据证明其已向科技公司合法送达了《行政处罚决定书》和《催告书》，且已告知了科技公司依法享有的陈述、申辩、申请听证及提起行政复议或行政诉讼等权利，属其他明显违法并损害被执行人合法权益的情形。

北京市怀柔区人民法院裁定如下：

不准予强制执行某区市场监局于 2021 年 8 月 20 日向科技公司作出的《行政处罚决定书》。

某区市监局不服裁定，提出复议申请。北京市第三中级人民法院同意一审法院裁判意见。

北京市第三中级人民法院依照《最高人民法院关于适用〈中华人民共和国行政诉讼法〉的解释》第一百六十一条第一款第四项之规定，裁定如下：

驳回复议申请，维持原裁定。

【法官后语】

一、针对是否准予执行，合议庭存在两种意见

1. 多数意见。本案合议庭多数意见是认为不准予执行，理由是某区市监局所依据的授权委托书和送达地址确认书均为渠某自行填写，现贾某和渠某的陈述一致，贾某否认授权，渠某也承认确实没有授权。某区市监局依据授权委托书进行了调查，依据送达地址确认书邮寄了行政处罚决定书及催告书，但科技公司否认收到了这些文书，也否认知晓相关权利义务。且某区市监督局明确表示不申请对授权委托书上贾某的签名进行鉴定。故在某区市监局没有提供其他证据佐证科技公司确实知道了行政处罚的相关情况，以及享受了提起复议、诉讼，申请听证等权利的情况下对科技公司作出《行政处罚决定书》，属于《最高人民法院关于适用〈中华人民共和国行政诉讼法〉的解释》第一百六十一条第四项，其他明显违法并损害被执行人合法权益的情形，故应裁定不准予执行。

2. 少数意见。合议庭少数意见认为应该准予执行，理由为渠某提供的授权委托书及送达地址确认书上均有科技公司的公章，某区市监督局作为执法机关对授权委托书及送达地址确认书的真伪已经尽到了审慎的形式审查义务，按照送达地址确认书确认的地址邮寄送达了《行政处罚决定书》和《催告书》，被拒收或是代收都应视为已经送达。如送达地址确认书和授权委托书确实是渠某

提供的虚假材料，科技公司因此受到损害的话，科技公司应另案提起诉讼，对渠某进行追偿。故，依据《最高人民法院关于适用〈中华人民共和国行政诉讼法〉的解释》第一百六十条，应当裁定准予执行。

二、在考虑是否准予执行问题时，本案考虑的两点问题

1. 行政处罚中行政机关对被处罚人提交的身份及授权委托材料是否适用实质性审查原则。本案中，被处罚人是科技公司，渠某以该公司代理人的身份接受调查，某区市监局依据此授权委托书对渠某进行调查并作出并送达《行政处罚决定书》及《催告书》。到行政处罚执行阶段，该公司法定代表人贾某否认授权委托书中的“贾某”是其本人所签，渠某亦承认是其自己代签，虽授权委托书中盖有该公司的公章，但此授权委托书缺少了授权人即公司法定代表人的真实意思表示。某区市监局在此情况下对被处罚人科技公司作出的处罚行为未充分保障其依法享有的陈述、申辩、申请听证及提起行政复议或行政诉讼等权利，属执法程序错误。

在民商事活动中，公司公章即代表公司的行为，因公司公章管理不善导致公章被盗用，属于公司自身管理问题，不能对抗善意第三人，其要承担由此产生的法律后果。但行政处罚行为不同于一般的民商事行为，行政机关在作出行政处罚前，为了充分保障被处罚人陈述、申辩的权利，应当审慎审查被处罚人的主体资格。因此，本案中某区市监局对渠某提交的授权委托手续应进行实质性审查，核实其身份，以保障后续执法程序合法有效。

2. 在被处罚主体法定代表人否认授权委托书真实性且不予追认的情况下，受委托人提供的地址确认书及行政机关据此送达处罚决定书的效力问题。本案中因被处罚人科技公司法定代表人否认授权委托书的真实性，且某区市监局无其他证据证明授权委托书系贾某本人所签，故不能认定授权委托书的真实性，某区市监局依据渠某提供的地址确认书送达《行政处罚决定书》及《催告书》的行为不具有合法有效的送达效力，且涉案《行政处罚决定书》及《催告书》实际上并未送达到被处罚人科技公司，故某区市监局的送达程序无效。

编写人：北京市怀柔区人民法院　臧振平　王亚男

14

行政机关作出责令关闭处罚予以取缔的，人民法院应裁定准予执行

——某区文化和旅游发展委员会申请强制执行处罚决定案

【案件基本信息】

1. 裁判书字号

重庆市大渡口区人民法院（2022）渝0104行审19号行政裁定书

2. 案由：申请强制执行处罚决定

3. 当事人

申请执行人：某区文化和旅游发展委员会（以下简称某区文旅委）

被执行人：赵某某

【基本案情】

某区文旅委于2021年9月1日对位于重庆市某歌厅进行检查，发现赵某某（个体工商户）经营的歌厅正在从事娱乐场所经营活动，该歌厅有《营业执照》，但无《娱乐场所经营许可证》。某区文旅委于2021年9月27日作出《行政处罚决定书》，认定经营者赵某某擅自从事娱乐场所经营活动的行为，违反了《娱乐场所管理条例》第九条的规定，依据《娱乐场所管理条例》第四十一条和《中华人民共和国行政处罚法》第九条第四项的规定，给予责令关闭的行政处罚。赵某某收到该行政处罚决定后，在法定期限内既未申请行政复议，也未向人民法院提起行政诉讼，且未自觉履行《行政处罚决定书》所确定的义务。某区文旅委于2022年3月29日向赵某某送达《行政处罚履行催告书》，赵某某在催告书规定的期限内仍未履行《行政处罚决定书》所确定的义务。某区

文旅委遂于2022年5月6日依法向人民法院提起强制执行申请。

【案件焦点】

1. 取缔与责令关闭的性质和关系；2. 某区文旅委以责令关闭方式实施取缔的，是否构成明显缺乏法律、法规依据。

【法院裁判要旨】

重庆市大渡口区人民法院经审查认为：赵某某在法定期限内未对《行政处罚决定书》申请行政复议，也未提起行政诉讼，且未依法履行，该行政处罚决定已发生法律效力。经某区文旅委依法催告后，赵某某仍未履行《行政处罚决定书》所确定的义务。经审查，某区文旅委申请强制执行《行政处罚决定书》不存在《中华人民共和国行政强制法》第五十八条第一款、《最高人民法院关于适用〈中华人民共和国行政诉讼法〉的解释》第一百六十一条第一款规定的不准予执行情形。

重庆市大渡口区人民法院依照《中华人民共和国行政强制法》第五十八条第一款、第二款，《中华人民共和国行政诉讼法》第九十七条，《最高人民法院关于适用〈中华人民共和国行政诉讼法〉的解释》第一百零一条第一款第十四项、第一百六十条第二款之规定，裁定如下：

准予强制执行《行政处罚决定书》。

【法官后语】

取缔作为一种行政法律责任规定于多部法律、行政法规中，如《中华人民共和国公司法》《中华人民共和国拍卖法》《中华人民共和国保险法》《娱乐场所管理条例》等。责令关闭是2021年修订的《中华人民共和国行政处罚法》新增加的处罚种类，责令关闭是指行政机关依法对违反行政管理秩序的公民、法人或者其他组织，要求其停止某种经营状态的处罚措施。

对于取缔的法律性质，一种观点认为取缔是一种行政强制措施，如《最高人民法院公报》2005年第1期刊登的“再胜源公司诉上海市卫生局行政强制决定案”，两审法院均审查认为“上海市卫生局对再生源公司非法采集血液行为作出取缔的行政强制决定，适用法律正确，执法目的合法”。另一种观点认为取缔是一种行政处罚。笔者认为，取缔既可能构成行政处罚，也可能构成行政强制，要具体情况具体分析。取缔可以是吊销证照等资格罚，可以是责令停产停业、责令关闭等行为罚，也可以是没收非法财物、没收违法所得等财产罚，还可以是通报批评等名誉罚。责令关闭与取缔存在交叉地带。

本案系非诉行政执行案件，审查的标准是行政行为是否明显违法且损害被执行人合法权益。《娱乐场所管理条例》第四十一条规定，违反本条例规定，擅自从事娱乐场所经营活动的，由文化主管部门依法予以取缔。《中华人民共和国行政处罚法》第九条第四项规定的是责令关闭为行政处罚种类。某区文旅委依据上述规定作出责令关闭的行政处罚，是否属于明显缺乏法律、法规依据。笔者认为，考虑到取缔自身存在的争议性、模糊性，对无证经营娱乐场所行为的赵某某作出责令关闭符合《娱乐场所管理条例》中取缔的文义解释和立法精神，不属于明显缺乏法律法规依据，遂在听取双方意见后，作出准予执行的行政裁定。事实上，文化和旅游部于2022年5月作出关于修改《娱乐场所管理办法》的决定，将第二十八条修改为“违反《条例》规定，擅自从事娱乐场所经营活动的，由县级以上人民政府文化和旅游主管部门依照《条例》第四十一条采取责令关闭等方式予以取缔……”

本案系人民法院支持文旅部门对无证经营娱乐场所以责令关闭处罚予以取缔的典型案例。笔者认为，在司法实践中有必要进一步明确取缔的法律性质和法律适用，行政机关在作出行政行为中尽可能明确予以取缔而实施行政处罚的种类，能以责令关闭等方式明确的，就不宜再单独使用取缔，以增强法律适用的确定性和执行的可操作性。

编写人：重庆市大渡口区人民法院　马志勇　刘勋

二、行政强制执行

15

以“合法利益+不利影响+直接因果关系”为基准塑造利害关系的判定逻辑

——Y 集团公司诉某县自然资源和规划局加处滞纳金和资金占用费案

【案件基本信息】

1. 裁判书字号

山东省济宁市中级人民法院（2022）鲁 08 行终 278 号行政裁定书

2. 案由：加处滞纳金和资金占用费

3. 当事人

原告（上诉人）：Y 集团公司

被告（被上诉人）：某县自然资源和规划局

【基本案情】

2004 年 5 月 18 日，某省国土资源厅（出让人）与矿业公司（受让人）签订《采矿权出让合同》，约定将某铁矿采矿权出让给矿业公司。2008 年 5 月，Z 集团公司、Y 集团公司、S 公司、矿业公司签订《股权转让协议》，约定 Y 集团公司将持有的矿业公司的部分股权转让给 Z 集团公司，并约定因逾期缴纳任何一期的采矿权价款而产生的滞纳金及其他费用全部由 Y 集团公司承担。2008 年 9 月，某省国土资源厅批准矿业公司将采矿权转让给 Z 集团公司，并下发了新的《采矿许可证》。2021 年 3 月 29 日，某县自然资源和规划局向 Z 集团公司作出《关于缴纳采矿权价款滞纳金和资金占用费的通知》，对 Z 集团公司采矿权价款进行核算确认，矿业公司需缴纳延期缴纳采矿权价款产生的滞纳金 2204.8 万元，资金占用费 807.0186 万元。Z 集团公司依法缴纳了相应的滞纳金和罚金，并依据《股权转让协议》的约定向 Y 集团公司主张返还相应款项，经中国国际经济贸易仲裁委员会裁决，Y 集团公司应向矿业公司返还相应的滞纳金和资金占用费。Y 集团公司主张合法权益受某县自然资源和规划局对 Z 集团公司加处滞纳金和资金占用费的不利影响，诉至法院要求撤销某县自然资源和规划局作出的《关于缴纳采矿权价款滞纳金和资金占用费的通知》。

【案件焦点】

Y 集团公司与某县自然资源和规划局作出的缴纳滞纳金通知是否存在利害关系，即 Y 集团公司是否具备原告诉讼主体资格。

【法院裁判要旨】

山东省梁山县人民法院经审理认为：被诉行政行为的相对人 Z 集团公司的采矿权是经过相关文件和批复确认的，Y 集团公司并非本案被诉行政行为的相对人，其与被诉行政行为也不具有利害关系。

山东省梁山县人民法院依照《中华人民共和国行政诉讼法》第二十五条、第四十九条第一项，《最高人民法院关于适用〈中华人民共和国行政诉讼法〉的解释》第六十九条第一款第一项的规定，裁定如下：

驳回 Y 集团公司的起诉。

Y 集团公司不服一审裁定，提起上诉。山东省济宁市中级人民法院经审理认为：在判断 Y 集团公司与被诉行政行为是否具有利害关系，即 Y 集团公司是否具备原告诉讼主体资格时，应从是否存在应受法律保护的合法权益、该合法权益是否受到不利影响以及行政行为和该合法权益受到不利影响之间是否存在因果关系这三个要点予以判断和考量，而在对于是否存在因果关系的考量中，通常情况下，合法权益受到不利影响和行政行为之间要存在明确的内容联系，即行政行为对合法权益造成的不利影响应该是直接的、主要的。本案中，根据中国国际经济贸易仲裁委员会作出的裁决书，说明Y集团公司的合法权益已经确实受到了被诉行政行为的不利影响，但是，因被诉行政行为是向Z集团公司作出，故该行为并未直接对Y集团公司的合法权益产生不利影响，而是因为Y集团公司与Z集团公司所签订协议约定该款项由Y集团公司承担而产生，被诉行政行为对Y集团公司合法权益产生不利影响是间接的，而非直接的，Y集团公司合法权益受到不利影响与行政行为之间并不存在因果关系。

山东省济宁市中级人民法院依照《中华人民共和国行政诉讼法》第八十九条第一款第一项之规定，裁定如下：

驳回上诉，维持原裁定。

【法官后语】

本案主要涉及行政法上"利害关系"的准确认定问题。

行政法上的"利害关系"指相对人主张其自身的合法权益可能受到被诉行政行为的影响。如果可能受到影响，则相对人与被诉行政行为具有利害关系，具有诉讼主体资格。但"利害关系"作为需要法律使用者补充阐释的不确定的法律概念，依赖于具体个案的研判，司法实践中需要有可操作性的判断标准加以理解把握。本案以"合法利益+不利影响+因果关系"为基准塑造利害关系的判定逻辑，将"直接因果关系"作为判断是否具有"利害关系"的关键要件，对行政诉讼中主体资格"利害关系"的准确认定具有一定的借鉴意义。

一、行政相对人与行政行为存在"利害关系"的裁判思维

关于本案Y集团公司的诉讼主体资格问题，一种意见认为Y集团公司与某县自然资源和规划局作出的缴纳滞纳金通知存在利害关系，有诉讼主体资格。根据中国国际经济贸易仲裁委员会作出的裁决书，Y集团公司成为被诉行政行为认定的滞纳金和资金占用费的最终负担者，其合法权益已经受到了被诉行政行为的不利影响，该权益受损与行政行为之间具有因果关系，即无论间接或直

接因果关系均属于利害关系的范畴。另一种意见认为，Y集团公司与某县自然资源和规划局作出的缴纳滞纳金通知不存在利害关系，不具有诉讼主体资格。被诉行政行为是向Z集团公司作出，Y集团公司最终承担被诉通知中款项的直接原因也是最根本的原因是其与Z集团公司所签订协议约定该款项由Y集团公司承担，被诉行政行为对其合法权益产生的不利影响是间接的，而非直接的，该权益受损与行政行为之间不具有直接因果关系。本文一、二审裁判均同意第二种意见，主要判断逻辑如下：

（一）关于“利害关系”的判断框架

“利害关系”可以解构成以下三个要件：“一是是否存在应受法律保护的合法权益；二是该合法权益是否受到不利影响；三是行政行为和该不利影响之间是否存在因果关系。”[①] 因合法权益和不利影响比较容易判定，“对法院来讲，行政法上的利害关系就成为因果关系的认定”[②]。将“间接因果关系”排除在行政诉讼保护范围之外，主要基于以下考量：一是受到行政行为的损害的间接因果关系大多可以通过其他途径予以救济。就本案而言，Y集团公司作为转让股权的一方当事人，与股权受让方因合同约定而产生的契约义务，应通过民事途径予以救济，其权益受损系其在从事商业活动中考虑不周所导致，不应通过本案行政诉讼来分散、承担自我风险。二是无限制地将间接因果关系纳入保护范围，容易导致诉讼主体资格的扩张，不符合“利害关系”作为纠纷过滤机制的功能定位，容易导致滥诉，一般债权人与行政机关针对债务人所作的行政行为没有“利害关系”即这一理念的体现。因此，从体系解释和行政诉讼立法目的来看上述构成要件中的“因果关系”，应指直接因果关系。在这一判断框架中，本案Y集团公司权益损害与被诉行政行为之间仅存在间接的因果关系，行政行为和Y集团公司不利影响之间存在着因果关系的逻辑断裂，因此Y集团公司与被诉行政行为之间不具有利害关系。

---

① 最高人民法院行政审判庭编著：《最高人民法院行政审判庭法官会议纪要》，人民法院出版社2022年版，第7页。

② 王贵松：《行政法上的利害关系判断基准》，载《交大法学》2016年第3期。

（二）关于“利害关系”的判断方法

本案Y集团公司与被诉行政行为之间不具有利害关系，主要通过以下几个方面进行综合考量：第一，某县自然资源和规划局没有对案涉矿业公司作为市场主体的民事行为进行审查的法定义务；第二，某县自然资源和规划局在作出被诉行政行为时无法预见矿业公司作为市场主体，与Y集团公司签订买卖、租赁民事合同后的违约行为或违约可能性；第三，Y集团公司主张的权益损害的直接原因并不是案涉行政行为，而是Y集团公司与矿业公司所签订的契约义务；第四，Y集团公司与矿业公司签订的合同中约定了仲裁这一纠纷解决渠道，Y集团公司对仲裁结果不服可申请撤销或不予执行仲裁裁决，即便不赋予Y集团公司行政主体资格，申请人的权益也可以通过其他途径实现；第五，案涉滞纳金和罚款系矿业公司缴纳，即使撤销被诉行政行为，也不能使Y集团公司的权益损害直接恢复。因此，Y集团公司与被诉行政行为之间不存在直接的因果关系。

前两点综合起来其实是对某自然资源局审查职责的说明，否定了其对可能的民事侵权行为的审查义务。简要概括，行政机关加处罚款及滞纳金时的审查义务仅限于行政相对人是否符合应予适用行政强制执行的条件，不包括对其之前或之后进行市场交易的考虑。按照最高人民法院的观点，利害关系不仅表现为其权益可能受到行政行为的不利影响，而且这种利益依照法律或者法律精神属于行政机关作出行政行为时应予考虑保护或者不得损害的情形。就本案涉及的“Y集团公司与矿业公司签订合同”这一特定的情形而言，其合同纠纷应通过双方约定的途径解决，并非某县自然资源和规划局作出行政行为时应予考虑保护的范围，因此，Y集团公司利益受损与被诉具体行政行为之间不具有利害关系。

二、认定利害关系需要注意的问题

（一）判断直接因果关系可借鉴侵权行为法的相关理论

认定“直接”或“间接”因果关系，可借鉴侵权行为法的相关理论，如侵权的因果关系，是指若不存在这种违法行为，损害就不会发生，则该行为是损害后果发生的原因。本案中Y集团公司的损失是基于与矿业公司签订的合同义务而产生，若不存在契约义务，则不产生相应损害，因此该契约义务是导致损害后果可能发生的直接原因，案涉行政行为与其权益受损之间不存在直接利害关系。

（二）直接与间接的因果关系在性质上可以互相转化

司法实践中，具有间接利害关系的普通债权人通过对有关标的物设定抵押而与相关抵押登记行政行为建立直接的因果关系。因此，如何确定行政行为与合法权益受到不利影响之间属于直接或者间接的因果关系，需要结合具体的案情进行把握。

综上，“利害关系”理论在平衡处理司法公正与司法效率的关系方面，发挥着减压阀的作用。本裁定系针对行政法诉讼主体资格所做的判断，为认定利害关系提供相对确定的方法和标准，以“直接因果关系”作为判断要点，重整法院的判定逻辑，是解决当下审判实践所存在问题的可行路径。

编写人：山东省济宁市任城区人民法院　路姗
山东省济宁市中级人民法院　戴亚男

16

债权人对于税务机关对未经变更登记的房屋实施的强制执行行为一般不具备提起行政诉讼的主体资格

——陈某某诉某区税务局拍卖查封、扣押的场所、设施或者财物案

【案件基本信息】

1. 裁判书字号

福建省厦门市中级人民法院（2022）闽02行终549号行政裁定书

2. 案由：拍卖查封、扣押的场所、设施或者财物

3. 当事人

原告（上诉人）：陈某某

被告（被上诉人）：某区税务局

第三人：建设公司

【基本案情】

2022年4月10日，被告某区税务局对第三人建设公司作出《税收强制执行决定书》，载明：决定自2022年4月11日起对你单位相当于应纳税款、滞纳金（大写）壹仟伍佰零捌万玖仟零叁拾柒元零角零分（¥：15089037.00）的商品、货物或者其他财产，予以查封，依法予以拍卖或者变卖，以拍卖或者变卖所得抵缴税款。根据《查封商品、货物或者其他财产清单》，案涉某区某路113号107单元房在被查封、拍卖房产之列。原告陈某某认为该次拍卖房产的行为阻碍了其对建设公司债权的实现，诉至本院，要求：一、撤销由被告某区税务局作出的《税收强制执行决定书》中关于某区某路113号107单元房产的强制执行决定；二、本案诉讼费用由被告承担。

【案件焦点】

原告陈某某是否具备提起本案诉讼的主体资格。

【法院裁判要旨】

福建省厦门市集美区人民法院经审理认为：《中华人民共和国行政诉讼法》第二十五条第一款规定，行政行为的相对人以及其他与行政行为有利害关系的公民、法人或者其他组织，有权提起诉讼。本案原告陈某某不是案涉税收强制执行决定书的相对人，其是否具备对该决定书提起诉讼的主体资格，取决于其是否与案涉行政行为具有法律上的利害关系。

根据本案已查明的事实可以确认，案涉某区某路113号107单元房产目前仍登记于建设公司名下，建设公司是案涉房屋的物权所有人。建设公司就该单元房与陈某某签订以物抵债协议，用以抵偿其与陈某某之间的债务，但并未按照协议要求办理过户，根据以物抵债协议中的约定，该抵债行为因房屋未过户之原因尚未完成。根据前述情况，陈某某系因案涉强制执行决定导致其对建设公司的债权不能实现与该行政行为产生关联。《最高人民法院关于适用〈中华人民共和国行政诉讼法〉的解释》第十三条规定，债权人以行政机关对债务人所作的行政行为损害债权实现为由提起行政诉讼的，人民法院应当告知其就民事争议提起民事诉讼，但行政机关作出行政行为时依法应予保护或者应予考虑的除外。即除行政机关作出行政行为时依法应予保护或者应予考虑的情形外，债权人不具有基于债权针对行政机关对债务人所作的行政行为提起诉讼的原告资格。

判断本案是否属于行政机关作出行政行为时依法应予保护或者应予考虑之情形，应从法律规定以及原告是否仍有法定救济途径两个方面予以考量。法律规定方面，《中华人民共和国税收征收管理法》第八十八条规定，纳税人、扣缴义务人、纳税担保人同税务机关在纳税上发生争议时，必须先依照税务机关的纳税决定缴纳或者解缴税款及滞纳金或者提供相应的担保，然后可以依法申请行政复议；对行政复议决定不服的，可以依法向人民法院起诉。当事人对税务机关的处罚决定、强制执行措施或者税收保全措施不服的，可以依法申请行政复议，也可以依法向人民法院起诉。当事人对税务机关的处罚决定逾期不申请行政复议也不向人民法院起诉、又不履行的，作出处罚决定的税务机关可以采取本法第四十条规定的强制执行措施，或者申请人民法院强制执行。以上规定未赋予除了纳税人、扣缴义务人、纳税担保人以外的主体可以对税务机关作出的行政强制措施提起诉讼的权利。救济途径方面，原告陈某某对于因建设公司自身原因导致其债权不能实现的，可以另行通过民事诉讼途径主张其合法权益。

福建省厦门市集美区人民法院依照《中华人民共和国行政诉讼法》第四十九条第一项、《最高人民法院关于适用〈中华人民共和国行政诉讼法〉的解释》第六十九条第一款第一项之规定，裁定如下：

驳回原告陈某某的起诉。

陈某某不服一审裁定，提起上诉。在本案审理过程中，陈某某向福建省厦门市中级人民法院申请撤回本案的上诉。福建省厦门市中级人民法院认为，陈某某撤回其本案上诉的申请是其真实意思表示，应予准许。

福建省厦门市中级人民法院依照《中华人民共和国行政诉讼法》第六十二条、《最高人民法院关于适用〈中华人民共和国行政诉讼法〉的解释》第一百零一条第一款第十项之规定，裁定如下：

准许陈某某撤回上诉。

【法官后语】

行政行为相对人以外的第三人是否有资格对行政行为提起诉讼一直是行政诉讼案件审理的重点和难点。行政诉讼法中以“利害关系”作为判断标准，将原告的诉讼主体资格类型化为“其他与行政行为有利害关系的公民、法人或者其他组织”。最高人民法院在刘某某诉被申请人某市人民政府行政复议一案中应用保护规范理论作为判断利害关系的重要标准，并且在裁判主文中明确“保护规范理论或者说保护规范标准，将法律规范保护的权益与请求权基础相结合，具有较强的实践指导价值。即以行政机关作出行政行为时所依据的行政实体法和所适用的行政实体法律规范体系，是否要求行政机关考虑、尊重和保护原告诉请保护的权利或法律上的利益，作为判断是否存在公法上利害关系的重要标准”①。《最高人民法院关于适用〈中华人民共和国行政诉讼法〉的解释》第十三条规定：“债权人以行政机关对债务人所作的行政行为损害债权实现为由提起行政诉讼的，人民法院应当告知其就民事争议提起民事诉讼，但行政机关作出行政行为时依法应予保护或者应予考虑的除外。”该条款明确了在一般情况下债权人不具备对可能妨碍其债权实现的行政行为提起诉讼的主体资格，遇到此种情况，应当由人民法院释明另行通过民事诉讼途径主张权利。本案的审理内容与该司法解释条款所规定的情节高度相关，对于厘清类案审理思路具有参考价值。

---

① 参见最高人民法院（2017）最高法行申169号行政裁定书。除单独说明外，本书所引案例均来自中国裁判文书网，2024年4月28日访问。以下不再标注。

本案中，认定原告不具有提起行政诉讼的主要理由有：一是案涉房屋的权属仍然登记于第三人建设公司名下。《中华人民共和国民法典》第二百零九条第一款规定："不动产物权的设立、变更、转让和消灭，经依法登记，发生效力；未经登记，不发生效力，但是法律另有规定的除外。"虽然原告诉称该案系由于第三人建设公司怠于履行合同义务导致双方在签订以房抵债协议后未能及时办理变更登记手续，且建设公司在本案审理过程中亦承认该债权债务关系存在，但房屋登记部门的不动产登记簿上记载的权利人仍为建设公司。原告所述称的债务关系并未转化为不动产登记，属于行政行为相对人之外的债权人。

二是法律并未要求税务机关在强制执行时应予保障债权人的权益。《最高人民法院关于适用〈中华人民共和国行政诉讼法〉的解释》第十三条的但书部分系对债权人诉讼主体资格的有限承认，亦是保护规范理论的延伸。在判断原告的利益是否属于"行政机关作出行政行为时依法应予保护或者应予考虑"之范畴，应根据行政机关作出行政行为时所依据的行政实体法的具体规定或立法目的等因素予以判断。根据《中华人民共和国税收征收管理法》第八十八条规定："纳税人、扣缴义务人、纳税担保人同税务机关在纳税上发生争议时，必须先依照税务机关的纳税决定缴纳或者解缴税款及滞纳金或者提供相应的担保，然后可以依法申请行政复议；对行政复议决定不服的，可以依法向人民法院起诉。当事人对税务机关的处罚决定、强制执行措施或者税收保全措施不服的，可以依法申请行政复议，也可以依法向人民法院起诉。当事人对税务机关的处罚决定逾期不申请行政复议也不向人民法院起诉、又不履行的，作出处罚决定的税务机关可以采取本法第四十条规定的强制执行措施，或者申请人民法院强制执行。"前述规定的"当事人"应限于纳税人、扣缴义务人、纳税担保人，除此以外，该法律并未赋予除其他主体可以对税务机关作出的行政强制措施提起诉讼的权利。此外，从立法目的和公共利益的角度上考虑，《中华人民共和国税收征收管理法》明确的立法目的为"保障国家税收收入，保护纳税人的合法权益，促进经济和社会发展"，税务机关对于欠缴税款的征缴行为属于法律应当优先保护的公共利益之范畴。第三人建设公司欠缴税款导致案涉房屋进入强制执行程序，原告就其债权的实现可以另行提起诉讼、通过参与拍卖款项的分配等方式予以实现。综合上述两点，本案不宜赋予原告以诉讼主体资格。

从该案中可以对此类案件的审理思路予以明确：(1) 厘清原告与诉争行政行为所指向的标的物之间的法律关系，若确属债权债务关系的，可以参照司法解释的相关规定继续审理。(2) 明确法律、司法解释是否在特定案件中对于债权人的诉讼资格予以规定。例如，《最高人民法院关于审理房屋登记案件若干问题的规定》第四条就明确规定："房屋登记机构为债务人办理房屋转移登记，债权人不服提起诉讼，符合下列情形之一的，人民法院应当依法受理：(一) 以房屋为标的物的债权已办理预告登记的；(二) 债权人为抵押权人且房屋转让未经其同意的；(三) 人民法院依债权人申请对房屋采取强制执行措施并已通知房屋登记机构的；(四) 房屋登记机构工作人员与债务人恶意串通的。"(3) 行政机关作出行政行为时所依据的行政实体法或所适用的行政实体法律规范体系，是否要求行政机关考虑、尊重和保护原告诉请保护的权利或法律上的利益。(4) 原告的法律上的利益是否能够通过民事诉讼等其他合法途径予以主张。

编写人：福建省厦门市集美区人民法院　谢正琰

17

强制拆除行为主体不明时被告的认定

——张某诉某镇人民政府强制拆除房屋及附属设施案

【案件基本信息】

1. 裁判书字号

北京市第三中级人民法院（2022）京03行终793号行政判决书

2. 案由：强制拆除房屋及附属设施

3. 当事人

原告（被上诉人）：张某

被告（上诉人）：某镇人民政府（以下简称某镇政府）

【基本案情】

2021年7月25日，某市某区某镇某村民委员会出具证明，载明自1998年4月起，白甲实际使用某村南侧土地38亩，2017年，白甲死亡，现土地使用权人为廖某（白甲之妻）。2006年10月1日，白甲（甲方）和张某（乙方）签订《租赁合同》。后张某在涉案土地上进行建设并经营。2009年10月31日，白甲和张某签订补充协议，约定在《租赁合同》基础上，将第五条细化为，在租用期间，如遇到了不可抗拒因素，如占地、拆迁，地上建筑物和植物所得赔偿金全部归乙方所有，土地赔偿金归甲方所有，在土地征用期间，甲方为乙方办理土地征用补偿事宜，乙方拿出5000元作为答谢。

2020年，北京城市副中心住房项目（×城棚改D30新增区域）集体土地非住宅地上物搬迁工作启动，投资建设公司系项目实施主体，即搬迁人，被搬迁人为搬迁范围内的集体土地非住宅及地上物合法所有权人或合法租赁土地的使用权人，某镇政府系项目的主责单位。同年，廖某、张某与投资建设公司就涉案土地、涉案房屋的搬迁补偿等问题未达成一致意见。

2021年，某镇政府作出《谈话通知书》并张贴至涉案房屋的院落大门上。3月10日，某镇政府作出《公告》，载明在某镇某村西南所建设的房屋，涉嫌违法建设，通知涉案房屋所有权人自本公告日期起15日内，携带相关材料到某镇政府拆违办公室接受调查，提出陈述、申辩理由，逾期不接受调查的，视为放弃陈述、申辩权利，某镇政府将依据《中华人民共和国城乡规划法》第四十一条、第六十五条的规定，对涉案房屋进行依法拆除。4月19日，某镇政府作出《限期拆除决定书》（以下简称《限拆决定》），载明：某村西南侧所建设的一层建筑即棚房（建筑面积经测绘测量为1907.04平方米）未取得建设工程规划许可证，某镇政府限于4月22日前自行拆除违法建设和清理屋内物品，逾期仍不自行拆除和清理屋内物品所造成的一切后果自负，届时将组织实施强制拆除。4月23日，某镇政府作出《催告书》，催告3日内自觉履行《限拆决定》的内容。

2021年5月，涉案房屋及附属设施被拆除。张某自述拆除时间为2021年5月7日。次日，张某和廖某签订《补充协议》，协商补偿款各占50%。2021年8月10日，廖某之子白乙作为委托代理人与投资建设公司签订《补偿协议》。同日，白乙与刘某签订《分款协议》。投资建设公司和廖某均确认已按照《补偿协议》《分款协议》的约定履行完毕。

【案件焦点】

1. 某镇政府是否为本案的强制拆除行为主体；2. 本案被诉强拆行为是否合法。

【法院裁判要旨】

北京市通州区人民法院经审理认为：公民、法人或者其他组织提起行政诉讼要求确认行政行为违法，首先应当明确被诉行政行为的作出主体。本案被诉行为系涉案房屋及地上附着物等被强制拆除的行为，张某主张系某镇政府实施，并提供了证据证明某镇政府在强制拆除前针对涉案房屋作出了《限拆决定》和《催告书》，明确告知涉案房屋的权利人逾期未自行拆除的，某镇政府将强制拆除，某镇政府否认其实施了强制拆除行为，认为投资建设公司作为涉案非住宅搬迁腾退项目的搬迁人应为实际拆除主体，但投资建设公司予以否认，而某镇政府未能提供充分证据证明其主张，故依照行政诉讼的举证责任分配原则，某镇政府应对拆除行为承担责任。

行政机关作出行政行为应当依法依规进行，不得侵犯公民、法人或者其他组织的合法权益，否则应当承担不利后果。本案中，某镇政府未考虑涉案房屋存在非住宅搬迁腾退背景因素，亦未对张某、廖某进行充分的调查取证和给予陈述、申辩的权利，仅依据《回函》就认定涉案房屋属于违法建设，且未依照法定程序进行强制拆除，认定事实不清，程序违法，应予撤销，但鉴于拆除行为已经实施完毕，不具有可撤销内容，应当被确认违法。

北京市通州区人民法院依照《中华人民共和国行政诉讼法》第七十条第一项及第三项、第七十四条第二款第一项之规定，判决如下：

确认某镇政府拆除张某涉案房屋及地上附着物的行为违法。

某镇政府不服一审判决，提起上诉。北京市第三中级人民法院同意一审法院裁判意见。

北京市第三中级人民法院依照《中华人民共和国行政诉讼法》第八十九条第一款第一项之规定，判决如下：

驳回上诉，维持一审判决。

【法官后语】

在强制拆除行为实施主体不明确时，法院应当合理分配原、被告举证责任，在原告完成初步举证责任的情况下，结合被告的法定职权、是否存在征收补偿、腾退拆迁背景及生活常识等综合认定强制拆除行为实施主体。

一、原告对于强制拆除行为实施主体的初步举证责任

根据《中华人民共和国行政诉讼法》第四十九条的规定，有明确的被告是行政相对人提起诉讼的基本条件。原告在针对强制拆除行为提起行政诉讼时，需提交证据证明起诉状所列被告实施或者极有可能实施了被诉强拆行为。审判实践中原告往往会提交强制拆除决定书、强制拆除公告、现场录音录像等证据来证明被告为被诉强制拆除行为的实施主体。

但值得注意的是，在行政程序中，原告处于弱势一方，特别是在收集证据上更是处于弱势地位，尤其是在强制拆除案件中，在行政机关有意规避征收补偿程序、违法实施强拆行为的情况下，如果要求原告在起诉时即证明被告行政行为明确存在非常困难。因此，如果原告能够提供初步证据证明强制拆除行为存在且极有可能系起诉状列明的被告所实施，即应视为已经初步履行了与其举证能力相当的举证义务。

本案中，张某以某镇政府为被告提起本案之诉，在起诉时提交了某镇政府作出的《限拆决定》，内容载明："某镇政府限于4月22日前自行拆除违法建设和清理屋内物品，逾期仍不自行拆除和清理屋内物品所造成一切后果自负，

届时将组织实施强制拆除。”同时提交了某镇政府作出的《催告书》，现场照片等证据，上述证据可以初步证明系某镇政府组织实施了强制拆除行为。张某作为强制拆除行为的相对人，提交上述证据，已经初步履行了与其举证能力相当的举证义务。

二、被告对于强制拆除行为实施主体的举证责任

强制拆除行为实施前，行政机关通常会进行违建认定、制作限拆通知、强拆公告、强拆决定等一系列前序行政行为，或者存在征收拆迁背景时，行政机关会发布征收决定、提前商谈安置补偿方案等。当强制拆除实施主体不明确时，原则上可以推定该作出前序行政行为的行政机关或受益机关为强制拆除行为的实施主体，除非其能够提交明确的证据证明系下属部门或其他行政机关所为。此时，证明没有实施强制拆除行为的举证责任转移到被告。

本案中，张某要求确认某镇政府强制拆除行为违法，其应当承担某镇政府实施强制拆除行为的举证责任。但由于涉案强拆行为是在突然情况下发生，且张某已经穷尽其举证义务，所提交证据可以初步证明某镇政府组织有关部门实施拆除行为的事实，故举证责任应向某镇政府转移。某镇政府针对涉案房屋作出了《限拆决定》和《催告书》，明确告知涉案房屋的权利人逾期未自行拆除的，某镇政府将强制拆除。虽然某镇政府主张涉案强制拆除行为并非其实施，由涉案项目搬迁实施主体投资建设公司实施，但在投资建设公司否认的情况下，某镇政府未能提交充分证据证明涉案强拆行为并非由其实施，在此情况下应当认定某镇政府为强制拆除实施主体。

三、其他主体自认情形对于强制拆除行为实施主体认定的影响

在强制拆除行为实施主体不明确的案件中，还常涉及除行政机关外的其他主体自认情形，如村（居）委会、建设施工单位、拆迁公司等非行政主体自认实施了强制拆除行为，此时谁是强拆行为案件的适格被告，需要法院结合在案证据、法定职权、委托关系等综合情况来判断。

本案中，某镇政府虽主张投资建设公司为涉案强拆行为的实施者，但投资建设公司并未认可。因此在审查时，只要张某有证据证明某镇政府作出该强制

拆除行为有很大可能性，且在案又无否定该可能性的相反证据，就应当认定某镇政府为本案适格被告。

在司法实践中，如果有村（居）委会、建设施工单位、拆迁公司等非行政主体认可实施了强拆行为，法院在审查时，一方面要审查其他主体的自认能否有效推翻该行政机关实施强拆行为的可能性；另一方面还应当查明其他主体与行政机关之间是否存在行政委托关系，从行政机关法定职责的角度，结合案情综合评判。不能简单认为该强制拆除行为系其他主体实施，而不具有行政性。

编写人：北京市第三中级人民法院　王菲　李露希

18

经营性不动产承租人属于征收补偿的对象

——化工公司诉某镇人民政府、某科技产业园区管理委员会强制拆除房屋及构筑物案

【案件基本信息】

1. 裁判书字号

江苏省南通市中级人民法院（2022）苏06行终780号行政判决书

2. 案由：强制拆除房屋及构筑物

3. 当事人

原告（被上诉人）：化工公司

被告（上诉人）：某镇人民政府（以下简称某镇政府）

被告：某科技产业园区管理委员会（以下简称某科技园区管委会）

第三人：Y集团公司

【基本案情】

2011年12月，化纤棉公司与化工公司签订《租赁合同》，约定化纤棉公司将场地租给化工公司使用，化工公司在场地上建设了房屋、盐酸槽罐和码头设施等并领取了港口经营许可证、港口危险货物作业附证。此后化纤棉公司经工商登记变更为Y集团公司。自2020年9月起，江苏省、南通市打好污染防治攻坚指挥部办公室先后发布规范性文件，部署内河非法码头的专项治理工作，某镇政府为贯彻落实上级文件要求，制定《某镇内河码头专项整治工作方案》，明确了整治对象、整治目标、补偿方案等。2021年1月8日，某镇政府（甲方）与Y集团公司（乙方）签订《码头拆迁补偿协议》，协议就案涉地块上场地、房屋、机械设备、拆迁奖励等进行了约定。9月开始，某镇政府组织人员拆除了码头上的盐酸槽罐、房屋等设施。Y集团公司分别于2021年8月17日、2021年12月17日、2022年1月21日总计打款100万元给化工公司。

2022年2月14日，化工公司提起本案诉讼，请求确认某镇政府、某科技园区管委会拆除化工公司经营的危化品码头、储罐、房屋及附属设施等行为违法。在诉讼过程中，2022年5月16日，Y集团公司出具《情况说明》，载明化工公司仅租用Y集团公司场地，该场地上的盐酸槽罐和码头设施、房屋等，均为化工公司所建，与Y集团公司无关。

【案件焦点】

某镇政府实施的拆除案涉码头相关建筑物、构筑物的行为是否符合法律规定，是否是基于权利人同意的情况下实施的拆除行为。

【法院裁判要旨】

江苏省南通经济技术开发区人民法院经审理认为：某镇政府明知案涉码头存在承租人化工公司且该公司提出异议的情况下，未对相关财产的归属进行区分认定，仅与码头产权人Y集团公司协商签订补偿协议后实施的拆除行为，应确认违法。某科技园区管委会并未实施拆除行为，不是适格被告。

江苏省南通经济技术开发区人民法院依照《中华人民共和国行政诉讼法》

第七十四条第二款第一项、《最高人民法院适用〈中华人民共和国行政诉讼法〉的解释》第七十九条第二款之规定，判决如下：

一、确认某镇政府拆除化工公司盐酸槽罐、房屋及附属设施等的行为违法；

二、驳回化工公司的其他诉讼请求。

某镇政府不服一审判决，提出上诉。江苏省南通市中级人民法院经审理认为：虽然《国有土地上房屋征收与补偿条例》第二条将被征收人的范围确定为房屋所有权人，但是，该条针对的是房屋及附属设施征收补偿，经营性租赁与住宅性租赁存在一定区别，经营性租赁除涉及房屋固有的附属设施外，承租人往往还会添附机器设备等生产资料，有的机器设备的价值甚至远远超过不动产本身的价值，同时，机器设备等生产资料的权属认定相对于生活资料而言更为明确、容易。因此，行政机关在针对经营性租赁土地房屋的征收、拆迁过程中，不能简单地将承租人排除在协商对象之外，对于不属于出租人所有的机器设备等附属设施，出租人也无权单方面作出处分。本案中，作为承租人的化工公司在案涉码头实际从事经营活动，某镇政府实施的专项治理活动，涉及盐酸槽罐、码头设施、房屋等重大价值生产资料的拆除，某镇政府应当在对上述建、构筑物的权属作出调查认定、评估后，与合法权利人签订协议，而不能简单地以化工公司承租人身份将其排除在外，且某镇政府也将化工公司作为评估对象制作初步评估报告。某镇政府以化工公司系承租人为由，与 Y 集团公司签订协议后实施的拆除行为，侵犯了化工公司的合法权益。

江苏省南通市中级人民法院依照《中华人民共和国行政诉讼法》第八十九条第一款第一项之规定，判决如下：

驳回上诉，维持原判。

【法官后语】

无论是集体土地征收还是国有土地上房屋征收，行政机关认定土地使用权、房屋所有权人为被征收人并与之签订征收拆迁协议是一般原则。实践中，不动产租赁的形态纷繁复杂，关涉的被征收财产价值也程度不一，如果“一刀切”地将承租人排除在被征收人范围之外，不仅不利于承租人权益的有效、及时保护，同时也给行政机关的征地拆迁行为带来更多的纷争。因此，有必要根据不动产租赁的不同性质，将部分承租人纳入征收补偿对象，从而及时确定安置补偿利益的分配，实现行政效率和权益保护之间的平衡。

一、征地补偿中关涉的主要不动产租赁类型

《中华人民共和国土地管理法》第四十七条、《国有土地上房屋征收与补偿条例》第二条规定了征地拆迁中，被征收人为土地使用权人、房屋所有权人，这是被征收对象确定的一般原则。实践中，并非所有的不动产均由使用权人、所有权人占有使用，有的不动产上还存在用益物权、承租权，如广义的承租人和公房承租人。公房承租人，是指与公房所有权人或代管人签订房屋租赁合同，并依法取得公房租赁凭证的承租人，包括直管公房和自管公房承租人。公房承租人由于具有准所有权人的性质，故将其纳入征收对象已成为主流认识，有的地方规范性文件还有明确规定，如《南通市人民政府关于贯彻实施〈国有土地上房屋征收与补偿条例〉的若干意见》第九条即规定被征收房屋的重置价格结合成新的部分补偿给所有权人，其余补偿给公房承租人。广义的承租人包括住宅性承租人和经营性承租人，由于二者在性质上并无二致，行政机关往往把二者等量齐观，在征地拆迁中将二者均排除在征收对象之外，直接与不动产权利人签订拆迁合同，从而引发纠纷。

二、将经营性承租人纳入征收补偿对象的必要性和可行性

征地拆迁的根本目的在于实现土地价值，促进城市发展，因此，从理论上来讲，行政机关只要依法保障被征收土地房产及附属物的价值即可，无须考虑不动产租赁关系，承租人的利益完全可与被征收人协商或通过合同责任的路径解决。但是，实现对被征收人安置补偿利益的保护，不能局限于财产的等值兑换，还应当着眼于社会经济发展，避免社会资源不当浪费。住宅性房屋的附属设施一般为生活资料，具有零散性、价值较低，且与房屋合为一体，难以严格区分承租人是否存在添附行为。经营性租赁除涉及房屋固有的附属设施外，承租人往往还会添附机器设备等生产资料，有的机器设备的价值甚至远远超过不动产本身的价值，机器设备等生产资料的权属认定相对于生活资料而言更为明

确、容易，并不会增加行政机关负担，出租人也无权单方面处分。当被征收对象为营业用房时，补偿范围通常还包括停产停业损失，只有实际从事生产经营的承租人，才有条件提供营业执照、纳税证明等停产停业损失的证据，且停产停业损失由承租人享有，也符合权利义务相一致的原则。在营商环境保护的大环境下，行政机关应当以促进企业的生存发展为首选项，将承租人纳入征收对象并与之商谈拆迁补偿事宜，并通过异地建厂、政策支持等方式，实现承租企业的可持续发展。

三、行政机关对被征收人的审核认定义务

《国有土地上房屋征收评估办法》第九条规定了房屋征收部门应当组织有关单位对被征收房屋情况进行调查，明确评估对象。行政机关对被征收对象应当尽到审慎审查义务，如果承租人提供了不动产租赁合同、生产经营设备的权属证明、营业执照、经营许可等材料，应当将其认为被征收人，并对其应得的补偿项目进行评估。本案中，化工公司向某镇政府提交了租赁合同、营业执照、港口经营许可证、建设工程施工合同、竣工环境保护验收监测报告等，均能够证明案涉码头的盐酸储罐工程项目为化工公司所有，且某镇政府也以化工公司为评估对象制作了初步评估报告，应当认定被拆除的建、构筑物中包含了化工公司财产。当然，行政机关只需尽到初步的注意和判断义务，根据现有的材料认定合适的被征收人即可。如果出租人和承租人本身对财产的归属存有争议，且非经法定程序难以判明时，行政机关不得径行与任何一方权利人签订协议，而是应当依照法定程序及时针对被征收土地、房屋及机器设备等全部补偿项目进行评估并作出补偿决定。出租人、承租人对权属明晰后，可以就补偿决定确定的补偿内容另行分割。

编写人：江苏省南通市中级人民法院　张祺炜　冯禹源

19

房屋已不具备居住功能的可视为被搬迁人主动腾房交房

——陈某某诉某高新技术开发区管理委员会强制拆除房屋及行政赔偿案

【案件基本信息】

1. 裁判书字号

江苏省南通市中级人民法院（2022）苏06行终112号行政判决书

2. 案由：强制拆除房屋及行政赔偿

3. 当事人

原告（上诉人）：陈某某

被告（被上诉人）：某高新技术开发区管理委员会（以下简称某区管委会）

【基本案情】

陈某某系某市某区某街道社区村民。2020年8月15日，因案涉地块位于某区三期协议搬迁地块范围内，甲方某区管委会与乙方陈某某签订《房屋搬迁补偿协议》，协议约定了补偿费用、方式，以及乙方必须在2020年8月26日前搬离除协议约定外的物品。同日，甲方陈某某与乙方某市某街道建设社区居民委员会签订《农村土地承包经营权流转合同》，约定土地流转面积及青苗费补偿。陈某某还签订了《拆迁房屋验收合格证》，记载了房屋位置及面积。搬迁工作人员于2020年8月26日在上述合格证上签署“2020年8月26日18点验收合格”的意见。陈某某户在8月26日前对案涉房屋内物品进行了搬离，包括对卫浴、门窗等予以拆卸，但未向某区管委会交钥匙。8月26日，某区管委会在陈某某户不在场的情形下拆除了房屋并清除了承包地上的苗木。陈某某不服提起诉讼，请求：1. 确认某区管委会拆除陈某某房屋和清除陈某某承包地上苗木的行为违法；2. 责令某区管委会返还土地，恢复原状。

另查明，2020年10月12日，陈某某向某市人民政府提出行政复议申请，请求撤销某区管委会与陈某某签订的《房屋搬迁补偿协议》，某市人民政府于2021年1月6日作出行政复议决定书，决定维持上述《房屋搬迁补偿协议》。陈某某仍不服提起行政诉讼，法院生效判决认定案涉房屋搬迁补偿协议系双方的真实意思表示，合法有效，不存在应予撤销之情形，遂判决驳回陈某某的诉讼请求。

【案件焦点】

某区管委会拆除陈某某房屋及清除苗木的行为是否符合法律规定，该行为是基于权利人同意实施的拆除行为还是违法强拆行为。

【法院裁判要旨】

江苏省南通经济技术开发区人民法院经审理认为：房屋权利人在签订补偿协议或者收到补偿费用后，有主动配合并支持房屋征收的义务。本案中，生效判决已认定陈某某与某区管委会签订的《房屋搬迁补偿协议》合法有效，在协议约定交房时间前，陈某某对房屋内物品进行了搬离，故被诉房屋拆除行为是陈某某自愿将房屋交付拆除，不存在违背陈某某意愿强行拆除的情形，协议约定的补偿总额中包含了树木砍伐费用，某区管委会清除承包地上的苗木，并不违法。

江苏省南通经济技术开发区人民法院依照《中华人民共和国行政诉讼法》第六十九条之规定，判决如下：

驳回陈某某的诉讼请求。

陈某某不服一审判决，提出上诉。江苏省南通市中级人民法院经审理认为：《最高人民法院关于审理行政协议案件若干问题的规定》第二十四条第一款规定，公民、法人或者其他组织未按照行政协议约定履行义务，经催告后不履行，行政机关可以作出要求其履行协议的书面决定。公民、法人或者其他组织收到书面决定后在法定期限内未申请行政复议或者提起行政诉讼，且仍不履行，协议内容具有可执行性的，行政机关可以向人民法院申请强制执行。如果搬迁人与被搬迁人虽已达成协议，但被搬迁人以实际行为拒绝交付房屋、腾空屋内物品，搬迁人不得以履行协议约定为由直接实施拆除行为；如果搬迁人与被搬迁人达成搬迁协议，且搬迁人自愿腾房、交房的情况下，对被搬迁人的房屋实施拆除，则不应认定为违法强拆行为。本案中，陈某某与某区管委会签订《房屋搬迁补偿协议》后，陆续将家中可移动、可拆卸的家具、生活用品及设施搬离，某区管委会实施拆除前，案涉房屋已搬空，包括部分窗户、楼梯扶手、卫浴用品等均已拆除，该房屋事实上已经丧失了居住功能，该行为可以视为陈某某户已经腾空房屋交房，并自愿、主动履行协议约定的搬迁义务，在此情况下，某区管委会基于陈某某事实上的交付行为对房屋实施的拆除，不是违法强拆行为。

江苏省南通市中级人民法院依照《中华人民共和国行政诉讼法》第八十九条第一款第一项之规定，判决如下：

驳回上诉，维持原判。

【法官后语】

《最高人民法院关于审理行政协议案件若干问题的规定》第二十四条第一款规定了相对人未履行行政协议时行政机关的救济路径，明确行政机关申请法院强制执行行政协议的前提条件及相关审查标准，对维护相对人合法权益，促进协议当事人依法依约履行协议，具有重要意义。征地拆迁实践中，行政机关与被搬迁人在商谈、签约、交房、拆除房屋期间形成的纠纷样态纷繁复杂。对于行政机关签订协议后直接实施的拆除行为，法院既要严格约束行政机关依照法定程序，不得随意以履行协议为由侵犯被搬迁人权益，同时也要适度考量行政效率和公共利益，并从提倡诚信的角度出发，综合判断协议履行过程。对于被搬迁人已清空房屋、房屋丧失实际居住功能，且拆除过程亦处于平和状态的，不宜以被搬迁人未交付钥匙及事后反悔认定拆除行为违法。

一、相对人是否自愿履行搬迁协议的判断标准

相对人是否自愿履行协议，是否构成不履行协议，既是行政机关申请强制执行协议的前提条件，也是认定行政机关强拆行为是否违法的关键问题。一是

相对人针对协议提起诉讼。相对人针对协议提起行政诉讼理由主要包括，认为行政机关存在欺诈、胁迫或者暴力逼迁等手段与相对人签订协议或者签订空白协议等。二是相对人以实际行动拒绝履行协议。如相对人在约定的交房日未腾空房屋，不予配合交房，相对人通过报警、举报投诉等方式质疑强拆行为的合法性等。三是相对人未获得补偿或拒绝接受补偿。如果相对人未获得补偿安置，或者拒绝接受补偿安置，均视为未满足先补偿的条件。无论针对以上何种情形，都表明了相对人对协议不认可，行政机关不得按照协议约定履行拆房行为。但是，如果相对人已经获得了安置补偿，且自愿腾空交房，行政强拆过程也处于平和状态，未发生任何冲突、报警行为，即使事后相对人对强拆行为有异议，也不能认为行政机关属于违法强拆。如本案中，某区管委会在实施拆除前，案涉房屋已搬空，包括部分窗户、楼梯扶手、卫浴用品等均已拆除，该房屋事实上已经丧失了居住功能，该行为可以视为陈某某户已经腾空房屋交房，故某区管委会的拆除行为并不违法。

二、相对人不履行搬迁协议时行政机关的救济路径

《最高人民法院关于审理行政协议案件若干问题的规定》第二十四条第一款规定了公民、法人或者其他组织未按照行政协议约定履行义务时，行政机关不得直接按照协议约定强制执行，而是应当作出要求其履行协议的书面决定后，向人民法院申请强制执行。行政协议本身不宜直接作为执行名义，只能以行政机关根据协议作出要求相对人履行行政协议义务的决定为执行名义，申请法院强制执行。一是履行催告程序。行政机关在作出限期拆除决定前，应当履行催告程序，这既是正当程序原则、柔性执法的应有之义，也是行政强制法的具体要求。二是作出强制执行决定。《中华人民共和国行政强制法》第三十七条第二款第二项规定了强制执行决定应载明“强制执行的理由和依据”，由于行政协议往往关涉重大利益，故履行协议的决定尤其要注重对解除理由的说明，说明理由是强制执行决定的法定义务。

三、法院对强制执行决定的审查强度

法院对行政强制执行决定的审查，实际上涉及两个维度的审查：一是作为

被诉行政行为的审查；二是作为非诉执行标的的审查。二者审查的强度是不同的。一是作为被诉行政行为的审查。《最高人民法院关于审理行政协议案件若干问题的规定》第十一条第一款规定，人民法院审理行政协议案件，应当对被告订立、履行、变更、解除行政协议的行为是否合法进行全面审查。虽然表面上法院审理的对象是作为单方行政行为的履行协议决定，但实际上是对行政协议进行全面的合法性、合约性审查，此时的审查强度，即等同于行政协议之审查强度。二是作为非诉执行标的的审查。进入申请强制执行程序后，要么相对人在法定期限内未申请复议或者诉讼，或者已经过诉讼，法院已对强制执行决定的合法性进行了审查，此时的审查强度为非诉执行标的的审查强度，即类似于无效行为的重大且明显违法审查标准。但是，如果行政机关在作出书面决定后，没有告知相对人不诉讼将引起强制执行的不利后果，则适用非诉执行案件的审查强度就有失允当。此时一般应适用被诉行政行为的审查标准。

编写人：江苏省南通市中级人民法院　张祺炜　金保阳

20

强拆行为实施主体的推定

——桑某诉某区街道办事处、某市临空经济核心区管理委员会行政强制案

【案件基本信息】

1. 裁判书字号

北京市第三中级人民法院（2022）京03行终451号行政判决书

2. 案由：行政强制

3. 当事人

原告（被上诉人）：桑某

被告（上诉人）：某区街道办事处（以下简称某区街道办）、某市临空经济核心区管理委员会（以下简称某市临空管委会）

第三人：空港开发公司

【基本案情】

桑某系北京市顺义区某镇某村村民，1997 年 9 月，经空港开发公司同意，桑某将生产经营场地迁到涉案土地并建房，用于经营及出租。

2017 年 10 月 21 日，某区街道办、某市临空管委会、空港开发公司向涉案土地上的房屋经营人联合出具《告知书》，内容是为及时消除安全隐患，拟组织对涉案重点区域进行集中整治，要求区域内所有用房单位及个人停产停业，房屋内严禁住人，并向空港工业区派出所提交相关证明手续。2017 年 11 月 18 日，上述三单位又书面通告涉案地块上的建筑单位，内容是为消除重大火灾隐患，消防支队将进行临时查封，要求清退场所。上述告知及通告上均加盖有三单位的公章。

2017 年 11 月 22 日，涉案房屋全部被强制拆除。

桑某不服，向一审法院提起本案之诉。在本案审理过程中，桑某提交的拆除现场视频及照片显示有某区街道办和某市临空管委会工作人员在现场。

关于涉案建筑物的拆除主体，桑某、空港开发公司称拆除主体是某区街道办、某市临空管委会。某区街道办、某市临空管委会均表示未实施被诉拆除行为，亦不清楚涉案建筑物的拆除实施主体。

关于拆除时在场的原因，某市临空管委会称涉案地块一直不在其管辖范围内，因强制拆除的场地与其管辖范围接壤，且距其办公地点很近，为避免对其管辖范围内物品或人员造成损害，发现涉案场地正被强拆时，派工作人员去现场进行查看，就涉案拆除行为与实际的拆除主体并无合意。某区街道办称其系作为属地政府在告知、通告材料上盖章，并在拆除当天到场了解情况，但并未参与、指挥拆除行为。

【案件焦点】

事实行为中强制拆除的实施主体如何确定。

【法院裁判要旨】

北京市顺义区人民法院经审理认为：本案中，某区街道办、某市临空管委会、空港开发公司于2017年10月21日联合发布《告知书》，要求区域内所有用房单位及个人在隐患消除前停产停业，房屋内严禁住人，并提交相关证明手续，又于2017年11月18日联合发布通告，要求清退场所。2017年11月22日，涉案建筑物被强制拆除，且强拆时，某区街道办和某市临空管委会的工作人员在现场。根据上述事实，在无证据证明涉案建筑物系他人拆除的情况下，原则上推定某区街道办、某市临空管委会为涉案建筑物的强制拆除机关。因某区街道办、某市临空管委会实施拆除行为前未对涉案建筑物是否属于违法建设进行调查、认定，未听取桑某的陈述和申辩，未履行责令限期拆除、催告、作出强制拆除决定等程序，故其拆除涉案建筑物的行为认定事实不清，违反法定程序。

北京市顺义区人民法院依照《中华人民共和国行政诉讼法》第七十四条第二款第一项之规定，判决如下：

确认某区街道办、某市临空管委会于2017年11月22日拆除桑某涉案房屋及附属物的行为违法。

某区街道办、某市临空管委会不服一审判决，提起上诉。北京市第三中级人民法院经审理认为：强制拆除房屋行为的主体认定依法律行为和事实行为的不同而采取不同的认定方式。通常对于法律行为，因存在明确的法律规定的前置性程序行为，如违法建筑的认定、限期拆除的通知、强制拆除的决定等，行政机关在作出并送达相关决定后，当事人在期限内不履行拆除义务，房屋被强制拆除的，以出具相关法律文书或者对外发生法律效力的决定的行政机关为被告。对于事实行为，因无法辨明谁具体实施了强制拆除行为，通常采取推定行为主体的方式。原告起诉已提供初步证据证明被诉行政行为存在且系被告实施的，通常认为原告起诉具有事实根据。被告认为原告起诉错误或者所涉行政行为系他人实施的，应当依法对自己提出的主张提供相应的证据。被告在法定举证期限内既不能提交相应证据又不能作出合理说明的，人民法院应当依法认定被告适格。本案中，某区街道办和某市临空管委会虽主张其并未参与强制拆除行为，但在法定举证期限内，并未向一审法院提交相应的证据。根据在案事实，在无证据证明涉案建筑物系他人拆除的情况下，一审法院“原则上推定某区街道办、某市临空管委会为涉案建筑物的强制拆除机关”的认定并无不当。

北京市第三中级人民法院依照《中华人民共和国行政诉讼法》第八十九条第一款第一项之规定，判决如下：

驳回上诉，维持一审判决。

【法官后语】

在强制拆除案件中，被告是否适格往往成为争议焦点。一般行政法理均认为，适格被告应当根据“谁行为，谁被告”的确认原则，由作出行政行为的行政机关担任行政诉讼的被告，参加诉讼并对其行为负责。但实践中，有的行政机关片面追求行政效率而牺牲正当程序，不作任何书面决定就直接实施事实行为。比如，房屋被行政强制拆除后，没有行政机关来认领，以规避可能涉及赔偿或追责等。对于这种不能直接依据“谁行为，谁被告”原则确认被告的，应如何判断强拆行为的实施主体呢？

一、推定规则与推定理由

推定规则是指“由法律规定或者法院依照经验法则，从已知的前提事实推断未知的结果事实存在，并允许对方当事人举证的一种证据规则”①。推定强拆主体并不是在证据确凿的基础上所查明的客观事实，而是在证据有限、真伪不明的前提下依职权法定原则所作出的合理推定，实质是为强拆主体附加了反证不能的不利推定的法律后果，目的在于保护合法权益，解决行政争议，监督依法行政。该推定虽然从法律层面具有高度盖然性，但是并不必然等同于客观事实，如果有证据证明强制拆除的事实行为确属其他行政机关所为，应当以该事

---

① 樊崇文：《证据学》，中国人民公安大学出版社2001年版，第240页。

实为准，即遵循“谁行为，谁被告”的原则确定适格被告。

推定不能是无理由的发挥，实践中需结合法律法规是否规定被告有实施相应行政行为的职权，被告是否为涉案行为的受益者，原告能否提供被告实施强拆行为的初步证据以及被告举证能力等因素进行推定。

二、推定的具体适用

（一）适用前提——原、被告均不能充分证明其主张

关于适用推定规则对双方提供的初步证据的证明程度要求，首先，原告提供的初步证据能够证明被告“参与强拆”即可，实践中常见的就是被告机关工作人员在现场指挥的照片，行政机关的先行行为（如出具的各类文书公告）等，对原告提供的初步证据的要求不应过高，否则推定规则将几乎没有适用的空间。其次，被告提供的证据需无法足以证明强拆系其他行政机关所为。被告需尽到与其诉讼地位、诉讼能力相当的证明责任，若被告没有举证，或是只提供了初步证据，并不足以证明强拆系由其他行政机关所为的，也可以适用推定规则。

（二）适用限制——适格被告一般需具备相应职权且属于行为的受益者

根据《中华人民共和国城乡规划法》第六十五条、第六十八条及《北京市禁止违法建设若干规定》第三条的规定，乡镇、街道办根据职责具体组织、协调本行政区域内违法建设的制止和查处工作。此外，在行政机关自行实施强拆时，若该行政机关不具备强拆的法定职权，但可以独立承担责任，在没有其他任何证据表明市、县级政府也组织或者参与被诉强拆行为时，该行政机关就应当为案件的适格被告并为其自行实施的行为承担法律责任。有观点认为，行政机关已经作出征收决定或者作出违法建筑确认决定等前续行政行为的，可以推定该作出征收决定或者违法建筑确认决定的行政机关是组织强制拆除机关。[1]本案中的街道办和管委会联合发布《告知书》，即曾共同实施过在先的关于违法建设的前续行政行为，且涉案建设的拆除符合其进行行政管理的本意，属于该行为的受益者。

---

① 参见最高人民法院（2015）行监字第70号行政裁定书。

（三）适用突破——其他主体的自认并非当然推翻推定

鉴于推定允许提出反证推翻，在有被告以外的其他主体自认其实施了被诉强拆行为时，需要比较案件的初步证据与其他主体的自认这两个证据的证明力大小。自认主体并非当然成为适格被告，自认打破推定需同时满足两个条件：一是自认主体承认其为实际实施方且具有独立承担责任的主体资格；二是初步证据无法证明作为被告的行政机关组织或委托实施了强拆行为。

三、典型意义

最高人民法院于2018年发布的人民法院征收拆迁典型案例之陆某某诉某市人民政府某街道办事处强制拆除案①中强调了两点：一是在行政执法不规范造成相对人举证困难的情况下，人民法院不宜简单以举证不力为由将原告拒之门外，在此类案件中要格外关注诉权保护；二是事实行为是否为行政机关所为，法院应当从基础事实出发，结合责任政府、诚信政府等法律理念和生活逻辑作出合理判断。本案就是通过对强制拆除全过程进行分析，认定街道办有推进动迁和强制拆除的动力，为行为主体的推定奠定了事理和情理的基础，既坚持了被告负有举证责任的原则，又切实保护了公民的合法权益。该裁判标准对于促进行政机关严格遵守法定程序，规范依法强拆行为，妥善保存和提供证据，促进法治政府建设具有重要的积极意义。

编写人：北京市第三中级人民法院　陈金涛　冯雅琼

---

① 《人民法院征收拆迁典型案例（第二批）》，载最高人民法院网，https://www.court.gov.cn/zixun/xiangqing/95912.html，2024年4月10日访问。

三、行政许可

21

法院应对当事人以申请材料虚假、不齐全等为由提起的撤销变更登记行为之诉进行实体审理

——王某诉某区市场监督管理局工商登记案

【案件基本信息】

1. 裁判书字号

北京市第一中级人民法院（2022）京01行终512号行政裁定书

2. 案由：工商登记

3. 当事人

原告（上诉人）：王某

被告（被上诉人）：某区市场监督管理局（以下简称某区市监局）

【基本案情】

2017年2月17日，投资基金管理公司向某区市监局申请公司法定代表人变更登记及董事变更备案，一并提交了原法定代表人马某签署的公司变更登记申请书、王某身份证、《投资基金管理公司股东决定》等材料。某区市监局依申请于当日作出准予变更登记（备案）通知书，将该公司法定代表人由马某变更登记为王某，将该公司董事由马某变更备案为王某。王某认为，其不是投资

基金管理公司的股东或工作人员，实际上从未在该公司任职，从未参与该公司的经营管理，与该公司没有实质上的关联。某区市监局对投资基金管理公司提交的虚假、不真实材料未进行严格审查，将王某变更登记为投资基金管理公司的法定代表人，备案登记为投资基金管理公司董事，严重损害了其合法权益，故诉至法院，请求法院判令某区市监局撤销 2017 年 2 月 17 日将王某变更为投资基金管理公司法定代表人的变更登记事项；撤销 2017 年 2 月 17 日将王某备案为投资基金管理公司董事的备案登记事项。

【案件焦点】

1. 王某是否应先行解决民事争议；2. 法院对王某请求撤销法定代表人变更登记的行为是否应进行实体审理。

【法院裁判要旨】

北京市海淀区人民法院经审理认为：本案中，投资基金管理公司在办理公司法定代表人变更登记时，向某区市监局提交了 2017 年 2 月 17 日的《投资基金管理公司股东决定》。根据《中华人民共和国公司登记管理条例》第二十七条、《中华人民共和国公司法》第二十二条第四款的规定可知，该决定属于公司变更登记的基础材料，其效力会影响到公司变更登记行为的合法性。因此，王某在诉请法院撤销法定代表人变更登记行为前，应先行解决该决定的效力问题，而该问题并非行政诉讼的审理范围。故，王某不服该法定代表人变更登记行为提起本案诉讼，不符合法定起诉条件，依法应予以驳回。

北京市海淀区人民法院根据《中华人民共和国行政诉讼法》第四十九条第四项、《最高人民法院关于适用〈中华人民共和国行政诉讼法〉的解释》第一条第二款第十项及第六十九条第一款第一项之规定，裁定如下：

驳回原告王某的起诉。

王某不服一审裁定，提起上诉。北京市第一中级人民法院经审理认为：本案中，王某诉请撤销被诉法定代表人变更登记行为，主张投资基金管理公司提交的法定代表人变更登记申请材料不真实、不齐备，原海淀工商分局对该申请材料未予严格审查。因此，王某所提主张系对被诉法定代表人变更登记行为申请材料的真实性、完整性问题提出的异议，并非对基础民事行为的有效性提出的异议，故法院可以根据有效证据在行政诉讼中予以审查认定。王某作为被诉法定代表人变更登记行为的相对人，有权提起行政诉讼，法院对被诉法定代表人变更登记行为应予实体审理。一审法院以不符合起诉条件为由裁定驳回王某的起诉有误，予以纠正。

北京市第一中级人民法院依照《中华人民共和国行政诉讼法》第八十九条第一款第二项及《最高人民法院关于适用〈中华人民共和国行政诉讼法〉的解释》第一百零九条第一款之规定，裁定如下：

一、撤销北京市海淀区人民法院（2022）京0108行初2号行政裁定；

二、指令北京市海淀区人民法院继续审理。

【法官后语】

公司变更登记类纠纷既涉及公司内部的民事法律关系又涉及行政机关作出登记行为的行政法律关系，引发的案件是典型的民行交叉案件。原告提起行政诉讼要求撤销登记机关作出的变更登记行为，对基础民事争议既不一并也不另行提起民事诉讼，法院对该类行政案件是进行实体审理，还是裁定驳回其起诉让原告先行解决基础民事争议，在行政诉讼法中并没有明确的规定。笔者认为，此类案件法院原则上应进行实体审理。

一、基础民事争议与公司变更登记行政案件审理对象之间的关系

公司变更登记行政案件涉及的基础民事争议主要包括当事人对公司内部机关通过的变更决议或决定效力的异议、对委托代理的异议等事项。该基础民事争议的解决与变更登记行政案件审理对象即登记机关作出登记行为的合法性之间有多大相关性？是不是基础民事争议不解决，相关的行政案件就不能进入实体审理？客观上该基础民事争议的法律关系先于行政争议的法律关系存在，但该类案件涉及的基础民事争议与该类案件的审理对象之间相互独立，法院完全可以分开审理。当事人提起民事诉讼和行政诉讼都是为了解决纠纷，此类案件民事争议的解决有助于行政争议的迎刃而解，但行政案件有其独立的审理对象，

法院应通过实体审理判断登记机关对申请材料的审核是否尽到了审查义务，来实现对当事人合法权益的保护。实践中，先行解决基础民事争议的做法有时不利于行政争议和民事争议的解决。例如，民事诉讼中法官不会对登记行为的合法性进行审查，登记证书反而会成为民事诉讼中的优势证据。因此，《中华人民共和国行政诉讼法》第六十一条第二款规定“可以”民事先行，并未作出强制性规定。[①] 另外，公司变更登记类诉讼，当事人同时存在民事诉讼、行政诉讼两种救济途径，对当事人提起的行政诉讼裁定驳回，认为应当先行解决民事纠纷后再解决行政争议，是替当事人选择救济途径，不仅缺乏法律依据，还不利于维护当事人的合法权益。

二、法院对基础民事争议的审查程度

与被诉行政行为合法性无关的基础民事关系的履行争议等内容，不属于行政诉讼的审理范围。基础民事争议中与被诉行政行为合法性相关联的事实和法律问题属于审查被诉行政行为合法性的范围，人民法院必须对其进行审理并作为判断的依据，否则，不能对被诉行政行为的合法性作出整体的全面判断。[②] 最高人民法院对公司登记行政案件中存在的有关问题作出的《关于审理公司登记行政案件若干问题的座谈会纪要》是目前审理公司登记行政诉讼案件应遵循的司法指导性文件。根据该会议纪要第二条、第三条可知，市场监管部门对公司登记申请材料的真实性必须进行审查，首先是形式上的审查，看是否存在表面上的不一致或错误。市场监管部门无法得出是否真实结论的，可以不予变更登记。市场监管部门对申请材料本身是否真实、有效负有审查义务。法院对审理公司登记行政案件基础民事争议的审查程度集中在民事行为的真实性方面。

三、法院应判断登记机关是否尽到了审慎审查义务

所谓审慎审查，就是对申请材料进行认真的审查，在法定期限内通过一般性方法和手段，在相关专业知识和工作经验的范围内对申请材料是否齐全、是否符合法定形式进行审查，而非通过特别的方法和手段（如鉴定、勘验等）发

---

① 袁杰主编：《中华人民共和国行政诉讼法解读》，中国法制出版社2014年版，第172页。

② 《最高人民法院第一巡回法庭关于行政审判法律适用若干问题的会议纪要》问题十九。

现相应申请材料实质内容可能存在的真实性问题。

编写人：北京市第一中级人民法院　梁菲　王素南

22

业主合理使用共有土地增设电梯的应予准许

——何某某等诉某市规划和自然资源局建设工程规划许可案

【案件基本信息】

1. 裁判书字号

广州铁路运输中级法院（2022）粤71行终391号行政判决书

2. 案由：建设工程规划许可

3. 当事人

原告（上诉人）：何某某、胡某某、雷某

被告（被上诉人）：某市规划和自然资源局（以下简称某市规自局）

【基本案情】

涉案住宅楼共8层（一楼无住户），每层三户，共21户。何某某、胡某某、雷某分别是该住宅楼301、601、602房的登记产权人，何某某等住宅业主的房屋产权证中房地产平面附图中记载用地2980.12㎡。2000年8月17日，广州市某区教育局取得位于涉案住宅楼首层建筑面积为1615.62㎡房屋权属登记，由某幼儿园使用。1989年7月12日，原广州市城市规划局作出《复文》，该复文第五条列明了公建配套幼儿园的建筑面积及要求，其中“幼儿园建筑面积1500㎡前后绿地属幼儿园使用”。何某某等三人受本楼19户业主委托，作为业主代表自2014年5月开始申请增设电梯工程，某市规自局多次以审批咨询服务意见反馈表作出答复。2019年7月2日，某市规自局作出《关于送审增设电梯建筑设计方案问题的复函》，对何某某等三人的申请不予许可。何某某等三人不服，提起诉讼。2019年12月10日，广州铁路运输法院作出（2019）粤7101行初4516号行政判决书，认为该复函主要理由不足，适用法律错误，故判决撤销。某市规自局提起上诉，广州铁路运输中级法院（2020）粤71行终431号行政判决：驳回上诉，维持原判。2018年5月22日，广州市某区教育局向广州市某区国土资源和规划局作出《协办意见》，称："某幼儿园是我区公办幼儿园……建筑物前后绿地为幼儿园活动场地，暂未进行产权登记，不属于小区业主共有用地。经查看现场，加建电梯位置占用该幼儿园室外活动场地，对幼儿园建筑及师生户外活动造成较大的安全隐患，故不同意占用幼儿园活动场地加建住宅电梯。"此后何某某等人又多次向广州市某区教育局请求出具涉案住宅加建电梯的同意函，广州市某区教育局未予回复。2018年5月29日，广州市某区国土资源和规划局向何某某等业主作出《关于涉案住宅楼增设电梯信访事项的复函》称："……根据区信访局转来的信访材料反映，你们已对设计方案进行修改，不涉及名某幼儿园权属用地范围。下一步你们可向我局提出上述住宅楼增设电梯规划报建申请，我局将依法依规进行办理。"2020年7月2日，某市规自局对何某某等人提起的增设电梯申请再次作出被诉不予许可决定，认为：一、送审方案拟拆除首层大堂玻璃建设出入口并在东面新建1.5米高围蔽墙、玻璃窗及电梯井等工程，占用幼儿园活动场地及功能用房，影响幼儿园教学环境及教学安全，根据《民法通则》等有关规定，请你们先行取得区教育部门和幼儿园的书面同意意见。"何某某等三人不服，提起本案诉讼。2022年6月8日，广州铁路运输中级法院对涉案工程规划现场及楼宇周边情况实地勘察，幼儿园位于涉案小区××阁组团楼宇首层及楼宇组团之间的空地，四周实施了围蔽。涉案加装电梯工程入口位于××阁南座楼梯入口，电梯紧贴在本栋楼宇步梯旁一自然形成的1.5米宽内陷凹槽，电梯落地位置位于由幼儿园围蔽的宽约3米、长约10米的独立露天空地的一角，该空地不属于幼儿园教学或学生活动场所，实际用于堆放杂物，幼儿园进出该围蔽空间有专用门，楼宇住户以墙相隔，无法进入。

【案件焦点】

增设电梯需使用业主与小区公建幼儿园实际占用的共有土地的，是否需要取得幼儿园的书面同意。

【法院裁判要旨】

广州铁路运输法院经审理认为：幼儿园和业主的房地产证用地面积记载的数据一致显示，首层用地属于幼儿园和业主共同所有，增设电梯占用的土地属于共同所有的土地，那么是否需要征求使用人幼儿园的同意？首先，涉案住宅楼四面建筑轮廓线均为实线，业主在规划功能和客观现实上均不具有使用位于幼儿园用房“左右”室外地的条件，业主需要改变规划、打通与幼儿园相隔的墙体才能进入该室外地；其次，修建性详细规划图和幼儿园的首层平面图显示，幼儿园用房的“左右”室外地的使用功能属于幼儿园，规划图纸在功能上明确区分了住宅与幼儿园的范围；最后，幼儿园实际占有并长期使用该场地。因此，何某某等三人欲使用幼儿园用房“左右”室外地应当取得广州市某区教育局同意。在加装电梯申请的过程中，业主与幼儿园就使用幼儿园用房“左右”室外地的一角进行协商，没有达成一致意见，广州市天河区教育局明确发函表示反对，认为影响幼儿园教学环境及教学安全，双方存在争议。在此情形下，某市规自局认为根据原《中华人民共和国民法通则》第八十三条、《广州市既有住宅增设电梯办法》第十条第三款的有关规定，何某某等人应当取得该场地的使用人广州市某区教育局的同意，符合法律规定。

广州铁路运输法院依照《中华人民共和国行政诉讼法》第六十九条之规定，判决如下：

驳回原告何某某、胡某某、雷某的诉讼请求。

何某某、胡某某、雷某不服一审判决，提起上诉。广州铁路运输中级法院经审理认为：关于涉案增设电梯工程是否占用幼儿园权属面积的问题。根据涉案住户、幼儿园的产权证及相关楼宇片区的规划文件，结合现场勘察情况，本案没有证据证明涉案增设电梯工程占用幼儿园专有建筑面积，权属登记中亦未区分每栋楼宇及幼儿园各自占用土地面积及范围，住户业主及幼儿园对××阁楼宇组团 2980. 12m^2 土地是共用关系。幼儿园依照《复文》关于“幼儿园建筑面积 1500m^2 前后绿地属幼儿园使用”相关表述所取得使用权的用地四至范围并不明确，且与不动产登记的权属证书记载情况不符。幼儿园现状用地大致范围由历史形成，因涉案电梯加建用地引发住户与公建配套幼儿园业主方较大争议，并可能在今后其他楼栋电梯加装申请中继续引发矛盾。经比对图纸及现场勘察，上诉人第二次提交的电梯增设设计方案对其电梯修建位置进行了修改，被上诉人 2018 年亦曾作出修改后的增设电梯方案不涉及幼儿园权属用地范围的复函意见。综上，根据本案现有证据，涉案电梯工程是否占用了幼儿园的权属用地尚不明确，被上诉人不予许可的第一项理由不能成立，其适用《广州市既有住宅增设电梯办法》第十条的规定，作出不予行政许可决定的事实不清，依据不足。

关于楼宇住宅业主与公建配套幼儿园之间对于共用面积如何合理使用的问题。涉案小区在 20 世纪 80 年代设计规划，小区配建的幼儿园多年来为小区业主提供服务，小区业主也在共有用地上为幼儿园的教学活动场地提供便利条件，相邻各方和谐共处多年。近年来，由于部分楼宇设计老旧，人民政府鼓励旧有住宅加装电梯工程，尽量满足人民群众改善人居环境的迫切需求。在涉案业主共用面积尚不能明确区分界定的情况下，涉案电梯加装工程设计应当尽量避免对幼儿园教学活动及安全保障造成影响，幼儿园业主方也应在确保其教学及安全保障需要的情况下，在实际使用的共用面积范围内，为相邻住宅业主的电梯加装工程提供方便。同时，属地政府及相关主管部门应加强协调，各方共同努力减少邻里矛盾，和谐共处。

广州铁路运输中级法院依照《中华人民共和国行政诉讼法》第八十九条第一款第二项之规定，判决如下：

一、撤销广州铁路运输法院（2021）粤 7101 行初 156 号行政判决；

二、撤销某市规自局《不予行政许可决定书》；

三、某市规自局在本判决生效之日起 60 日内对何某某、胡某某、雷某申请涉案住宅楼增设电梯工程建设规划许可的事项重新作出处理。

【法官后语】

本案系一起既有住宅增设电梯建设工程规划许可案。本案涉及的法律问题主要是：(1) 涉案增设电梯工程是否应当取得实际占用该土地的权利人的书面同意；(2) 共有土地合理使用的界定问题。

一、本案既有住宅增设电梯工程依法不需要取得实际占用该土地的权利人的书面同意

《中华人民共和国民法典》第三百条规定："共有人按照约定管理不动产或者动产没有约定或者约定不明确的，各共有人都有管理的权利和义务。"《广州市既有住宅增设电梯办法》(2021 年 8 月已经失效) 第十条第三款规定，既有住宅增设电梯用地超出权属范围的，应当要求增设电梯申请人取得相关土地使用权人的书面同意意见。本案中，二审法院根据涉案住户、幼儿园的产权证及相关楼宇片区的规划文件等证据材料，结合现场勘察情况，查明涉案住宅及幼儿园产权证的权属登记并未区分每栋楼宇及幼儿园各自占用土地面积及范围，住户业主及幼儿园对××阁楼宇组团 2980.12㎡土地是共用关系。幼儿园依照 1989 年批文取得前后绿地使用权益，但相关表述的用地四至范围并不明确，且与不动产登记的权属证书记载情况不符。因此，涉案增设电梯所占用土地并未占用幼儿园专属面积，涉案住宅及幼儿园权属登记专有面积范围以外的土地只能作为共有土地认定，相关权利人都有管理及使用权益。规划部门以此为由作出不予行政许可决定的事实不清，依据不足，二审撤销涉案《不予行政许可决定书》，于法有据。

二、司法实践中对于合理使用共有土地的界定问题

一般而言，老旧小区因原设计规划原因，增设电梯往往需要占用小区（楼栋）的共有面积，规划部门不予许可的理由之一为增设电梯工程没有得到共有土地实际使用人的书面同意。关于本梯住户增设电梯是否需要取得小区其他共有土地权属人的书面同意，在审判实践中存在不同认识，争议焦点主要是土地共有部分含义和具体范围的界定。例如，根据共有产生的原因可分为法定共有和约定共有；根据共有的客体是财产还是权利可分为一般共有和准共有；根据共有人的范围，可分为小区内全体业主的共有、某一栋建筑物内全体业主的共

有、特定单元或者特定几个业主的共有。

例如，有的法院认为，封闭管理的建筑区划小区内，各栋建筑单元所占土地及道路、绿化带等公共区域土地的使用权为小区全体业主共同所有。住宅楼加装电梯一方面涉及本座（栋）建筑单元的业主对该建筑物共有部分的共有权利，另一方面涉及小区全体业主对该建筑区划内土地的共有权利，需经过小区全体业主表决通过方可许可。[①] 也有的法院认为，即便是同一栋商住综合楼宇，商业及住宅部分具有独立出入口及使用功能，在领取房地产权证之后，土地使用权即应当为各部分房屋所有权人区分共有，住宅部分房屋所有权人使用共有土地增设电梯，不会对商业部分房屋的使用造成实际影响，无须取得商业部分业主同意。[②]

本案所涉用地情况有别于上述案件，即住宅小区业主共有土地基于历史原因，经过一定的批准程序，实际上由小区其中一个公建配套幼儿园使用多年，公建配套业主并非增设电梯所需用地的登记使用权人，但小区住宅业主多年来对于公建幼儿园使用共有土地持包容态度。

关于共有土地合理使用的界定问题，本案判决主要考虑以下三个因素：一是最密切联系原则，涉案增设电梯设计紧贴在本栋住宅楼宇步梯旁一自然形成的1.5米宽内陷凹槽，电梯建成后与本栋住宅楼宇浑然一体，电梯用地与住宅楼宇占地形成最紧密的联系，该部分土地由住宅楼栋业主使用的社会效益最大；二是对相邻土地使用人的影响最小，电梯摆放及尺寸设计方案几经修改，采用了现有条件下最为克制的小尺寸电梯，落地位置在幼儿园露天堆放杂物空地一角，具有独立出入口，基本上不影响幼儿园的教学秩序及安全防护；三是增设电梯工程对住宅业主具有重大利益，既有住宅增设电梯符合国家政策和地方政府的具体要求。

三、法院应当依法支持老旧小区增设电梯工程规划许可民生工程

本案二审法院通过实地调查了解案情，现场听取各方意见，考虑共有土

① 广东省佛山市中级人民法院（2017）粤06行终602号行政判决书。

② 广州铁路运输中级法院（2019）粤71行终1042号行政判决书。

地的历史情况及使用现状，综合平衡各方利益。由于历史原因，老旧小区业主登记共用土地的使用情况复杂，在一审法院查勘现场的基础上，承办法官再次组织现场勘查和走访，根据相关方补充提交的图纸资料进行现场对照核实，实地考察梯井拟占用位置的现状，确认了梯井所在位置属于业主与幼儿园共用土地性质，审慎得出了增设电梯应未侵占幼儿园的专属面积，基本上排除增设电梯用地对幼儿园的教学环境和安全秩序产生重大影响情况下，作出二审改判判决，判令行政机关对于住宅业主增设电梯许可申请重新作出处理。同时，倡导属地政府及相关主管部门充分发挥行政协调能力，尽力促进化解矛盾，尽量满足人民群众改善人居环境的迫切需求，让各方邻里关系得以修复。

编写人：广州铁路运输中级法院　彭铁文　庄惠平

23

对成品油经营行政许可行为的审查

——加油站诉某市商务局行政许可案

【案件基本信息】

1. 裁判书字号

江苏省南通市中级人民法院（2022）苏06行终75号行政判决书

2. 案由：行政许可

3. 当事人

原告（上诉人）：加油站

被告（被上诉人）：某市商务局

第三人（被上诉人）：农机站加油站

【基本案情】

2004 年 7 月 30 日，农机站加油站领取《成品油零售经营批准证书》，经审核批准从事汽油、柴油、煤油零售业务。2009 年 4 月，农机站加油站因涉及道路拓宽整体搬迁停止运营，并自 2012 年 5 月至 2016 年 9 月经批准歇业。2016 年 8 月，地方商务局编制《某市成品油分销体系“十三五”发展规划》，规划迁建、取消或改造的加油站中包含农机站加油站。2020 年 9 月 2 日，某市商务局向地方商务局作出《关于同意某市迁建加油站设置规划确认的批复》，原则上同意上报的加油站设置规划。经农机站加油站逐级申请，某市商务局于 5 月 20 日作出《关于同意建设农机站加油站的批复》，主要内容为：“1. 申请建设的加油站符合加油站行业发展规划和《成品油市场管理办法实施细则》，同意建设农机站加油站（乡镇型）；2. 农机站加油站由企业自行出资建设，建设地址为某镇某社区 4、5 组，项目建设地址以 GPS 数据为准，不得变更；3. 农机站加油站占地面积 3361 平方米，储油罐 5 个，总罐容 170 立方米，加油机 4 台 24 枪，其中 30 立方米汽油罐 4 个，汽油总容量 120 立方米；50 立方米（不折半）柴油罐 1 个，柴油总容量 50 立方米（不折半）；4. 请接到批复后，督促企业按规定办理其他有关手续，按《汽车加油加气站设计与施工规范》（GB 50156—2012）建设，并在法律法规规定时限内建成竣工，建成后必须经相关部门验收合格，凭批复原件及相关材料申领《成品油零售经营批准证书》后方可投入营运。”

加油站提起行政诉讼，请求撤销某市商务局作出的上述批复。

【案件焦点】

1. 农机站加油站报请审批材料是否符合法定形式条件；2. 农机站加油站迁址申请是否符合行政许可批准条件；3. 某市商务局作出被诉行政批复程序是否合法。

【法院裁判要旨】

江苏省南通经济技术开发区人民法院经审理认为：农机站加油站确系因道

路拓宽改造而需要迁建歇业，符合因歇业重新申请成品油经营许可的条件。某市自然资源局在案涉设置规划确认申请表上签署“该加油站位于某镇总体规划确定的镇区规划范围内”并加盖印章，案涉项目选址符合土地利用总体规划。加油站及农机站加油站为紧邻县道的公路型和乡镇型加油站，两者直线距离4.3千米，行车距离5千米，符合加油站设置间距的规定。《成品油市场管理办法实施细则》对于加油站迁建是否应当听证未有明确规定，在设置规划公示阶段，加油站提出了异议，某市商务局核查后作出了答复，已经充分保障了加油站的陈述申辩权利，某市商务局在作出被诉行政许可前未举行听证不违反法律规定。

江苏省南通经济技术开发区人民法院依据《中华人民共和国行政诉讼法》第六十九条的规定，判决如下：

驳回加油站的诉讼请求。

加油站不服一审判决，提起上诉。江苏省南通市中级人民法院经审理认为：农机站加油站客观上因道路拓宽迁建歇业，歇业过程中取得了某省商务厅、某市商务局的审批许可，符合申请取得成品油经营行政许可的前提条件。某市商务局作出行政批复时，已要求农机站加油站按照法律法规和规范性文件的规定，提交迁建加油站选址相应的各项材料，包括土地利用规划、国有土地使用权出让合同、项目迁建选址意见书等关键性材料，所涉经营位置符合法律有关不同加油站之间直线距离的规定，在程序上经过地方商务局和某市政府审批后层报至某市商务局审批，某市商务局依法作出的审批许可具有事实、法律和政策依据。农机站加油站的企业所有制性质并非某市商务局作出被诉行政批复需要考虑的因素。加油站在某市商务局批复过程中数次提出异议，主张农机站加油站年检和迁建材料不真实，不符合许可条件，但均未提供相应的证据证明其主张，依法不予支持。

江苏省南通市中级人民法院依据《中华人民共和国行政诉讼法》第八十九条第一款第一项的规定，判决如下：

驳回上诉，维持原判。

【法官后语】

行政机关依申请作出行政许可，需对申请人提交的材料作出符合法律规定的审查，包括申请材料是否齐全、完备、真实等形式审查，申请是否符合行政许可的条件等实质审查，以及作出行政许可是否遵守法定行政程序三个方面。

一、农机站加油站申请行政许可所提交材料的形式合法性与完整性

《成品油市场管理办法实施细则》第十一条第三项和《某省成品油零售经营资质申报管理操作规范》具体规定了取得加油站迁址建设行政审批许可需具体提交的申请材料。本案中，农机站加油站因道路拓宽改造停止运营，经办理加油站歇业和规划选址等法律手续后，于2021年2月逐级报请地方商务局和某市商务局审批迁址，同时提交《成品油零售经营批准证书》《关于农机站加油站停业的情况说明》《加油站歇业批准通知单》《国有建设用地使用权出让合同》《某市成品油分销体系“十三五”发展规划》《某市2020年度第五批加油站规划确认审批单》《加油站（点）现场勘察表》等材料。结合某省政府《关于取消和下放一批行政权力事项的决定》和某市政府《关于取消和承接一批行政权力事项的通知》，某市商务局作为某市政府指定的成品油零售经营资格行政审批主体，具有对农机站加油站迁址申请作出审查批复的行政职权。某市商务局经地方商务局初审后，审查认为农机站加油站的申请材料齐全、完备，经过相应的前置审查批准环节，确认农机站加油站所申报材料具有真实性、合法性和关联性，符合法定形式条件，一、二审法院对此均予以认可。

二、某市商务局作出被诉行政许可的实体合法性

（一）农机站加油站是否提交实质性拆迁证明文件

根据《某省成品油市场管理办法实施细则》第十六条第三项规定，申请人应当提交所在地县以上人民政府对零售经营网点拆迁的正式文件、拆迁通知书和拆迁协议。据此，加油站申请迁建的，需提交证据证明客观上发生了公益性征收拆迁等法律事实。考虑到拆迁的政策性和现实复杂性，对上述规

定的“拆迁的正式文件、拆迁通知书和拆迁协议”，应当理解为由申请人提交包括拆迁文件、拆迁通知书或者拆迁协议等在内的、能够证明所在地县级以上人民政府对零售经营网点实施拆迁的证明性文件资料，但不宜严格解释为要求申请人同时提交“拆迁的正式文件、拆迁通知书和拆迁协议”。本案中，农机站加油站原成立于1991年7月，于2004年7月领取《成品油零售经营批准证书》，因某镇道路拓宽改造，某镇政府经某市政府批准同意对农机站加油站实施拆迁，农机站加油站于2009年4月停止运营。农机站加油站在申请时提交了某镇政府《关于请求批准农机站加油站拆迁的请示》和某市政府批准同意意见，客观上农机站加油站也确因道路改造停止运营和被组织实施拆除。因此，某市商务局审查确认农机站加油站提交的证据材料具有事实依据。

（二）农机站加油站取得歇业手续是否合规

根据《某省成品油市场管理办法实施细则》第三十条第一款、第二款规定，成品油零售经营企业停歇业不应超过6个月，对因城市规划调整、道路拓宽等原因需拆迁的成品油零售企业，经审批同意可适当延长歇业时间，拆除前未按规定办理歇业手续的，不得办理迁建。据此，成品油零售企业办理取得歇业手续的日期为实施拆除之前，同时法律并未规定企业需办理歇业手续直至行政机关批准许可迁建。本案中，农机站加油站于2014年实施拆迁，首次提出歇业申请的时间为2012年，审批歇业至2013年3月31日，经办理历次歇业批准手续，最后一次审批歇业至2016年9月30日，同期地方商务局于2016年8月编制《某市成品油分销体系“十三五”发展规划》。农机站加油站在实施拆除之前已经申请办理歇业审批手续，之后逐年取得歇业批准至地方商务局编制某市成品油分销体系规划，不违反上述法律规定。

（三）农机站加油站取得规划选址手续是否完备

根据《某省成品油市场管理办法实施细则》第十六条第三项和《某省成品油零售经营资质申报管理操作规范》规定，申请人需提交建设项目选址意见书或者土地规划设计条件。同时，该实施细则第十一条第三项规定，国道、省道及县、乡道路加油站的设置间距应当不少于 15 千米，与紧邻的该道路沿线城区型、乡镇型加油站间距应当不低于 3 千米。本案中，鉴于农机站加油站系通过土地招拍挂程序竞买取得所在国有建设用地使用权，结合《中华人民共和国城乡规划法》第三十六条“按照国家规定需要有关部门批准或者核准的建设项目，以划拨方式提供国有土地使用权的，建设单位在报送有关部门批准或者核准前，应当向城乡规划主管部门申请核发选址意见书。前款规定以外的建设项目不需要申请选址意见书”的规定，农机站加油站申请迁建可以不提交建设项目选址意见书，而只需提交与土地规划设计条件相关的批准文件。受让人农机站加油站与出让人某市自然资源局签订的《国有建设用地使用权出让合同》第十三条约定“受让人在本合同项下宗地范围内新建建筑物、构筑物及其附属设施的，应符合市（县）政府规划管理部门确定的出让宗地规划条件”，经某市行政审批局批准的《JA2018-68#A 地块规划条件》作为合同附件，对项目用地控制指标、建筑退让、景观要求、市政设施等用地规划内容均予以明确，其中包括用地性质为商业（加油站）、建筑性质为加油棚及辅助用房、用地面积 3361. 41 平方米、容积率<0. 3、建筑密度<30%等。该用地规划条件同时也符合地方商务局于 2016 年 8 月编制实施的《某市成品油分销体系“十三五”发展规划》和某镇政府于 2017 年 11 月编制、经某市政府批准实施的《某镇总体规划修编（2017—2030）》，故可以认定农机站加油站迁建选址符合当地成品油分销体系规划和土地利用规划的相关要求。在加油站的相互位置关系上，农机站加油站与拟迁建地址最近的加油站之间直线距离为 4. 3 千米、行车距离为 5 千米，符合法律规定的不同类型加油站之间的间距条件。某市商务局在作出被诉行政批复前，分别于 2020 年 6 月和 2020 年 9 月向地方商务局作出《某市 2020 年度第五批加油站规划确认审批单》和《关于同意某市迁建加油站设置规划确认的批复》，同意地方商务局上报的加油站设置规划。因此，某市商务局基于《国有建设用地使用权出让合同》及其附件所确定的项目用地规划条件，并考虑到前续行政批准行为所确定的加油站设置规划内容，认为农机站加油站提交的材料达

到土地规划设计条件证明要求，拟迁建位置符合某镇土地利用总体规划和加油站发展建设规划，具有事实和法律依据。

三、某市商务局作出被诉行政许可的程序合法性

某市商务局对地方商务局上报的当地2020年度加油站（点）发展计划和设置规划事项审批过程中，向社会公示《2020年第五批加油站设置规划确认表（乡镇型）》，加油站于2020年7月8日提出异议，认为拟建加油站位置不符合法律规定并要求重新选址。某市商务局经批转地方商务局调查核实后，于同年8月13日向加油站回复称“经向某省商务厅咨询，《成品油市场管理办法实施细则》第十一条规定的‘与紧邻的该道路沿线城区型、乡镇型加油站间距不低于3公里’，解释为‘该道路沿线上的城区型、乡镇型加油站与紧邻的道路型加油站间距不低于3公里’，此前我省其他城市也按此解释执行，该选址符合规定；《某市成品油“十三五”发展规划》明确在该地块选址安置迁建加油站；《某市2020年第五批加油站设置规划》公示只是对迁建加油站规划选址进行公示，取得迁建资格的加油站需按照《成品油市场管理办法实施细则》相关规定执行”。针对加油站主张的乡镇型加油站选址问题，某市商务局充分听取意见并作出调查和实质性答复，答复内容依法有据。某市商务局还分别于2021年4月1日和2021年5月13日两次向社会公示对农机站加油站申请迁建拟作出批复的相关内容，公示期间未收到异议后方作出被诉行政批复，符合正当程序要求，也未侵犯加油站的合法权益。

编写人：江苏省南通市中级人民法院　殷勤　吴政清

24

投诉举报人对行政处理决定不服申请复议诉讼应具有法律上的利害关系

——资产管理公司诉中国证券监督管理委员会行政许可及行政复议案

【案件基本信息】

1. 裁判书字号

北京市高级人民法院（2022）京行终 2829 号行政裁定书

2. 案由：行政许可及行政复议

3. 当事人

原告（上诉人）：资产管理公司

被告（被上诉人）：中国证券监督管理委员会（以下简称证监会）

【基本案情】

资产管理公司系某银行的内资股股东。某银行在 2019 年 6 月召开的 2018 年度股东大会上审议并通过了《发行股份一般性授权》，议案明确董事会可根据一般性授权分别发行最多 1735210242 股内资股及 695750000 股 H 股。股东大会同时公告了某银行的 A 股上市计划，并审议通过了《A 股发行方案》。2020 年 8 月 20 日，某银行召开了第四届董事会第二十一次会议，审议通过了《非公开发行议案》《存保基金管理公司入股议案》《某交控入股议案》三项议案。当日，某银行发布《根据一般性授权非公开发行内资股及签署股份认购协议公告》。2020 年 12 月 24 日，证监会作出《关于核准某银行股份有限公司定向发行股票的批复》（以下简称被诉批复）。资产管理公司不服被诉批复，认为议案的内容违反该银行章程规定和股东大会决议，且股东资格不符合法律规定，遂向证监会申请行政复议。证监会经复议认为，被诉批复同意某银行定向发行股票的行政许可决定，法律和事实依据充分，程序合法。资产管理公司以一般性授权额度占用为由申请撤销定向发行行政许可，缺乏依据。遂驳回资产管理公司的行政复议申请。资产管理公司仍不服，向北京金融法院提起行政诉讼。

另查明，资产管理公司针对某银行非公开发行股份相关问题，向某证监局举报，某证监局针对其举报作出了调查答复意见。

【案件焦点】

行政行为间接影响到公司股东利益的，股东是否具有针对该行政行为提起行政诉讼的原告主体资格。

【法院裁判要旨】

北京金融法院经审理认为：《中华人民共和国行政诉讼法》第二十五条第一款、第四十九条第一项规定，确定原告资格有以下两个方面要件：一是必须是公民、法人或者其他组织；二是该公民、法人或者其他组织与行政行为有利害关系。根据公司法相关原理，公司和股东人格相互独立。公司具有独立的人格，公司独立于公司股东而存在，公司股东原则上不能代表公司。一般情况下，公司股东既不属于行政诉讼法规定的一般意义的公民、法人或者其他组织，也与行政行为不具有利害关系，且行政诉讼法及相关司法解释亦未赋予公司股东具有行政诉讼法上的原告主体资格。故，资产管理公司作为某银行股东，一旦出资就丧失了对其所出资资产的所有权，股东以出资资产获得的是出资人享有的股权，一般不具有原告主体资格。

就本案而言，证监会作出被诉批复的行政许可行为，资产管理公司并不是该行政许可法律关系的相对人，亦没有法律法规或规章规定证监会在该行政许可程序中，应当针对行政相对人的股东利益给予特别保护和考量。虽然被诉批复可能会间接影响到资产管理公司作为股东的利益，但股东利益和意见已由公司对外所代表，股东不具有提起案涉行政诉讼的原告主体资格。至于资产管理公司认为某银行的行为违反公司章程及法律规定，损害类别股东合法权益的问题，其可以根据《中华人民共和国公司法》相关规定通过民事途径寻求救济。

北京金融法院依照《中华人民共和国行政诉讼法》第四十九条第一项，《最高人民法院关于适用〈中华人民共和国行政诉讼法〉的解释》第六十九条第一款第一项、第一百三十六条第七款之规定，裁定如下：

驳回原告资产管理公司的起诉。

资产管理公司不服一审裁定，提起上诉。北京市高级人民法院同意一审法院裁判意见。

北京市高级人民法院依照《中华人民共和国行政诉讼法》第八十九条第一款第一项之规定，裁定如下：

驳回上诉，维持一审裁定。

【法官后语】

本案例对规范投诉举报人依法维护自身合法权益具有典型意义。

《中华人民共和国行政诉讼法》第二条规定："公民、法人或者其他组织认为行政机关和行政机关工作人员的行政行为侵犯其合法权益，有权依照本法向人民法院提起诉讼。"该法第四十九条第四项规定，提起诉讼应当"属于人民法院受案范围和受诉人民法院管辖"。根据以上规定，原告提起行政诉讼针对的行为应当属于行政诉讼受案范围，如果该行为不可诉，即使原告提起的是履行法定职责之诉，也不能因为行政机关未予答复或者不作为，即认为属于行政诉讼受案范围。

就本案而言，涉及适格的原告及适格的被告两个法律问题。

一是适格的原告。投诉既是社会公众对各类违法行为的监督，也是行政机关发现违法行为的一个重要途径，能够有效弥补行政机关执法能力的不足，因此不少涉及公共行政管理的法律、法规中都有关于投诉（有的称举报）的规定，有的还设立了奖励制度，鼓励对违法行为进行投诉。这些规定不仅赋予投诉人一种监督违法行为的权利，更重要的是赋予投诉人要求行政机关履行查处违法行为职责的权利，行政机关受理投诉事项后应当依法进行调查和作出处理，并将查处结果反馈给投诉人。通常情况下，行政机关的查处行为针对的是被投诉人，维护的是公共的或不特定公众的利益，不涉及投诉人个人的具体利益，因此投诉人无权对行政机关履行查处职责的行为提起行政诉讼，否则就会损害行政行为的效力和效率，破坏行政管理秩序的稳定和公共利益的安全，也会浪费有限的司法资源，违背行政诉讼的立法宗旨。有一种特殊情况，即被投诉行为的“受害人”是因为自身的合法权益受到被投诉行为的侵害或不利影响，为了维护自身合法权益，或为挽回损失、或为获得赔偿、或为防止继续遭到侵害，而向有查处职责的行政机关投诉。在这种情况下，行政机关对被投诉行为的查处结果直接关系到投诉人的合法权益能否得到维护，这就在二者之间建立了法律上的利害关系，当事人可以就此提起行政复议或者提起行政诉讼。否则，其合法权益将可能因行政机关查处结果的错误而得不到司法救济。根据《最高人民法院关于适用〈中华人民共和国行政诉讼法〉的解释》第十二条第五项的规定，在认定投诉举报的“利害关系”时，一般应当符合以下要件：(1) 被诉行政机关具有处理投诉职责；(2) 投诉人自身存在合法权益。该权益是公法上的权益；(3) 这项权益受到被投诉行为的侵害或不利影响；(4) 行政机关对被投诉行为作出或者未作出处理，对投诉人上述权益的维护产生不利影响。

二是适格的被告。投诉举报人就行政机关针对其投诉举报事项作出的处理(包括作为和不作为)，是否可以提起行政诉讼，取决于法律、法规及规章是否明确规定了行政机关在一定期限内受理并依法作出处理的法定职责。一般不能认为只要对行政机关投诉举报处理结论不服，就可以申请行政复议或者提起行政诉讼。投诉举报人如认为行政行为侵犯其合法权益的，一般应当直接针对作出行政行为的机关提出权利救济的请求。本案中，某证监局是独立的行政主体，资产管理公司如认为准予非公开发行股份的行政许可行为损害其合法权益的，可以直接针对某证监局提起行政诉讼。

公司股东作为投诉举报人，认为行政行为侵犯其合法权益的，具体分为两种情况。

一是认为侵犯公司的利益。根据《中华人民共和国公司法》(2023 年修订)

第一百八十九条的规定，通常情况下，如果行政机关的行政行为侵害了公司的合法权益，公司的股东大会、股东代表大会、董事会、监事会等可以公司名义提起诉讼，在上述机构未能够依法履行相应职责的情况下，法律允许股东个人提起诉讼，但要符合《中华人民共和国公司法》第一百八十九条规定的前置程序。

二是认为侵犯股东自身的利益。股东如认为行政行为侵犯了股东的合法权益，直接以作出行政行为的机关为被告提起行政诉讼，即以某证监局为被告提起行政诉讼。就本案而言，在该行政许可法律关系中，行政相对人是某银行而非银行的股东。在该行政许可关系中，除非法律法规或者规章规定作出行政许可前，应当听取股东的意见，否则股东也与该行政许可行为没有法律上的利害关系。具体到本案中，资产管理公司不具有提起本案诉讼的原告主体资格，依法应当裁定驳回其起诉。

编写人：北京金融法院　向绪武　朱玲

四、行政登记

25

不动产权属证书附图记载错误时登记程序的审查

——C大厦业主委员会诉某市规划和自然资源委员会某区分局房屋所有权登记案

【案件基本信息】

1. 裁判书字号

北京市第一中级人民法院（2022）京01行终1191号行政判决书

2. 案由：房屋所有权登记

3. 当事人

原告（上诉人）：C大厦业主委员会（以下简称C大厦业委会）

被告（被上诉人）：某市规划和自然资源委员会某区分局（以下简称某市规自委某区分局）

第三人：李某

【基本案情】

2005年8月20日，出卖人投资公司与买受人李某就涉案房屋签订了《北京市商品房现房买卖合同》，合同附件一为C大厦一层房屋平面图。2013年9月17日，李某取得房屋所有权证，后附房地平面图显示涉案房屋坐落方向与指北方向垂直。2019年10月29日，李某持房屋所有权证向某市规自委某区分局提出书面换证申请，并提交了申请书、房地平面图等材料，其中房地平面图显示涉案房屋坐落方向与指北方向平行。2019年10月31日，某市规自委某区分局向李某核发了不动产权证，其中，房屋所有权人、共有情况、性质、面积等记载事项均无变动；附记载明："换发原不动产权证号：第××号，原登记日期：2013-09-17"；所附房地平面图显示涉案房屋坐落方向与指北方向平行。C大厦业委会不服，提起行政诉讼，请求法院依法判令被告撤销关于涉案房屋《商品房买卖合同》附图登记及不动产权证后附平面图的行政登记，将上述两份文件恢复原始登记状态。

另查明，2009年10月21日，某区房屋土地经营管理中心测绘队出具的C大厦《房屋土地测绘技术报告书》中，涉案房屋所在一层的房屋分层平面示意图显示，涉案房屋坐落方向系与指北方向平行位置。该平面示意图与《北京市商品房现房买卖合同》附件一中的房屋平面图一致。

再查明，2017年7月26日，C大厦业委会以建筑物区分所有权纠纷为由，向本院提起民事诉讼。2019年10月25日，本院作出民事判决，认定涉案房屋系C大厦共有部分。投资公司不服，向北京市第一中级人民法院提出上诉。2020年5月18日，北京市第一中级人民法院作出民事裁定，认为当事人在二审中提交新证据，一审判决认定的基本事实不清，裁定撤销一审民事判决，发回本院重审。2021年10月20日，本院作出民事判决，认为"诉争的商铺是出售于个人的专有部分，此事实有《商品房买卖合同》以及《不动产权证书》为依据……C大厦业委会主张该区域属于业主共有，与业已存在的个人产权登记的事实不符……"判决驳回C大厦业委会的全部诉讼请求。C大厦业委会不服，向北京市第一中级人民法院提起上诉。2022年4月14日，北京市第一中级人民法院作出民事判决，认为"一审法院向北京市海淀区不动产登记中心调取的资料显示103室为个人专有部分，与该楼首层平面图中涉案区域地点、朝向一致"，判决：驳回上诉，维持原判。

【案件焦点】

1. 权属证书所附房地平面图是否属于登记内容；2. 本案是否应适用换发证书的行政程序。

【法院裁判要旨】

北京市海淀区人民法院经审理认为：首先，根据业已查明的事实，C 大厦业委会此前与投资公司等就涉案房屋存在建筑物区分所有权争议，不动产权证作为上述民事诉讼中的关键证据，显然对 C 大厦业委会的权利义务产生了实际影响，故 C 大厦业委会与某市规自委某区分局作出换发证书登记并向李某颁发不动产权证的行政行为具有利害关系，具有原告主体资格。

其次，某市规自委某区分局作为本辖区负责不动产登记工作的行政机关，具有办理本辖区相关房屋登记的法定职责。本案中，某市规自委某区分局在收到李某提交的换证申请及相关材料后，经受理、查验、审核，并与 2009 年 10 月 21 日某区房屋土地经营管理中心测绘队出具的 C 大厦《房屋土地测绘技术报告书》中的房屋分层平面示意图进行核实比对，认为相关材料权属清楚、产权来源资料齐全，作出换发证书登记并向李某颁发不动产权证书，认定事实清楚、程序合法、适用法律正确，并无不当。

同时，涉案房屋的《商品房买卖合同》系投资公司与李某签订，属于平等民事主体之间的合同关系，不属于不动产登记范畴，故 C 大厦业委会要求撤销涉案房屋《商品房买卖合同》附图登记的诉讼请求，不属于行政诉讼的受案范围，依法应予以驳回。

北京市海淀区人民法院依照《中华人民共和国行政诉讼法》第六十九条之规定，判决如下：

驳回原告 C 大厦业主委员会的全部诉讼请求。

C 大厦业主委员会不服一审判决，提起上诉。北京市第一中级人民法院同意一审法院裁判意见。

北京市第一中级人民法院依照《中华人民共和国行政诉讼法》第八十九条第一款第一项之规定，判决如下：

驳回上诉，维持一审判决。

【法官后语】

本案系不动产权属证书附图记载错误时，登记机关适用换发程序引发行政纠纷的典型案例。争议焦点有二：一是权属证书所附房地平面图是否属于登记内容；二是本案是否应适用换发证书的行政程序。具体详述如下：

一、权属证书及登记簿登记记载事项的范围界定

判断涉案房地平面图是否属于权属证书的登记内容，首先要准确界定权属证书记载事项的范围。根据《中华人民共和国民法典》第二百一十六条及第二百一十七条规定，不动产登记簿（以下简称登记簿）系不动产权属证书（以下简称权属证书）的母本，权属证书是登记簿登记内容的证明书。权属证书记载的事项应当与登记簿一致；记载不一致的，除有证据证明登记簿确有错误外，以登记簿为准。对于登记簿应当记载事项的范围，《不动产登记暂行条例》（以下简称《暂行条例》）第八条第三款作出了具体规定，明确登记簿应当记载以下事项：(1) 不动产的坐落、界址、空间界限、面积、用途等自然状况；(2) 不动产权利的主体、类型、内容、来源、期限、权利变化等权属状况；(3) 涉及不动产权利限制、提示的事项；(4) 其他相关事项。

从文义解释上看，上述规定中坐落一般指不动产所在的具体位置，虽未明确坐落方向是否属于应当记载的事项，但按照一般社会大众对房屋登记内容的理解，坐落方向系为说明房屋朝向，与空间界限、面积、界址等均属于对不动产自然状况的描述，系房屋状态评价和市场价值判断的重要因素。涉案权属证书中体现房屋坐落方向的唯一载体即所附房地平面图，故房地平面图在本案中应属于登记记载事项的范畴；从立法目的解释上看，上述法条采取的是列举+兜底式规定，可将坐落方向视为《暂行条例》第八条第三款第一项规定的有关不动产"自然状况"的记载事项，抑或第四项规定的"其他相关事项"，未超出登记记载事项的外延。本案中，被告认为房地平面图并非登记记载事项，属于对该条款的限缩解释，不符合社会大众对登记记载事项的一般认知，亦不符合文义解释和立法目的解释的应有之义。

二、换发权属证书的适用条件

《不动产登记暂行条例实施细则》（以下简称《实施细则》）第二十二条规定，权属证书或者不动产登记证明污损、破损的，当事人可以向不动产登记机构申请换发。随着不动产登记的更新换代，当事人可以申请将原有的房屋所有权证换发为不动产权证书，或采用换发证书方式添加指纹、土地信息等。但无论因何种理由换发证书，该证书上原有的记载内容均不应发生实质变化。《最高人民法院关于审理房屋登记案件若干问题的规定》亦持同种观点。根据该规定第二条第二款规定，房屋登记机构作出未改变登记内容的换发、补发权属证书、登记证明或者更新登记簿的行为，公民、法人或者其他组织不服提起行政诉讼的，人民法院不予受理。基于对该规定的理解，换发权属证书和补发权属证书、登记证明或者更新登记簿的行为在本质上相同，均未改变登记内容，属于重复处置行为，因对行政相对人的权利义务未产生实际影响，法院对上述行为可裁定驳回。

本案中，被告向第三人核发的新产权证，虽其他记载事项均无变动，但所附房地平面图显示涉案房屋坐落方向发生了变更。在权属证书登记内容发生变动的情况下仍适用换发程序，既不符合上述换发权属证书的法定情形，亦与换发行为的本质内涵相悖。

三、登记程序的选择

当事人因权属证书附图的房屋坐落方向记载错误向被告申请重新颁发权属证书，被告应当适用何种程序是执法实践中存在争议的问题。第一种观点认为，应适用变更登记程序。既然房屋坐落方向发生了变更，那么当事人应当向不动产登记机构申请变更登记，本案原告亦持此种观点。第二种观点认为，应适用换发证书程序。目前不动产登记机构保存的登记簿对房地平面图并无记载，对房屋坐落方向也无记载，受登记簿记载事项范围的限制，不动产登记机构的业务系统中没有关于房地平面图的选项，更换房地平面图这一变化无法在登记簿中体现，故应适用换发程序。第三种观点认为，应适用更正登记程序。在现有证据能够证明原权属证书附图存在错误的前提下，应适用《实施细则》第七十九条至第八十一条规定的更正登记，在被告审核后如认为确有错误、需要更正时，再书面通知第三人换发权属证书。

本案合议庭倾向于第三种观点。更正登记适用于权利人、利害关系人认为不动产登记簿记载事项存在错误的情形，应当提交证实登记确有错误的材料。本案中，第三人提交了其与开发商签订的《北京市商品房现房买卖合同》，附件一中房屋平面图能够显示该房屋的坐落方向，与原权属证书房地平面图中记载的方向不一致。被告在审查过程中调取了某区房屋土地经营管理中心测绘队出具的C大厦《房屋土地测绘技术报告书》，其中涉案房屋所在一层的房屋分层平面示意图记载的坐落方向与原告提交的合同附图方向一致。因此本案确属权属证书记载事项有错误的情形，应当适用更正登记。而变更登记适用于不动产记载事项发生了变更或不动产权利人发生了转移，涉案房屋的坐落方向未发生变更，权利人也未发生转移，故，不属于变更登记的情形；如前所述，换发权属证书仅适用于登记内容未发生实质变化的情形，虽然本案房屋坐落方向更正后应向权利人颁发新的权属证书，但是整个审查程序并不能用换发程序涵盖，而应适用更正登记予以更正。

四、司法裁判的考量

基于上述分析，被告适用换发程序为第三人颁发了新产权证，程序上存在瑕疵，但该瑕疵是否影响不动产登记行为的法律效力，法院考量了以下因素：首先，登记机构在行政程序中是否进行了实质审核。本案被告已实际履行了受理、询问、查验、审核等行政程序，对申请事项进行了实质审查，现有证据能够证明房屋坐落方向记载有误，被告认定事实并无不当。其次，从实质解决争议的角度来看，本案行政争议由建筑物区分所有权纠纷引发，关联民事诉讼已经一审、发回重审、二审，诉讼时间长达五年之久，且涉案房屋的所有权已经确认属于第三人，与行政机关颁发的权属证书确认的事实一致。如本案因程序问题判决被告败诉，将导致民事争议再起纠纷，不利于民事法律关系的稳定，亦不利于争议的实质化解。另，案涉不动产登记系统及登记簿记载事项存在局限性，客观上限制了业务操作。基于以上考虑，法院判决驳回原告的诉讼请求。

本案一审法院延伸审判职能，特向不动产登记中心就严格依法、规范适用登记程序提出司法建议，不动产登记中心亦予以书面回复，并向市级部门反映不动产登记系统及登记簿记载事项存在限制性操作的情况，从基层业务角度督促全市登记业务系统的调整和修正。该案件的审理取得了良好的法律效果和社会效果，对类案的审理具有一定的参考意义。

编写人：北京市海淀区人民法院 陈晓 赵雨惠

26

请求更正行政行为的期限应与撤销行政行为的起诉期限一致

——翁某某、宋某诉某区自然资源和规划局建设用地使用权登记案

【案件基本信息】

1. 裁判书字号

江苏省苏州市中级人民法院（2022）苏05行终483号行政裁定书

2. 案由：建设用地使用权登记

3. 当事人

原告（上诉人）：翁某某、宋某

被告（被上诉人）：某区自然资源和规划局（以下简称某区规自局）

第三人：某镇人民政府（以下简称某镇政府）、建设工程公司

【基本案情】

某镇政府设立的房地产开发公司于1994年12月取得案涉土地建设用地规划许可证，该许可证载明“经审核，本用地项目符合城市规划要求，准予办理征用划拨土地”；1994年12月10日，被告依房地产开发公司的申请予以办理

登记，土地使用权类型为划拨。1994年1月15日，房地产开发公司与顾某某签订购房协议书，约定顾某某向其购买别墅房一幢，土地费及房屋总价10.9896万元。

1994年12月27日，房地产开发公司与顾某某共同向被告申请某市国有土地使用权变更登记，被告经审查为顾某某办理了土地登记。2017年4月4日，原告方向被告申请案涉不动产土地权利性质保留划拨，被告于2017年4月21日经审核同意保留划拨。2017年9月15日，两原告与顾某某向被告申请不动产转移登记，被告经审查于2017年9月18日办理了土地、房屋转移登记，将案涉不动产登记在两原告名下。两原告后向第三人某镇政府发出申诉书，请求将案涉土地性质由划拨改为出让，某镇政府未予以办理。2021年10月25日，两原告以某镇政府为被告向本院提起民事诉讼，请求法院判令某镇政府将两原告通过买卖方式合法取得的某镇新建六弄5号房屋的土地使用权类型由划拨更正为出让。本院于2021年12月16日作出（2021）苏0509民初13798号民事裁定，裁定驳回两原告的起诉。该案已经发生法律效力。两原告于2022年1月20日向本院提起行政诉讼，请求法院依法判决被告将两原告案涉不动产登记的土地使用权类型由划拨更正为出让。

1992年6月5日，原某市计划委员会同意某镇政府成立“房地产开发公司”。2001年2月28日，房地产开发公司申请注销，企业申请注销理由为“经上级批准，两个公司合并为城建综合开发公司，注销房地产开发公司”。2001年10月18日，城建综合开发公司申请注销，注销理由为“企业转制”，企业的人员安置、设备、设施、物质、债务等处理情况为“全部由新组建的建设工程公司负责处理”。

【案件焦点】

原告的起诉是否超过法定的起诉期限。

【法院裁判要旨】

江苏省苏州市吴江区人民法院经审理认为：第一，《中华人民共和国行政诉讼法》第四十六条第一款规定，公民、法人或者其他组织直接向人民法院提起诉讼的，应当自知道或者应当知道作出行政行为之日起六个月内提出。法律另有规定的除外。也就是说，对行政机关的行政行为提起行政诉讼的时间是知道或应当知道行政行为作出之日起六个月内，超过起诉期限提起诉讼的，人民法院不予受理。《最高人民法院关于适用〈中华人民共和国行政诉讼法〉的解释》第六十四条第一款规定，行政机关作出行政行为时，未告知公民、法人或者其他组织起诉期限的，起诉期限从公民、法人或者其他组织知道或者应当知道起诉期限之日起计算，但从知道或者应当知道行政行为内容之日起最长不得超过一年。本案中，2017 年 4 月 4 日，原告方向被告申请案涉不动产土地权利性质保留划拨，被告于 2017 年 4 月 21 日经审核同意保留划拨。2017 年 9 月 15 日，原告与顾某某向被告申请不动产转移登记，被告经审查于 2017 年 9 月 18 日办理了土地、房屋转移登记，将案涉不动产登记在原告名下。因此原告对所购房地产的土地使用权类型为划拨是明知的。第二，原告方要求被告更正登记实质上是要求被告撤销原来的行政登记并重新进行登记。因此要求更正登记的起诉期限应当和撤销登记的起诉期限保持一致。行政机关拒绝更正已经发生法律效力的行政行为，对当事人的实体权利未造成实际的影响，因为影响当事人实体权利的还是原登记行为。因此，原告在超过要求撤销登记的起诉期限的同时也超过了要求更正登记的起诉期限。第三，原告对涉案不动产所享有的实体权利和程序权利系通过交易从原权利人处获得，其所获得的实体权利和程序权利亦不得超过原权利人，在原权利人已经对关于划拨的登记超过行政诉讼起诉期限的情况下不能因转移登记而重新获得对原相关登记事项的审查救济权。本案中，1995 年 1 月 6 日，原某市人民政府将案涉不动产的土地登记在顾某某名下，土地类别为住宅（50）。1999 年 4 月 28 日，原某市国土管理局为顾某某换发土地证，显示用途为住宅（50），使用权类型为划拨。2017 年 9 月 15 日，原告与顾某某向被告申请不动产转移登记，被告经审查于 2017 年 9 月 18 日办理了土地、房屋转移登记，将案涉不动产登记在原告名下。2017 年这次转移登记只是改变了权利人，土地使用权类型与 1999 年登记的完全一致。原权利人顾某某于 2001 年前后已经对登记事项包括土地使用权类型登记超过行政诉讼起诉期限，原告于 2017 年通过交易获得案涉不动产的土地使用权，在交易时也已经远超过法定的起诉期限。综上，原告的起诉已超过法定的起诉期限。

江苏省苏州市吴江区人民法院依照《最高人民法院关于适用〈中华人民共和国行政诉讼法〉的解释》第六十九条第一款第二项的规定，裁定如下：

驳回原告翁某某、宋某的起诉。

翁某某、宋某不服一审裁定，提起上诉。江苏省苏州市中级人民法院同意一审法院裁判意见。

江苏省苏州市中级人民法院依照《中华人民共和国行政诉讼法》第八十九条第一款第一项之规定，裁定如下：

驳回上诉，维持原裁定。

【法官后语】

起诉期限是行政诉讼的独创制度，它反映了立法者对价值的追求或者对价值之间如何取舍的态度。如果起诉期限规定得过于短暂，则偏重对行政效率的维护而忽视了对行政相对人权益的有效保护；起诉期限如果规定得过于漫长，虽然有利于行政相对人权益的保护，但势必会影响行政效率的提高，对行政行为所代表的公共利益维护产生不良影响。人民法院在审理行政案件中无法回避对起诉期限的审查。关于本案原告的起诉是否超过法定的起诉期限，合议庭有两种不同意见：一种意见认为，原告要求被告履行法定职责的起诉期限没有过，原告可以随时申请，只要被告不同意更正就可以起诉；另一种意见则认为，要求行政机关进行更正行政登记实际上是要求行政机关撤销原来的行政登记并重新进行登记。因此要求更正登记的起诉期限应当和请求撤销登记的起诉期限保持一致。如果当事人已经超过要求撤销登记的起诉期限，其再要求政府履行变更登记法定职责的起诉期限也已经超过。

笔者倾向于第二种意见，理由如下：

1. 行政诉讼受案范围的规定决定了案涉行为不应被再次纳入审查的范围。要被纳入法院行政诉讼审查的范围必须是行政相对人因行政机关的相关行为对其权利义务产生了实质性的影响，而如果行政机关的相关行为没有对行政相对人或者利害关系人的合法权益造成实际影响则不属于人民法院行政诉讼的受案范围。行政机关拒绝更正已经发生法律效力的行政行为，对当事人的实体权利未造成实际的影响，因为影响当事人实体权利的还是原具体行政行为。因此要求更正登记的起诉期限应当和请求撤销登记的起诉期限保持一致。如果当事人已经超过要求撤销登记的起诉期限，其在没有新的事实出现的情况下，再要求政府履行变更登记法定职责的起诉期限也已经超过。

2. 如果两者的起诉期限不一致将架空行政诉讼的起诉期限制度。为了督促行政相对人及时行使权利和保护行政行为的效力，我国行政诉讼相关法律设定了起诉期限制度。也就是说，一旦行政相对人超过行政起诉期限后向法院提起行政诉讼的，法院不予受理。而如果当事人的一个诉被驳回后可以换个请求方式再要求政府履行法定职责并继而提起行政诉讼，这样必然使得后诉的起诉期限重新计算，从而使得起诉期限制度形同虚设，将会对行政行为的效率和稳定性造成极为不利的影响，是应当杜绝的。

3. 请求更正行政行为的期限应与撤销行政行为的起诉期限一致对原告的权利没有实质的影响。因为原告要求撤销原登记行为的起诉已经超过法定的起诉期限，其无论提起撤销之诉还是提起履职之诉已无区分的必要。在因超过法定的起诉期限不能得到法院行政诉讼制度支持的情况下，原告仍可通过信访等途径来主张。要求政府履行法定职责是公民的法定权利，但必须依照法律规定，依据法律程序进行。在超过法定的起诉期限后，反复将相关诉求提交行政机关要求解决并进而提起行政诉讼要求法院判决政府履行法定职责并非最佳救济方式。既然已经错过了前行政行为的起诉期限，也就是已经失去了相关实体权利，进而不能通过要求更正行为来重新获得起诉期限。

4. 请求更正行政行为的期限应与撤销行政行为的起诉期限一致有积极的社会价值。行政诉讼起诉期限是法律设定的起诉条件之一，解决的是行政起诉能否进入司法实体审查的问题。行政诉讼中的起诉期限不同于民事诉讼中的诉讼时效，主要区别在于：第一，行政诉讼的起诉期限从相对人知道或者应当知道行政行为之日起计算，而诉讼时效的起算时间从当事人知道或应当知道权利被侵害之日起计算。第二，起诉期限是一个固定期限，不存在中止、中断的情形，除非有正当事由，并由人民法院决定，才可以将被耽误的时间予以扣除或延长期限。而诉讼时效属于可变期间，只要具有法定事由，便可将其中止、中断和延长。第三，人民法院可以依职权审查起诉期限，相对人超过起诉期限起诉的，人民法院裁定不予受理，受理后发现超过起诉期限的，裁定驳回起诉，即相对人丧失了起诉权。而人民法院通常情况下不主动审查诉讼时效问题，诉讼时效也不是民事诉讼起诉的法定条件，当事人不因超过诉讼时效而丧失起诉权。对方当事人提出诉讼时效抗辩并经人民法院审查发现超过诉讼时效的，判决驳回原告的诉讼请求，即当事人因为超过诉讼时效提起民事诉讼丧失的是实体胜诉权。行政诉讼法之所以设立起诉期限，旨在督促相对人尽快行使诉权，提高行政机关执法效率，维护行政管理秩序的稳定。如果允许相对人任何时候都可以对行政行为申请救济，势必造成行政行为一直处于被质疑和否定的不安定状态，既影响行政效率，也造成行政管理秩序的失序和混乱。如果允许类似案件重复起诉，必然使得当事人纠缠不休、纠纷反复不断，导致司法资源和诉讼成本的浪费，更可能使得司法裁判相互冲突，损害司法裁判的权威性和法律关系的稳定性。

编写人：江苏省苏州市吴江区人民法院　秦绪栋

五、行政确认

27

居家办公期间突发疾病死亡工伤认定案件的审查规则

——任某诉某区人力资源和社会保障局工伤保险资格认定案

【案件基本信息】

1. 裁判书字号

北京市第三中级人民法院（2022）京03行终949号行政判决书

2. 案由：工伤保险资格认定

3. 当事人

原告（上诉人）：任某

被告（被上诉人）：某区人力资源和社会保障局（以下简称某区人社局）

第三人（被上诉人）：技术公司

【基本案情】

2021年7月19日，任某向某区人社局提出工伤认定申请，申请对海某某于2021年1月18日死亡认定为工伤。材料显示，海某某与技术公司签署的《技术公司劳动合同》约定自2004年10月1日起，技术公司雇用海某某为项目经理，办公地点在北京。根据公司现行管理系统的运作特点，公司的全体中高层经理、销售等人员决定实行相对宽松的不定时工作制。技术公司曾发布通知，自2020年2月17日起，通过远程办公在家上班完成相应工作。2021年1月18日17时30分，技术公司员工魏某与海某某通过网络（TEAMS）进行会议，讨论项目的有关工作，会议于18时结束。当日19时许，技术公司员工张某与海某某通过微信确认次日的网络会议讨论项目有关问题。微信截图显示，当日18时8分，海某某向张某发送微信“刚才和魏某讨论的事，需要和你一块商量，明天晚上八点半可以吗?”张某于19时4分回复“可以呀”；海某某于19时41分回复“OK”。《居民死亡医学证明（推断）书》载明，海某某死亡时间为2021年1月18日21时7分，死亡原因为心源性猝死。

2021年7月26日，某区人社局决定受理任某提出的工伤认定申请。2021年7月29日，某区人社局向技术公司作出《工伤认定举证通知书》。2021年8月10日，某区人社局对任某进行调查并制作《调查笔录》，任某陈述，海某某工作时间不固定，事发当天海某某正常居家办公，海某某线上开会大约晚上六点半结束。此时，孩子放学回家做功课，为了不打扰孩子，在这一时间段海某某如果有工作需要打电话沟通的，通常就会去楼下。当日大约七点半时，海某某下楼。大概八点半，警察通知海某某出事。

2021年8月20日，某区人社局作出《不予认定工伤决定书》并依法送达。任某不服，遂提起本诉。

【案件焦点】

海某某突发疾病时是否处于“工作时间”及“工作岗位”的判断。

【法院裁判要旨】

北京市朝阳区人民法院经审理认为：第一，“工作时间”“工作岗位”的认定应以死亡职工当时是否处于在岗状态为标准。首先，海某某与技术公司签署的劳动合同中约定实行相对宽松的不定时工作制。其次，因用人单位对职工工作具有较为严格的保密要求，职工选择有利于开展工作的场所而未进行居家办公亦属于为了用人单位利益从事本职工作。故，判断海某某突发疾病时是否处于“工作时间”及“工作岗位”的标准不应局限于用人单位常规工作时间和职工突发疾病的地点，以其突发疾病时是否处于在岗状态作为判断标准更为适宜。

第二，社会保险行政部门在开展调查核实过程中可以适当加重申请人的举证责任。在职工居家办公的特殊情形下，因用人单位对职工开展劳动过程的掌控能力较弱，进而导致其举证能力也相应大幅减弱。相较于职工本人或其共同居住的近亲属，用人单位很难在调查过程中承担还原客观事实或“不属于工伤”的举证责任。故，社会保险行政部门为调查核实工伤发生时的客观情况，进一步针对申请人一方进行调查取证并适当加重其举证责任具有合理性和必要性。

第三，申请人提交的在案证据材料不具有认定死亡职工处于在岗状态的证明力。本案中，任某认为事发时海某某处于在岗状态的主要证据材料为如下三种：其一，2021 年 1 月 18 日 19 点 41 分海某某与同事的微信聊天记录截图；其二，2021 年 1 月 18 日 17 点 30 分至 18 点海某某与员工进行会议的证人证言；其三，事故发生前海某某的微信聊天记录及电话记录。对此，本院认为，现有证据尚不足以证明海某某突发疾病时处于在岗状态。主要理由如下：

首先，涉及工作内容的临时性回复不能证实在岗状态。根据该微信对话内容，系海某某向他人临时安排次日工作事宜，而非收到用人单位或上级领导指示开展临时性、紧急性工作，故仅依据微信回复内容无法证实海某某此时尚处于为公司利益开展体力劳动或脑力劳动的工作状态。其次，会议结束后的行为已经不具有在岗状态的延续性。本案中，海某某死亡于会议结束后两小时左右，地点为其居住地对面河边，且无任何证据能够证实海某某事发时处于收尾工作过程中。故，无法将海某某的死亡视为在岗状态之延伸。最后，现有证据材料无法推断出职工以往的工作惯例。本案中，任某虽提交了以往海某某的微信聊天记录及电话记录，但该材料与本案待证事实的关联性较弱，且去楼下打电话沟通工作等工作习惯的表述仅为任某的单方陈述，故在案证据材料无法证实海某某特定的工作习惯，亦无法推断出其事发时的实然状态。

北京市朝阳区人民法院依照《中华人民共和国行政诉讼法》第六十九条之

规定，判决如下：

驳回原告任某的全部诉讼请求。

任某不服一审判决，提起上诉。北京市第三中级人民法院同意一审法院裁判意见。

北京市第三中级人民法院依照《中华人民共和国行政诉讼法》第八十九条第一款第一项之规定，判决如下：

驳回上诉，维持一审判决。

【法官后语】

本案涉及的主要问题是居家办公期间突发疾病死亡工伤认定案件应如何审查？根据《工伤保险条例》第十五条第一款第一项的规定，对于居家办公期间突发疾病死亡是否符合视同工伤的条件，应判断是否属于工作时间和工作岗位。

1. 工作时间。一般而言，职工与用人单位约定的工作时间或者用人单位规定的工作时间可以作为认定工伤案件中的工作时间。劳动者采用居家的方式进行工作时，仍应当按照约定或者规定的时间作为工作时间，而不能把工作时间无限扩大。在实践中，因工作职务、工作内容等多种因素的影响，劳动者工作模式和办公时间均较为灵活，特别是在居家办公的条件下，工作场所与生活场所的高度重合导致工作时间与非工作时间之间的界限存在模糊性，此种情况增加了认定工作时间的难度。对此，可以具体分为以下几种情形：（1）约定或者规定的工作时间；（2）惯性工作时间；（3）偶发性工作时间。在上述三种情形中，第一种情形较为容易判断；第二种情形需要根据劳动者以往的工作习惯等进行判断，如果劳动者规律性地形成较为稳定的工作时间，可以据此推断该时间为其工作时间；第三种情形系实践中普遍存在的情况，笔者认为应采用严格判断标准，需证明劳动者在该期间处于提供实质性工作的工作状态。就本案而言，职工海某某与单位约定居家办公，约定其工作时间由其根据工作情况灵活安排，现有证据无法证实其死亡时间系其日常规律性的工作时间，因此需证明海某某死亡时是否实质处于工作状态。

2. 工作岗位。《最高人民法院第一巡回法庭关于行政审判法律适用若干问题的会议纪要》中明确，相对于“工作场所”而言，“工作岗位”强调更多的不是工作的处所和位置，而是岗位职责、工作任务。判断是否处于工作岗位应以是否处于在岗状态为标准。对此，应明确以下两点：一是简单的工作沟通不属于在岗状态。实践中，职工在日常生活中因工作需要通过电脑、微信进行简单的、临时性的工作沟通的情况非常普遍，如对于相关工作安排回复收到等内容，虽与工作相关，但此种情况下职工并未付出实质劳动，因此不宜认定为职工处于在岗状态。二是工作内容需付出实质性劳动的情况应属于在岗状态。对此应结合劳动者具体的工作内容是否需付出体力或者脑力劳动、工作占用的时长等因素进行考虑。本案中，海某某与同事的微信沟通记录仅为对于工作计划和安排的简单回复，并非对实质性工作内容的处理，因此本案未认定海某某处于在岗状态。

3. 举证责任。根据《工伤保险条例》第十九条第二款的规定，由用人单位承担不属于工伤的举证责任。在一般的工伤认定案件中，因劳动者相较于用人单位的弱势地位，劳动者仅需提供初步证据证明工伤的发生等，而将更多的举证责任分配给用人单位。但是在居家办公发生工伤的情况下，对于伤害发生的过程以及原因等描述只能依靠劳动者及其家属的陈述，用人单位及社会保险行政部门通常难以举证或者进行调查还原客观情况。因此，适当加重劳动者方面的举证责任，由劳动者对所受伤害属于工伤承担较多的举证责任具有合理性和必要性。本案中，任某提交的海某某相关工作沟通内容不足以证明海某某死亡时处于在岗状态，因此某区人社局所作不予认定工伤并无不当。

近年来，随着社会经济的发展趋势以及用工模式的不断优化，因居家办公、在家加班等引发的劳动争议、工伤争议逐渐增加，本案通过对居家办公情况下工伤认定的审查思路进行分析，为社会保险行政部门处理类案提供司法参考，同时对劳动者、用人单位在居家办公中发生意外时应如何维护自身权益提供了指引。

编写人：北京市朝阳区人民法院　徐翔　李丹丹

28

劳动者待命时间内“视同工伤”认定的标准

——林某某诉某市人力资源和社会保障局、某市人民政府工伤保险资格认定及行政复议案

【案件基本信息】

1. 裁判书字号

江西省高级人民法院（2023）赣行申391号行政裁定书

2. 案由：工伤保险资格认定及行政复议

3. 当事人

原告（上诉人、再审申请人）：林某某

被告（被上诉人、再审被申请人）：某市人力资源和社会保障局（以下简称某市人社局）、某市人民政府（以下简称某市政府）

第三人：中国铁路某局集团有限公司某电务段（以下简称某电务段）

【基本案情】

林某某配偶于某某系某电务段职工，担任汽车驾驶员，负责车辆驾驶工作，其正常工作时间为8时至18时。为第一时间处理铁路沿线电务抢修、排除安全故障，某电务段每日18时至次日8时会安排1名司机值班，同时间段还安排2名司机备班（主备班和副备班）在家待命。法定节假日期间，某电务段则每日安排2名司机在单位值班，并安排2名司机备班（主备班和副备班），要求备班司机24小时在家待命。若出现铁路沿线电务故障则需要值班司机随时出车，否则在值班室休息，备班人员在家待命期间，不允许喝酒、不允许出远门、随叫随到。法定节假日期间，值班司机与备班司机均发放加班工资。2021年9月

30日，于某某在单位值班至次日8时，回家后在家值主备班，16时许其在家炒菜时突发疾病倒地不起，家属发现后立即拨打急救电话，急救医生赶至现场后确认其已死亡，死亡原因系心源性猝死。其后，林某某向某市人社局提交工伤认定申请，某市人社局作出《不予认定视同工亡决定书》。林某某不服，向某市政府提出行政复议申请。某市政府作出《行政复议决定书》，决定维持《不予认定视同工亡决定书》。原告仍不服，故诉至法院。

【案件焦点】

于某某作为备班人员在家待命期间突发疾病死亡是否符合《工伤保险条例》第十五条“视同工伤”的情形。

【法院裁判要旨】

南昌铁路运输法院经审理认为：根据《工伤保险条例》第十五条第一款第一项规定，职工在工作时间和工作岗位，突发疾病死亡或者在48小时之内经抢救无效死亡的，视同工伤。

首先，关于于某某在家备班是否属于工作时间的问题。所谓工作时间是指劳动者依照法律规定进行劳动的时间，该时间包括劳动合同约定或单位规定的时间、加班加点的时间，以及从事与工作有关的预备性或收尾性工作的时间。本案中，从目的性来看，于某某在家待命是为了及时处置出现的突发情况。从相关性来看，于某某在家待命与其工作密切相关，即当出现电务故障等突发情况时，必须及时回单位出车赶赴事故现场。从受控性来看，在家待命期间的活动范围、身体状态等均受到一定限制。因此，在家待命应理解为随时待命准备工作，从保护劳动者角度考虑，可扩大解释为“工作时间”的延伸。

其次，关于于某某突发疾病时是否在工作岗位的问题。“工作岗位”是指劳动者日常本职工作所在岗位以及受用人单位临时指派的工作，职工在家待命有一定的特殊性，其间势必会存在工作与生活相重合的情形，因此认定其是否在“工作岗位”还是应考量突发疾病时其是否在履行岗位职责、完成工作任务或为了单位利益从事本职工作。本案中，于某某于2021年10月1日在家待命期间，中午小憩一小时后，于16时许在炒菜过程中突发疾病死亡。当日，某电务段并未安排于某某工作，其突发疾病时的炒菜行为显然与驾驶员的本职工作无关，并未履行岗位职责或完成工作任务，故，于某某不属于在工作岗位突发疾病死亡，不应视同工伤。

南昌铁路运输法院依照《中华人民共和国行政诉讼法》第六十九条、第七十九条之规定，判决如下：

驳回原告林某某的诉讼请求。

林某某不服一审判决，提出上诉。南昌铁路运输中级法院经审理认为：本案的主要争议焦点为于某某死亡是否符合《工伤保险条例》第十五条第一款第一项规定视同工伤的情形。从《工伤保险条例》第十五条第一款第一项规定的立法本意来看，该条款的规定，考虑了此类突发疾病死亡或在48小时之内经抢救无效死亡可能与工作劳累、工作紧张等因素有关，实质上是将工伤保险的范围由工作原因造成的事故伤害扩大到了其他情形，最大限度地保障了这部分人的权益。该条款适用的前提是在工作时间和工作岗位突发疾病。主要是针对在工作时间、工作岗位上突发疾病，不能坚持工作，需要紧急到医院进行抢救的情况而设定。本案中，于某某发病时显然不符合该条款条件，即便单位要求于某某24小时待命，其于事发日16时左右在家发病，也不能认为是在工作时间和工作岗位。从于某某工作情况来看，于某某病发于事发日16时左右，距离前次下班时间10月1日8时已有八个多小时，其在单位值班时并未出车。其辞世确不属于《工伤保险条例》规定视同工伤的情形，某市人社局作出不予认定工伤决定于法有据。另外，某市人社局在法定期限内履行了受理、调查核实、作出决定、送达等职责，程序亦合法。综上，林某某的上诉请求不能成立，不予支持。

南昌铁路运输中级法院依照《中华人民共和国行政诉讼法》第八十九条第一款第一项之规定，判决如下：

驳回上诉，维持原判。

林某某不服二审判决，申请再审。江西省高级人民法院经审查认为，根据

《工伤保险条例》第十四条的规定，工伤认定一般需具备工作原因、工作时间、工作场所三大要素。但现实生活的复杂性，决定了工作原因、工作时间、工作场所“三要素”的考量必须根据实际情况作出合理延伸，因此《工伤保险条例》第十五条规定了视同工伤的具体情形，《最高人民法院关于审理工伤保险行政案件若干问题的规定》亦对“三要素”的认定作出拓展。一般而言，在判断工作原因、工作时间、工作场所“三要素”时，应当坚持以下理念和原则：一是应当考虑是否履行工作职责、是否受用人单位指派、是否与工作职责有关、是否基于用人单位的正当利益等因素；二是对工作时间的认定应当考虑是否属于因工作所需的时间；三是对工作场所的认定则应当考虑是否属于因工作所涉及的区域以及自然延伸的合理区域。在以上三个要素中，工作原因不仅是认定工伤的充分条件，而且是认定工作场所、工作时间的核心标准。

本案中，于某某的工作性质具有特殊性，其作为备班人员在家待命期间，需遵守“不允许喝酒、不允许出远门、随叫随到”等相关工作要求，“在家待命期间”可以视为“工作时间”的合理延伸。这种合理延伸已经考量到工作的特殊性，但正如正常上班期间发生事故或突发疾病亦须排除“非工作原因”，在家待命期间发生的一切事故或突发疾病并非均可纳入工伤保险的范畴。其中关键的要素，即与“工作原因”之间的关联性。经查，于某某在家待命期间，小憩后，在炒菜过程中突发疾病死亡，该情形与其本职工作之间缺乏必要的关联性。某市人社局不予认定于某某工亡，某市政府决定维持案涉《不予认定视同工亡决定书》，并无不当。综上，林某某的再审申请不符合《中华人民共和国行政诉讼法》第九十一条规定的情形。

江西省高级人民法院依照《最高人民法院关于适用〈中华人民共和国行政诉讼法〉的解释》第一百一十六条第二款之规定，裁定如下：

驳回再审申请人林某某的再审申请。

【法官后语】

待命时间是介于工作时间与休息时间之间的一段过渡期间，劳动者根据用人单位指令在非工作场所进行待命的时间能否认定为工作时间的问题，直接影响到劳动者在待命期间内获取工资报酬权和工伤保险请求权等合法权益的实现。根据《工伤保险条例》第十五条第一款第一项规定，职工在工作时间和工作岗位，突发疾病死亡或者在48小时之内经抢救无效死亡视同工伤。劳动者按用人单位指令在非工作场所进行待命的时间虽然没有实际从事劳动，但是符合工作时间的目的性、相关性、受控性等判断标准，在家待命可扩大解释为“工作时间”的合理延伸。而职工在家待命有一定的特殊性，存在工作与生活相重合的情形，因此认定其是否在“工作岗位”需结合工作原因及工种性质，综合考量突发疾病时劳动者是否在履行岗位职责、完成工作任务或为了单位利益从事本职工作。

一、“待命时间”是否应认定为“工作时间”

《工伤保险条例》规定劳动者须在工作场所因工作原因受损害才可认定为工伤，其本质是劳动者在工作场所内受到用人单位的限制拘束，劳动者无论在什么场所进行待命，都要随时保持提供劳务的可能性。只要劳动者在用人单位交付任务时能够及时到达要求的地点或完成相关任务，就可以认为劳动者处于用人单位的支配之下，其待命行为均系遵照用人单位要求，仍未完全脱离用人单位的拘束管理。因此，劳动者在工作场所外待命的待命时间是劳动者受到用人单位管理的时间，理应认定为劳动法上的工作时间。

二、“工作岗位”的认定应当结合工作原因及工种性质的特殊性

“工作岗位”是指劳动者日常本职工作所在岗位以及受用人单位临时指派的工作。《工伤保险条例》中的“视同工伤”中的“工作岗位”的理解应当结合《工伤保险条例》第十四条第一项规定的“工作原因”的立法精神来判断。“工作原因”是相对抽象的概念，除需要对案件本身的深入调查外，还应当结合用人单位明确的规章制度、内部约定俗成的惯例做法、职工本身的工作职责等因素综合来考虑。职工在家待命有一定的特殊性，其间势必会存在工作与生活相重合的情形，因此认定其是否在“工作岗位”还是应考量突发疾病时其是否在履行岗位职责、完成工作任务或为了单位利益从事本职工作。

本案中，于某某作为火车站段驾驶员的工作性质决定了“工作时间”和

"工作岗位"具有一定特殊性。在待命时间内其状态是等待用人单位的安排或者通知，在这种意义上，其待命时间属于受到用人单位支配控制的时间，理应认定为"工作时间"。但事故发生当日，于某某在家待命期间，是在炒菜过程中突发疾病死亡，且当日用人单位并未安排死者工作，其突发疾病时的炒菜行为显然与驾驶员的本职工作无关，并未履行岗位职责或完成工作任务，故不应将于某某突发疾病死亡"视同工伤"。

编写人：南昌铁路运输法院　胡黄刚

29

超过法定退休年龄的务工者可以适用《工伤保险条例》予以认定工伤

——食品公司诉某区人力资源和社会保障局工伤保险资格确认案

【案件基本信息】

1. 裁判书字号

北京市第三中级人民法院（2022）京03行终965号行政判决书

2. 案由：工伤保险资格确认

3. 当事人

原告（上诉人）：食品公司

被告（被上诉人）：某区人力资源和社会保障局（以下简称某区人社局）

第三人（被上诉人）：沈某某

【基本案情】

食品公司的工商注册地在北京市朝阳区。杨某某（沈某某之夫）于1959

年12月1日出生。自杨某某入职食品公司至发生本案死亡事故时，杨某某工作地点为北京市朝阳区某中学校区食堂，工作岗位为面点师。食品公司未为杨某某缴纳工伤保险。

2021年9月4日11时35分左右，杨某某在某中学校区食堂给学生打饭过程中突发晕厥，同事为其拨打120急救电话送至医院。2021年9月4日，医院记录的急诊记录单显示杨某某于15：14心电图为直线，宣布临床死亡。2021年9月6日，医院出具《居民死亡医学证明（推断）书》，载明杨某某死亡日期为2021年9月4日，死亡原因为呼吸心脏骤停。

2021年10月8日，沈某某向某区人社局申请认定2021年9月4日杨某某在工作岗位突发疾病死亡为工伤，并同时提交了相关申请材料。某区人社局受理后，向食品公司送达《工伤认定举证通知书》，并向沈某某、食品公司分别进行调查，收取相关证据材料。经调查，某区人社局于2021年10月28日，作出并分别向食品公司、沈某某送达被诉《认定工伤决定书》，认定2021年9月4日，杨某某在工作中突发疾病死亡，其受到的事故伤害，符合《工伤保险条例》第十五条第一款第一项之规定，属于工伤认定范围，予以认定视同工伤。

食品公司不服，认为其与杨某某签订的是劳务合同，且杨某某死亡时已超过法定退休年龄，某区人社局不应受理沈某某的工伤申请。杨某某不属于工作原因受到事故伤害而死亡的，不应认定为工伤。此外，关于《最高人民法院行政审判庭关于超过法定退休年龄的进城务工农民因工伤亡的，应否适用〈工伤保险条例〉请示的答复》，该答复属于个案指导意见，且与国家订立《工伤保险条例》等立法精神存在直接冲突，且已不适用，显然不能作为审查本案工伤认定的依据。故，食品公司提起本次诉讼，要求撤销被诉《认定工伤决定书》。

【案件焦点】

杨某某超过法定退休年龄，是否应当适用《工伤保险条例》的规定对其所受伤害进行工伤认定。

【法院裁判要旨】

北京市朝阳区人民法院经审理认为：首先，为保障超过法定退休年龄劳动者的合法权益，降低工伤风险，与用人单位建立劳动关系的超过法定退休年龄的劳动者，也属于《工伤保险条例》的调整范围，劳动者是否超过法定退休年龄，并非影响工伤认定、确定用人单位承担工伤保险责任的前提条件。

其次，《最高人民法院行政审判庭关于超过法定退休年龄的进城务工农民因工伤亡的，应否适用〈工伤保险条例〉请示的答复》（以下简称《工伤保险条例答复》）规定，用人单位聘用的超过法定退休年龄的务工农民，在工作时间内、因工作原因伤亡的，应当适用《工伤保险条例》的有关规定进行工伤认定。该批复并未废止，在行政审判中仍具有指导意义。同时，参照《人力资源社会保障部关于执行〈工伤保险条例〉若干问题的意见（二）》（以下简称《工伤保险条例意见》）第二条一款的规定，达到或超过法定退休年龄，但未办理退休手续或者未依法享受城镇职工基本养老保险待遇，继续在原用人单位工作期间受到事故伤害或患职业病的，用人单位依法承担工伤保险责任。本案中，在案证据可以证明杨某某入职食品公司时未达到法定退休年龄，超过法定退休年龄后未办理退休亦未享受城镇职工基本养老保险待遇，且属于在原用人单位工作期间在工作岗位突发疾病死亡的情形，食品公司应依法承担工伤保险责任。故，某区人社局根据《工伤保险条例》第十五条第一款第一项的规定对杨某某在工作岗位突发疾病死亡的情形予以认定视同工伤，本院予以支持。某区人社局工伤认定程序的履行符合《工伤保险条例》及《工伤认定办法》等法规、规章的规定，本院对某区人社局履行程序的合法性予以确认。

北京市朝阳区人民法院依照《中华人民共和国行政诉讼法》第六十九条之规定，判决如下：

驳回食品公司的诉讼请求。

食品公司不服一审判决，提起上诉。北京市第三中级人民法院同意一审法院裁判意见。

北京市第三中级人民法院依照《中华人民共和国行政诉讼法》第八十九条第一款第一项之规定，判决如下：

驳回上诉，维持一审判决。

【法官后语】

《工伤保险条例》第二条对该条例调整范围作出了规定，并未对超过法定退休年龄的进城务工农民工作出明确规定。虽最高人民法院行政庭、人社部分别对此作出了批复和意见，但因复杂的用工形式，该类人员在工作中所受伤害是否适用《工伤保险条例》予以认定工伤仍是争议焦点。

一、《工伤保险条例答复》和《工伤保险条例意见》可以作为案件审查依据

最高人民法院行政庭针对山东省高级人民法院报送的《关于超过法定退休年龄的进城务工农民工作时间内受伤是否适用〈工伤保险条例〉的请示》，作出《工伤保险条例答复》。该答复系由最高人民法院对高级人民法院就审理工作中具体应用法律问题的请示制定的批复，属于司法解释的一种。该答复并未废止，对行政审判仍具有指导意义，应在司法文书中援引。①

人民法院审理行政案件，以法律、行政法规、地方性法规为依据，参照规章。《工伤保险条例意见》系人社部制定的部门规章。该意见第二条第一款是针对达到或超过法定退休年龄，但未办理退休手续或者未依法享受城镇职工基本养老保险待遇的职工，继续在原用人单位工作期间受到事故伤害或患职业病的工伤保险责任承担问题作出的规定，在与《中华人民共和国社会保险法》《工伤保险条例》等法律、法规的规定并不冲突的情况下，法院应予以参照适用。

---

① 《最高人民法院关于司法解释工作的规定》第六条第一款规定："司法解释的形式分为'解释'、'规定'、'规则'、'批复'和'决定'五种。"第二十七条规定："司法解释施行后，人民法院作为裁判依据的，应当在司法文书中援引。人民法院同时引用法律和司法解释作为裁判依据的，应当先援引法律，后援引司法解释。"

二、是否超过法定退休年龄，并非适用《工伤保险条例》认定工伤的前提条件

依据《工伤保险条例》第二条的规定，我国法律并未禁止超过法定退休年龄的农民享有劳动的权利，亦未禁止用人单位使用该类人员。为保障超过法定退休年龄的劳动者的合法权益，降低工伤风险，与用人单位建立劳动关系的超过法定退休年龄的劳动者，也属于《工伤保险条例》的调整范围。《工伤保险条例答复》针对的具体案件是超过法定退休年龄的务工农民在工作时发生交通事故的，是否应当适用《工伤保险条例》进行工伤认定的情形。该答复明确“用人单位聘用的超过法定退休年龄的务工农民，在工作时间内、因工作原因伤亡的，应当适用《工伤保险条例》的有关规定进行工伤认定”。《最高人民法院行政庭关于超过法定退休年龄的进城务工农民在工作时间内因工伤亡的，能否认定工伤的答复》针对的具体案件是超过法定退休年龄的进城务工农民在工作时间内突发疾病死亡时是否应当适用工伤保险条例进行认定的情形。该答复明确“用人单位聘用的超过法定退休年龄的务工农民，在工作时间内、因工作原因伤亡的，应当适用《工伤保险条例》的有关规定进行工伤认定”。因此，伤亡者是否超过法定退休年龄，并不影响其适用《工伤保险条例》进行工伤认定的主体资格。在符合《工伤保险条例》规定的认定工伤情形和视同工伤情形的条件时，可以认定为工伤。

三、不能仅凭用人单位与务工者之间签订的“劳务合同”即否定对务工者所受伤害适用《工伤保险条例》进行工伤认定

《最高人民法院行政审判庭关于劳动行政部门在工伤认定程序中是否具有劳动关系确认权请示的答复》规定：“根据《劳动法》第九条和《工伤保险条例》第五条、第十八条的规定，劳动行政部门在工伤认定程序中，具有认定受到伤害的职工与企业之间是否存在劳动关系的职权。”据此，劳动行政部门在工伤认定程序中有权对劳动关系进行认定，且用人单位与劳动者之间为劳动关系或劳务关系的认定应考察用人单位与劳动者之间是否有管理与被管理的隶属关系、劳动者提供劳动由用人单位支付劳动报酬等因素综合判断。本案中，食

品公司虽提交了杨某某与其签订的《劳务合同》，主张二者非劳动关系，不应适用《工伤保险条例》认定工伤，但杨某某在入职食品公司时未达到法定退休年龄，长期在食品公司处按照食品公司安排的工作岗位开展工作，且遵守考勤等管理制度，由食品公司为其支付工资，二者之间具有长期、固定的管理与被管理依附性，应为劳动关系。

在案证据可以证明杨某某超过法定退休年龄后未办理退休，亦未享受城镇职工基本养老保险待遇，且属于在原用人单位工作期间在工作岗位突发疾病死亡，故，应依据《工伤保险条例》第十五条第一款第一项的规定对杨某某认定视同工伤。

编写人：北京市朝阳区人民法院　朱军巍　刘会霞

30

工伤认定中，劳动者应对事故发生在下班合理路线及合理时间举证

——霍某诉某区人力资源和社会保障局工伤保险资格认定案

【案件基本信息】

1. 裁判书字号

江苏省无锡市中级人民法院（2022）苏02行终527号行政判决书

2. 案由：工伤保险资格认定

3. 当事人

原告（上诉人）：霍某

被告（被上诉人）：某区人力资源和社会保障局（以下简称某区人社局）

第三人：制衣厂

【基本案情】

霍某为制衣厂缝纫工，单位为其缴纳社保。2021年3月30日18：06，霍某打卡下班，驾驶电动自行车离开单位。当晚，唐某驾驶电动自行车与霍某驾驶的电动自行车发生碰撞，《道路交通事故认定书》中记载事故时间为当晚19时50分许，霍某对事故发生无责。受伤后，霍某被送往医院治疗，诊断为左足第1—5跖骨骨折等。

霍某后向某区人社局提出工伤认定申请，要求认定3月30日受伤为工伤。其在《工伤认定申请表》中自述当天19时50分左右在下班回家途中发生交通事故。某区人社局受理后，通知单位举证。制衣厂在《工伤认定申请表》的用人单位意见一栏中，陈述霍某曾提到过事发当天下班后，要顺路到侄儿家商议清明节上坟的事，请求某区人社局依法裁定。在某区人社局调查中，霍某陈述事发时间为当晚19点不到，当天从单位出来没多久发现电动车没电，想去二女儿工作的养老院（位于下班途中的护理院）充电，到了后门卫说有人检查不能进，就去某超市门口的充电站充了半个小时；其当天下班途中没有去居住在某小区的侄儿家中；事故发生后19点半左右交警和120到了，医务人员把她抬到担架上。为核实事故发生的具体时间，某区人社局另向公安机关、医院调取相关材料。其中，《接处警工作登记表》记载同年3月30日19时53分发生交通事故。道路交通事故另一方当事人唐某在接受公安部门调查时陈述，事发为19时许，将近20点。医院门诊病历记载：3月30日20时31分急诊记录；主诉：车祸外伤致头颈及左侧身躯多处外伤半小时。制衣厂法定代表人在接受人社部门调查时陈述，单位技术人员王某在事故当天20点左右打卡下班，大概20：15—20：20经过事故现场，看到那边的人还没有散去，霍某的老公和儿子也在。

因霍某陈述的事故发生时间与交警部门、医院病历中的事故时间不一致，9月16日，某区人社局再次对霍某进行调查，其又陈述事故发生时间为19时多一点点。9月18日，某区人社局作出《不予认定工伤决定书》。

【案件焦点】

霍某是否在下班途中发生交通事故。

【法院裁判要旨】

江苏省无锡市滨湖区人民法院经审理认为：首先，霍某于事发当天 18：06 打卡下班，其在《工伤认定申请表》中写的事故发生时间为当天 19 时 50 分左右，该时间点与人社部门调查的事故发生时间相一致。人社部门调取的公安部门《接处警报警表》《道路交通事故认定书》，以及对事故另一方的调查笔录中均能反映当日 19 时 50 分许接近 20 点发生的交通事故。此外，霍某至医院急诊时间为 20 时 31 分，病历中主诉半小时前骑电动车相撞，也能印证事故发生时间为当晚 19 时 50 分许。根据下班路线图反映，霍某如果按正常情形下班，从单位至事发地点通勤时间不超过 30 分钟。如依照霍某所述，其出厂门后发现电动车没电，去附近二女儿单位充电，因未能进去，又去某超市门口投币 1 元充电，根据制衣厂到护理院再到某超市的距离测算，以及投币 1 元只能充电 10 分钟的时间测算，霍某从打卡下班至充电结束骑行至事发地点，正常情形下最晚在 19 时多一点。因此，对于霍某离开单位后至交通事故发生，是否属于上述规定中的正常下班途中，霍某没有作出合理的说明。

霍某在某区人社局对其调查中，改称事故发生时间为“19 时多一点点”，但该主张与某区人社局调查的事故发生时间相差将近一个小时；霍某又称报了两次警，第二次报警后警察才到，但根据其提交的通话记录，当晚只有一次 19：53：09 主叫拨打 110 的记录，无法证明事发时间为“19 时多一点点”，霍某对此亦未提交其他证据予以证实。

某区人社局经调查认为，霍某发生交通事故的时间不属于下班途中的合理时间，霍某亦未能举证证明其是在下班的合理时间内发生交通事故。某区人社局认为霍某的受伤情形不符合认定工伤的情形，作出不予认定工伤的结论，并无不当。

江苏省无锡市滨湖区人民法院依照《中华人民共和国行政诉讼法》第六十九条之规定，判决如下：

驳回霍某的诉讼请求。

霍某不服一审判决，提起上诉。江苏省无锡市中级人民法院同意一审法院裁判意见。

江苏省无锡市中级人民法院依照《中华人民共和国行政诉讼法》第八十九条第一款第一项之规定，判决如下：

驳回上诉，维持原判。

【法官后语】

“三工因素”（工作时间、工作地点、工作原因）是确定工伤的基本要素。劳动者在上下班途中受到非本人主要责任的交通事故的，根据现有规定，符合认定为工伤的情形。上下班途中实际是介于“因工”和“因私”之间的特殊情况，严格来讲属于“因工”的附随性行为，劳动者在路线选择、时间选择、交通工具的选择上有很强的个人意志，且往返路线中有各种不确定的偶然因素。从《最高人民法院关于审理工伤保险行政案件若干问题的规定》第六条的规定可以看出，“上下班途中”所要求的时间条件，应当是上班前、下班后，根据路程的长短确定合理的时间；所要求的路线的条件，应作全面、正确的理解，原则上是指劳动者为上下班而往返于住处和工作单位的路途之中，不能作过于机械的理解，既不能理解为最近的路径，也不能理解为劳动者平常较多选择的路径，亦不能理解为单位和住处之间的直接路径。对于劳动者为生活所需在上下班途中发生的顺路买菜、顺路接送小孩，可以界定为合理“上下班途中”，但在上下班途中顺路买菜、顺路接送小孩时发生交通事故能否认定为工伤，还要结合其他因素来判断。

劳动者在下班打卡离开单位后，返家途中发生的非本人主要责任的交通事故并非一定可以认定为工伤，需要严格根据《工伤保险条例》第十四条第六项，对是否在下班途中的合理时间、合理路线进行审查。下班途中发生的交通事故，因事故发生时间已经不是工作时间，空间上已经脱离工作场所，单位对事故发生具体情况通常不掌握。此种情形下，劳动者自行申请工伤认定时，应当提交材料以证明其交通事故发生在下班途中的合理路线、合理时间，或在单位为其申请工伤认定时，将上述相关材料提交给单位。

本案中，霍某发生交通事故地点虽然介于工作点与经常居住地之间，但是对事故发生时，是否属于下班途中，霍某不能作出合理说明。其在工伤认定申请书的陈述与人社部门对其调查时的陈述不一致，也与道路交通事故认定书、交通事故中另一方调查中的陈述、医院门诊病历中患者主诉事故发生时间不一致。霍某虽否认其在下班后到侄儿家商量清明节上坟的事情，但因其对事故发生时间是否在下班途中不能作出合理解释和说明，亦未能举证证明其是在下班的合理时间内发生交通事故，不符合认定工伤的条件，故不予认定工伤。

编写人：江苏省无锡市滨湖区人民法院　杨波　刘阳

31

工会活动的内容属于职工工作的延伸，在工会文体活动中受害，应当视为因工作原因受害

——保安公司诉某区人力资源和社会保障局工伤保险待遇认定案

【案件基本信息】

1. 裁判书字号

福建省龙岩市中级人民法院（2022）闽08行终211号行政判决书

2. 案由：工伤保险待遇认定

3. 当事人

原告（上诉人）：保安公司

被告（被上诉人）：某区人力资源和社会保障局（以下简称某区人社局）

第三人：张某

【基本案情】

第三人张某系保安公司的职工。2019年4月，为庆祝“五一”国际劳动

节，保安公司工会组织文体活动，张某报名参加队列比赛及拔河比赛。2019 年 4 月 26 日，张某参加比赛结束散场起身时，突发头晕、言语不清、站立不稳，被送往医院急救，住院 98 天，出院诊断为脑出血、高血压等疾病。张某向某区人社局提出工伤认定申请后，该局作出《不予认定工伤决定书》。张某不服提起行政诉讼。福建省龙岩市中级人民法院的生效判决撤销某区人社局该不予认定工伤决定书，并责令某区人社局重新作出工伤认定决定。判决生效后，某区人社局重新作出《工伤认定决定书》，认定张某受到事故伤害为工伤。保安公司不服该决定书，以张某脑出血属突发自身高血压疾病，认定工伤属适用法律错误，以及某区人社局重新作出工伤认定未重新收集证据、调查核实违反法定程序等为由向上杭县人民法院提起行政诉讼，请求撤销某区人社局的《工伤认定决定书》。

【案件焦点】

张某于 2019 年 4 月 26 日参加工会活动出现脑出血是否应认定为工伤。

【法院裁判要旨】

福建省上杭县人民法院经审理认为：工伤认定应当在权衡立法目的与实践需要的基础上综合考虑劳动者的行为是否属于单位安排、是否符合用人单位的正当利益等因素，以及与工作的关联性等角度进行合理解释和判定。工会活动属于单位文化建设的重要内容，应属于职工工作的延伸。职工在参加单位组织的工会文体活动中受到伤害，应当视为因工作原因受害，属于工伤认定范畴。

张某参加单位工会在工作场所外组织的“庆五一”队列比赛及拔河比赛活动，具备“因受用人单位指派在工作场所以外从事与职责相关的活动”的基本特征。张某在历经多轮次比赛后，坐地观看特勤表演完毕起身时发现身体不适，经送医抢救并诊断为脑出血住院治疗，具备“因工外出期间，由于工作原因受到伤害”的显性表征。因此，某区人社局作出的《工伤认定决定书》，认定张某为工伤，符合法律规定，在无证据证明比赛活动与脑出血之间不存在因果关系的情况下，其结论并无不当。原告保安公司认为，张某脑出血是其长期患有高血压疾病所致，不应认定为工伤，依据法律规定，用人单位为此要承担举证责任，而原告保安公司并未能提供证据证明张某脑出血与高血压疾病之间存在直接因果关系。

福建省上杭县人民法院依照《中华人民共和国行政诉讼法》第六十九条之规定，判决如下：

驳回原告保安公司的诉讼请求。

保安公司不服一审判决，提起上诉。福建省龙岩市中级人民法院同意一审法院裁判意见。

福建省龙岩市中级人民法院依照《中华人民共和国行政诉讼法》第八十九条第一款第一项之规定，判决如下：

驳回上诉，维持原判。

【法官后语】

福建省上杭县人民法院经审理认为：对于工伤认定，《工伤保险条例》第十四条规定了七种应当认定为工伤的情形，第十五条规定了三种视同工伤认定的情形，第十六条列举了三种排除性认定的情形。概括而言，工伤认定，具有时间、空间、职务以及主观过错等界限，其中最典型的就是在工作时间和工作场所内因工作原因受到事故伤害。因时间和空间皆具一定的延伸性和扩展性，故在上述工伤认定的要素中又以工作原因最为关键，即使职工不在工作时间、工作场所内受到伤害，但只要是因为工作原因，就应当认定为工伤。工作原因是基础和前提，是认定工伤或者视同工伤的充分条件和核心要素。至于在实务中如何认定工作原因的基本内涵和判定依据，笔者认为，应当在权衡立法初衷的基础上，从劳动者是否为了完成单位安排的工作、是否符合用人单位的正当利益等因素，以及与工作的关联性等角度进行合理解释和判定。

一、对工作原因的理解应符合目的解释

强化公民权利保障是现代社会保险法的基本原则及立场，工伤保险亦如是。《工伤保险条例》旨在保护工伤职工的合法权益，促进工伤预防和职业康复，同时分散用工单位的工伤风险。也恰源于此，工伤认定的基本精神在于最大可能地保障主观上无恶意的劳动者因工作或与工作相关活动中遭受事故伤害或患职业病后获得医疗救治、经济补偿和职业康复的权利。因此，在工伤认定中，对于工作原因的理解应从立法目的、原则、精神出发，不宜过于片面地理解，以避免使很多伤亡职工得不到工伤认定和保险救助。

在现有制度框架内，尤其是法律条文无法涵盖工伤认定所有具体情形的前提下，为了更好地保护劳动者的合法权益，工伤认定宜采取相对宽泛、合情合理以及更有利于劳动者的认定标准，以符合立法目的。目前关于“工作原因”的认定理论主要有“重要条件说”“相当因果关系说”“职业利益说”以及“职业危险性说”。我国工伤认定立法基本采取“相当因果关系说”，将这种“工作原因”定位为工作与伤害之间的因果关系，但在具体列举中也采用有“职业利益说”以及“职业危险性说”。由于我国立法模式上对工伤认定采取罗列式规定，具有局限性和非周延性，故，实务中也更加注重通过“伤害与工作关联性”判断工作原因。即对“工作原因”的认定不应仅将“工作原因”定位为工作与伤害结果之间的“因果关系”，而应将这种关系界定为职工受伤与其从事本职工作具有一定的关联性，包括职工从事活动与职工本职工作、用人单位主营业务直接或间接的联系。例如，工会文体活动，虽不属于职工本职日常工作，却与企业文化、经营管理息息相关，甚至以规章制度确定，具有明显的组织性，与本职工作具有关联性。

二、对工作原因的理解应契合实践需要

就“工作原因”的理解，传统“相当因果关系说”认为工作原因是依据职务本职的危险，定义着眼于劳动者所为的是执行本职工作。但实践往往是复杂的，实践中的伤害却并不总是由工作原因单独或直接导致，其中往往还掺杂了多种因素，特别是当前介于工作原因和非工作原因之间的工伤认定争议非常常见，如职工参加职业技能考试受伤、参加用人单位组织的团建活动受伤等，已成为实务判断难题。如果对这些争议仅从因果关系理解，可能过于狭隘，影响劳动者及时获得工伤保险救济。笔者认为，基于新时期劳动关系和用工方式的复杂性、具体性，工伤认定应当综合考虑劳动者是否为了单位安排完成工作，是否符合用人单位的正当利益[①]，是否有《工伤保险条例》第十六条规定的不得认定或视同工伤的情形等因素，允许因本职工作及其他工作而受伤的情形均有被纳入工作原因范畴的可能性，以保持与规则文义和社会实践相一致。

近年来，单位工会以组织文体活动、团建活动等多种形式在企业文化建设中发挥着重要作用，并从提高职工素质、增强企业凝聚力、营造企业和谐环境等方面成为企业经营管理的重要内容。对在单位组织的文体活动中受伤是否属于工伤，《工伤保险条例》的列举虽未明确涵盖，但实践中，倾向于认定其符合“因工作原因受到事故伤害的”规定。多数法院也认为，单位组织文体活动的目的是提高凝聚力，调动积极性，进而提升工作效率，与工作存在关联。

具体对参加除团建活动、文体活动等本职工作外的单位文体活动是否属于“工作原因”判断，则要重点考察活动的目的、性质、是否为单位组织安排、是否为单位经营、管理组成部分等多方面因素。例如，本案中的“五一”工会活动属于单位文化建设重要内容，是单位在经营管理过程中为培养和促进职工沟通与合作，调动员工积极性的一项正常工作安排，并制订了工作方案，发布了活动通知。单位组织的文体活动具有明显的集体属性，应属于职工工作的延伸。职工在参加单位组织的文体活动中受伤属于“工作原因”，应纳入工伤认定范围。

三、对工作原因的排除应由单位举证

如前所述，《工伤保险条例》旨在强化公民权利保障及保护劳动者的合法权益。基于该立法宗旨和劳动者在工伤认定中处于与用人单位相对弱势地位的客观形势，《工伤保险条例》明确将是否属于工伤的举证责任分配给用人单位，避免因劳动者处于弱势地位、举证相对困难而无法得到充分的救济途径。本案中，保安公司认为张某在工会活动中脑出血并非工作原因导致，而是系突发自

---

① 冉依依：《对因工作原因受到伤害应作宽泛理解——贵州高院判决德信电器行诉黔西县政府等行政复议决定案》，载《人民法院报》2015年1月22日。

身疾病，对此应由其依法承担举证责任。但用人单位保安公司提供的现有证据尚不足以证明张某的脑出血是非工作原因导致的，无法证明张某发生脑出血的症状与其参加单位组织的拔河项目不存在因果关系，因此法院对社会保险行政部门作出的工伤认定应予支持。

综上，本案作出维持工伤认定的判决体现了倾斜保护劳动者的工伤立法理念，同时对文体活动领域工伤认定的正确理解和判定，也是适应单位文化建设的实践需要，对今后该类案件的审判具有一定的参考意义。

编写人：福建省上杭县人民法院　袁英

32

法院在审理过程中是否应组织鉴定以查清工伤因果关系

——投资公司诉某市人力资源和社会保障局工伤保险资格认定案

【案件基本信息】

1. 裁判书字号

南昌铁路运输法院（2023）赣7101行初18号行政判决书

2. 案由：工伤保险资格认定

3. 当事人

原告：投资公司

被告：某市人力资源和社会保障局（以下简称某市人社局）

第三人：邓某

【基本案情】

2022年2月8日17时15分左右，投资公司员工邓某乘坐公司租赁的班车下班。途中，司机为避让车辆紧急刹车造成邓某摔倒受伤。事故发生后，邓某回家休息。次日上午，邓某前往医院就诊，诊断为骶椎骨折。后，交管部门认定此次事故中司机负全部责任，邓某无责任。

2022年10月12日，邓某向某市人社局申请工伤认定，并提交了证人证言、劳动合同、疾病诊断证明书等。某市人社局受理后，向投资公司发出限期举证通知书，告知投资公司对邓某的工伤认定申请提出书面答复，并提交证据、依据和其他有关材料，否则将依法作出工伤认定结论。11月11日，投资公司向某市人社局作出答复，表示邓某确实在下班途中发生了交通事故，但事故发生次日邓某才去医院就诊，目前无证据能够证明邓某的骶椎骨折与交通事故存在因果关系，故认为邓某不构成工伤。同日，投资公司向某市人社局提交鉴定申请，请求对邓某的骶椎骨折与交通事故之间是否存在因果关系进行鉴定。某市人社局收到申请后，未组织鉴定。后，某市人社局认定邓某所受伤害为工伤。投资公司不服工伤认定决定，诉至法院。案件审理过程中，投资公司向法院提交《鉴定申请书》，请求法院对邓某伤情与交通事故的参与度进行鉴定。

【案件焦点】

法院应否准许投资公司提出的工伤因果关系的鉴定申请。

【法院裁判要旨】

南昌铁路运输法院经审理认为：行政诉讼是人民法院对行政机关已经作出的行政行为进行合法性审查的诉讼活动，不宜用事后取得的证据来评价行政机关依据当时的证据所作出的行政行为。因此，法院应对某市人社局作出工伤认定时事实是否清楚、证据是否充分进行审理，不宜在诉讼中就工伤认定中涉及的因果关系直接启动鉴定程序。本案邓某申请工伤时，提交了证人证言、道路交通事故认定书、医学诊断证明书等证据，某市人社局认为根据相关证据邓某符合工伤认定条件，用人单位不认为是工伤的，应由用人单位依法承担举证责任，不能仅以发生事故后未立即就医为由简单否定工伤认定。某市人社局依据相关证据作出工伤认定并无不当，亦符合《工伤保险条例》保护劳动者合法权益的立法本意。

南昌铁路运输法院依照《中华人民共和国行政诉讼法》第六十九条的规定，判决如下：

驳回投资公司的诉讼请求。

判决后，双方当事人均未上诉，本判决现已生效。

【法官后语】

针对投资公司在本案诉讼过程中向法院提交鉴定申请，法院应否准许这一问题，存在不同理解。第一种意见认为，向法院提交鉴定申请，是当事人的一种举证方式，也是当事人的诉讼权利，法院应当组织鉴定，以确定工伤认定决定是否事实清楚。第二种意见认为，某市人社局在工伤认定程序中并未组织鉴定，若法院准许投资公司的鉴定申请，属于用事后取得的证据来评价人社局依据当时收集的证据所作出的行政行为，不符合行政诉讼合法性审查的原则。

对于此种争议，本案裁判认为应将本案置于行政诉讼前提下予以考量。

首先，行政诉讼是人民法院对行政机关已经作出的具体行政行为进行合法性审查的活动，具体包括行政机关是否具有法定职权、证据是否充分、认定事实是否清楚、适用法律法规是否正确、是否符合法定程序等。法院审查的是行政机关据以作出行政行为的全部证据和所依据的规范性文件。如果法院经审查认为行政机关未组织鉴定导致行政行为认定事实不清，也应以“认定事实不清”为由判决撤销行政行为，而非由法院组织鉴定以推翻行政机关所认定的事实。

其次，根据《最高人民法院关于行政诉讼证据若干问题的规定》第二十九条、第三十条的规定，行政诉讼中涉及的鉴定，既包括行政机关在行政程序中的鉴定，又包括法院委托鉴定部门的鉴定，并不包含行政程序中未进行鉴定而在诉讼程序中进行鉴定的情形。投资公司如认为某市人社局未组织鉴定造成工伤认定决定的事实认定不清，应该提交相关证据以证明事实认定不清，而非向法院申请鉴定以查清因果关系。法院居中裁判，不能为投资公司或者某市人社局查清因果关系。

最后，根据《工伤保险条例》的规定，投资公司认可邓某在下班途中因交通事故摔倒，但否认构成工伤，其应当在工伤认定程序中提交证据证明邓某的人身损害与交通事故之间不存在因果关系。在投资公司未按照人社局通知的期限举证或者待证事实真伪不明的情况下，由投资公司承担不利后果。但投资公司仅向人社局提交一份《鉴定申请书》。“提交鉴定申请”这一行为本身并不能免除投资公司的举证责任，也不能将证明是否属于工伤的责任转移给某市人社局，由某市人社局组织鉴定以确定因果关系是否存在。

因此，投资公司不能以某市人社局未查明是否存在因果关系为由，在诉讼程序中申请鉴定来主张工伤不成立，其鉴定申请不应得到准许。

编写人：南昌铁路运输法院　李伟红

33

“非本人主要责任”在因履行工作职责受到暴力伤害工伤认定中的类推适用

——袁某诉某县人力资源和社会保障局工伤认定案

【案件基本信息】

1. 裁判书字号

重庆市第二中级人民法院（2022）渝02行终139号行政判决书

2. 案由：工伤认定

3. 当事人

原告（上诉人）：袁某

被告（被上诉人）：某县人力资源和社会保障局（以下简称某县人社局）

【基本案情】

袁某系某县中医院肛肠科主任，也是患者范某某的主治医生。案外人张某某系患者范某某的妹夫。2020年4月20日晚上，张某某到袁某所在医生办公室询问范某某病情，袁某告知其等待检查结果，随之，张某某情绪较为激动，并指责和埋怨袁某，随后双方发生口角，并发展为肢体冲突，最后导致袁某面部受伤。经公安出具的鉴定意见，袁某损伤程度系轻伤二级。2020年5月12日，袁某所在的医院向某县人社局提交工伤认定申请。某县人社局认为袁某于2020年4月20日受到的伤害，不符合《工伤保险条例》第十四条第三项“在工作时间和工作场所内，因履行工作职责受到暴力等意外伤害”的规定，决定不予认定为工伤。袁某不服，提起行政诉讼。

【案件焦点】

某县人社局作出不予认定工伤决定是否合法。

【法院裁判要旨】

重庆市城口县人民法院经审理认为：“因履行工作职责受到暴力等意外伤害”指第三人认为职工履行本职工作影响或阻碍了其达到一定的目的，为实现该目的或因未能达到该目的而迁怒于职工，并对其施加暴力伤害，也就是说职工所受到暴力伤害是因为其主动履职的“作为行为”引起了他人的暴力伤害，而本案中因案外人张某某不满袁某对患者范某某病情的医治，双方发生口角、谩骂到互殴致袁某受伤，袁某受伤并非其主动履职行为给第三人带来不便而引发的暴力伤害，其受伤的直接原因是与张某某的互殴行为。袁某作为医务人员，面对患者及其家属在情感上的失落所作出的挑衅或暴力行为，理应承载更多的包容和耐心，以更加冷静和从容的态度面对，而非一味地“以暴制暴”，故，袁某所受伤害不应认定为与履行工作职责有关，不符合《工伤保险条例》第十四条第三项规定的情形，某县人社局作出的不予认定工伤决定书证据确凿，程序正当，适用法律、法规正确。

重庆市城口县人民法院依照《中华人民共和国行政诉讼法》第六十九条之

规定，判决如下：

驳回原告袁某的诉讼请求。

袁某不服，提起上诉。重庆市第二中级人民法院经审理认为：《工伤保险条例》第十四条第三项中“因履行工作职责受到暴力伤害”的规定应理解为职工履行工作职责的行为引起了暴力伤害结果的发生。关于暴力伤害是否因“履行工作职责”所致的关键不在于职工受到暴力伤害的外在表现形式，而在于暴力伤害与履行工作职责之间的内在关联性。根据本案查明的事实，纠纷发生的起因是，作为患者范某某妹夫的张某某到医生袁某所在的办公室询问患者范某某的病情，在询问的过程中与袁某发生争执。众所周知，医生回复患者或者患者亲属的咨询是其工作职责之一，从伤害事件发生的初始原因来看，袁某接受患者亲属咨询是在履行其作为医生的工作职责，只是在履行工作过程中，因为双方的语言语气以及某些肢体动作等因素导致矛盾产生。虽然，职工在履行工作职责时规范的用语和行为是良好的职业素质的体现，本案中作为医生的袁某在处理工作纠纷时采取的方式方法固然有些欠妥，但是从客观来看，是在履行工作职责的行为受到外来因素干扰后遭受的暴力伤害。并且，整个争执过程由最初的询问、谩骂再演变为扭打，在时间上是连续的，地点也是在工作场所内，具有较为明显的连贯性。因此，袁某的伤害结果是工作原因与双方争执扭打行为共同导致，其中双方的扭打行为虽然是直接原因，但是袁某的受伤与工作原因之间亦具有因果关系，不能将袁某受伤是因为双方之间的互殴行为所致而否认袁某是因履行工作职责的行为而受到的暴力伤害，只是说袁某的行为属于在履行工作职责过程中因工作发生纠纷后处理不当。

职工在履行工作职责过程中因工作发生纠纷后处理不当不属于《工伤保险条例》规定中排除工伤认定的原因。《工伤保险条例》第十四条、第十五条对哪些情况是工伤以及哪些情况视同为工伤作了详尽的列举式规定，并且有兜底性条款；而第十六条对工伤的情形作了排除性列举，只规定了三种情形不得认定为工伤或者视同工伤，没有兜底性条款。结合上述规定，我国工伤责任属无过错责任。在工伤认定过程中，除法定的情形外，不考虑用人单位或者劳动者过错，劳动者因工作遭受损害的，只要不存在恶意，即使在事故中存在过失也不影响工伤的认定，依旧能够获得医疗救治和经济补偿。具体到本案中，涉案争执发生过程中，袁某作为医务人员，在履行工作职责时与患者或患者家属产生纠纷，没能保持冷静、包容的处理态度，确实存在处置不当的行为，但不能因为职工未能恰当处理工作纠纷就否定其因履行工作职责受到意外伤害的事实。况且，就本案查明的事实来看，纠纷发生的原因，并非个人恩怨等因素而受到暴力伤害。故，本案中袁某在工作纠纷发生后处理不当行为不足以成为阻却其认定工伤的理由，其受到的伤害符合《工伤保险条例》第十四条第三项应当认定工伤的情形。

综上，某县人社局作出的《不予认定工伤认定书》认定事实错误，适用法律错误。原审判决适用法律错误，应予撤销，袁某的上诉诉讼请求成立，本院予以支持。

重庆市第二中级人民法院依照《中华人民共和国行政诉讼法》第八十六条、第八十九条第一款第二项之规定，判决如下：

一、撤销重庆市城口县人民法院（2021）渝0229行初29号行政判决；

二、撤销某县人社局作出的《不予认定工伤认定书》；

三、责令某县人社局在本判决生效之日起60日内重新作出工伤认定决定。

【法官后语】

关于暴力伤害是否因“履行工作职责”所致的关键不在于职工受到暴力伤害的外在表现形式，而在于暴力伤害与履行工作职责之间的内在关联性。在具体实践中，不能轻易将伤害事实是因双方之间的互殴行为所致而否认伤害事实与履行工作职责之间的因果关系。如果整个纠纷发生过程在时间上是连续的，地点也是在工作场所内，具有较为明显的连贯性，并且暴力伤害事实不是因职工个人私人恩怨等重大过失或故意因素所致。在此情形下，职工在履行工作职责过程中因工作发生纠纷后处理不当行为不足以成为阻却其认定工伤的理由，可以类推适用“非本人主要责任”，应认定为工伤。

首先，《工伤保险条例》第一条规定：“为了保障因工作遭受事故伤害或者患职业病的职工获得医疗救治和经济补偿……”可见，工伤保险制度设立的首要目的是维护职工的合法权益，保障因工作造成伤害的劳动者能够获得医疗救治和经济补偿。因此，在判定劳动者是不是履行工作职责不能囿于法律条文的狭隘文义解释，而是重点考虑是否为了用人单位利益而从事的行为。本案中，袁某在回复患者亲属咨询时，因双方在语言、动作等方面幅度把控不当、缺乏克制，最终引发矛盾。虽然职工在履行工作职责时规范的用语和行为是良好的职业素质的体现，作为医生的袁某在处理工作纠纷时采取的方式方法有些欠妥，但从主客观目的来看，接受患者询问既是医生的本职工作，也有利于增加医院医疗服务质量，不能因袁某处置不当行为而否认袁某受伤结果与履行工作职责的因果关系。加之，结合整个争执过程，在时间上是连续的，地点亦在工作场所内，且行为具有较为明显的连贯性。因此，袁某受伤结果与履行工作职责具有因果关系。

其次，“处置不当”不属于工伤认定的法定排除规则。《工伤保险条例》第十四条、第十五条、第十六条是我国工伤认定的法律依据。第十四条规定了认定工伤的情形，第十五条规定了视同工伤情形，而第十六条规定了排除工伤认定的法定情形，即故意犯罪、醉酒或吸毒、自杀或自残。就第十六条规定来看，该条采用了列举式的表述，并且没有一般性的规定和兜底性条款。据此，对于第十六条的解释应该把握一种谨慎严格的态度，避免扩大适用范围。除上述法定排除规则，以及第十四条第六项在上下班途中工伤认定中的“非本人主要责任”外，《工伤保险条例》并没有将劳动者从事工作时存在过错，作为排除工伤认定的法定情形。在普通的工伤认定过程中，劳动者的主观过错并不会被考虑，即使劳动者操作失误或者没有做好防护措施也并不影响其认定工伤，劳动者的主观过错不能够阻却职工受伤与其从事本职工作之间的关联关系。

再次，无过错并不代表“处置不当”的内涵和外延没有边界或者“危险点”。《工伤保险条例》第十四条第三项并没有就职工对受到暴力等意外伤害负有一定责任时如何认定工伤问题作出明确规定。在审理案件时，当职工对受到暴力等意外伤害负有一定责任时，法官可以参考上下班途中工伤认定中的“非本人主要责任”。《工伤保险条例》第十四条规定：“职工有下列情形之一的，应当认定为工伤……（六）在上下班途中，受到非本人主要责任的交通事故或者城市轨道交通、客运轮渡、火车事故伤害的……”显然，“非本人主要责任”就是对劳动者过错边界的一种描述，上下班途中工伤以非本人主要责任为直接前提。由此类推，职工对受到暴力等意外伤害负有一定责任时就需要考虑劳动者过错责任的大小，亦可以“非本人主要责任”为认定工伤的前提。

本案中，袁某作为医务人员，在患者亲属询问病人病情并加以指责和埋怨时，袁某没有采取有效及时的处置办法，导致矛盾升级而遭受暴力伤害。经审查，在公安机关的调查结果中没有致伤事故责任划分，在致伤行为之前也无个人恩怨，从事后双方达成调解协议来看，加害方对袁某进行了赔偿。据此，袁某的处置不当行为排除属于重大过失或者主观故意具有高度盖然性，处置不当并非袁某积极追求的伤害结果，其处置不当行为并不必然会导致暴力伤害。

最后，“处置不当”何时作为工伤认定的排除规则。“处置不当”作为工伤排除规则是建立在劳动者自身对于伤害结果具有相当程度上的主观过错之上，这种主观过错从实践或常识来考量超过了履行工作职责的可容忍性，达到重大过失乃至故意。因劳动者对于致伤行为具有积极追求，此时伤害结果不再是工作风险所致，劳动者处置不当已改变了行为的目的和性质，双方之间的纠纷不再是为了维护单位的合法利益或者是提升工作效率，而将工作行为转化成了个体私人行为。此时，应作为排除工伤规则。这样有利于引导社会向善向好地发展，彰显法律追求公平正义的社会价值。

编写人：重庆市第二中级人民法院　翁中俊

34

视同工伤情形下灵活从业者工作岗位的认定

——杨某某诉某区人力资源和社会保障局不予认定工伤决定案

【案件基本信息】

1. 裁判书字号

北京市第二中级人民法院（2022）京 02 行终 1080 号行政判决书

2. 案由：不予认定工伤决定

3. 当事人

原告（被上诉人）：杨某某

被告（被上诉人）：某区人力资源和社会保障局（以下简称某区人社局）

第三人（上诉人）：出租汽车公司

【基本案情】

2021 年 8 月 30 日，王某之妻杨某某向某区人社局提出工伤认定申请，主张王某于 2021 年 2 月 14 日上午准备出车时突发疾病死亡，请求对王某的死亡认定为工伤，并提交了身份证明、企业登记信息打印件、劳动关系证明、居民死亡医学证明（推断）书、医院院前病案记录、家属关系证明等申请材料及证据。

某区人社局于 2021 年 9 月 1 日受理后，分别对杨某某以及出租汽车公司的员工赵某进行了调查询问，杨某某在笔录中陈述“王某是单班司机，时间是自己安排，正常他是每天 7 点半左右出车，11 点半左右回家吃饭休息，14 点多再出车，晚上回来时间不太确定……2 月 12 日是初一，王某没有出车，13 日初二王某出车了，当天我上班，早上 8 点半左右我就走了，我走的时候王某还没走……晚上我七八点到家的时候王某已经在家了，当天晚上王某没有什么症状”“2021 年 2 月 14 日王某发病，我认为他是准备出车，所以我觉得应该认定工伤”“王某身体一直都挺好的，当天也没有听王某说过哪里有不舒服”“医院院前病案记录中现病史是 120 向我询问的，当时我具体怎么说的我记不清了，病案记录为什么记录成这样（‘去停车场拟开车去医院’）我也不清楚”。赵某在笔录中陈述“王某是单班司机，时间是自己安排”。赵某认可用人单位提交的书面证人证言系其本人出具，内容属实。

某区人社局认为，事发当天王某感到身体不适，故，准备开自己的出租车去医院进行治疗，事发当时并非工作时间，不属于《工伤保险条例》第十四条、第十五条规定的应当认定工伤以及视同工伤的情形，故，于 2021 年 10 月 25 日作出《不予认定工伤决定书》，并于 11 月 3 日分别送达出租汽车公司及杨某某。

庭审中，法院依原告杨某某申请，对证人某社区卫生服务中心急救医生徐某某进行调查询问。

徐某某称，2021 年 2 月 14 日 10 时 20 分左右，接 120 调度中心任务指派，于 10 时 40 分到达一个停车场，到达后看到王某躺在出租车过道里的地上，意识丧失，故进行积极抢救，但是经过 40 分钟左右还是没有抢救过来。根据病人家属陈述，王某没有既往病史，但是于 10 时 10 分左右无明显诱因出现胸痛，故推定为心源性猝死。王某当时状况已经不能自行开车去医院就医，情况危重，所以家属拨打 120，故，在院前病案记录现病史一栏中记载“去停车场拟开车去医院”，关于王某发病前是否要去上班以及当天开出租车的目的无法确定。

【案件焦点】

王某是否属于在“工作时间”和“工作岗位”突发疾病死亡。

【法院裁判要旨】

北京市东城区人民法院经审理认为：《工伤保险条例》第十五条第一款第

一项规定，在工作时间和工作岗位，突发疾病死亡或者在48小时之内经抢救无效死亡的，视同工伤。根据该规定，王某是否属于在“工作时间”和“工作岗位”突发疾病死亡，是本案的核心焦点。本案中，从负责记录病案的医生证人证言内容、杨某某及赵某关于王某日常工作模式的陈述、事发当天正处于农历春节放假期间的特殊性，以及提供客运服务活动所应包含的准备及收尾工作内容等多方面综合考量，可以确定的是，王某因身体不适在自家楼下停车场倒地不起，但究竟是在准备预热出租车出车工作时突感不适后返回途中倒地不起，还是拟开车去医院途中倒地不起，原告与第三人各执一词，对于事故发生经过的描述存在明显冲突，且无其他证据可以印证。在此情况下，被告径行根据其对于病案记录记载内容的理解和用人单位提交的书面证人证言，作出王某事发时不属于工作时间、工作岗位的认定，属于证据不足，事实认定不清。由于本案仍具有调查裁量空间，被告应当在继续调查核实的基础上针对原告的工伤认定申请重新作出是否认定工伤的决定。

北京市东城区人民法院依照《中华人民共和国行政诉讼法》第七十条第一项之规定，判决如下：

一、撤销被告某区人社局于2021年10月25日作出的不予认定工伤决定书；

二、责令被告某区人社局在法定期限内对原告杨某某的工伤认定申请重新作出处理；

三、驳回原告杨某某的其他诉讼请求。

第三人出租汽车公司不服一审判决，提起上诉。北京市第二中级人民法院经审理认为：仅依据在案证据不足以否认王某并非在工作岗位上突发疾病死亡。在此情况下，某区人社局作出不予认定工伤的决定属于事实不清、证据不足。一审判决正确，应予维持。

北京市第二中级人民法院依据《中华人民共和国行政诉讼法》第八十九条第一款第一项之规定，判决如下：

驳回上诉，维持一审判决。

【法官后语】

工伤认定的核心在于是否与工作相关。对于这种相关性的认定，一般可以通过用人单位与劳动者对于工作时间、工作场所、工作岗位等内容的约定进行调查核实，但这主要针对具有固定坐班形式的传统职业而言。对于无须固定坐班的灵活从业者，如快递员、出租车司机等这类职业，工作时间、工作场所不具有固定性，劳动者可根据自身需求和实际情况灵活安排。因而，在判断是否属于《工伤保险条例》第十五条第一款第一项规定的视同工伤情形时，更多依赖于灵活从业者死亡时是否在工作岗位上的判断，如果劳动者突发疾病死亡时正处于工作岗位上，则也应认定其处于工作时间内。

一般认为，工作岗位是劳动者在工作场所开展属于工作职责范围内的工作地点，而对于出租车司机这类灵活从业者而言，工作场所具有流动无形性。因而，认定灵活从业者死亡时是否属于在工作岗位上，主要结合劳动者的工作职责、工作性质以及工作需要，突发疾病死亡时劳动者所从事的活动与工作职责的相关性等因素，运用逻辑推理和生活经验，进行全面、客观和公正的分析判断。需要注意的是，在判断劳动者所从事的活动与工作职责是否相关时，不应仅局限于直接性的生产经营活动，而应具有一定延展性，职工从事与工作有关的准备性或者收尾性活动，在工作间隙为满足正常健康、生理需要所从事的活动等都应当被认定为处于工作岗位上。

具体至本案中，关于王某死亡时是否处于工作时间的问题。根据被告向杨某某和赵某的调查可知，王某是单班司机，具体工作时间由自己安排。虽然杨某某在调查笔录中陈述“正常他是每天早上 7 点半左右出车”，但是根据杨某某关于王某事发前一天出车情况的陈述，王某自行调整出车时间的情形并非个例，不应仅以王某日常出车时间推定其应当具有固定的上下班时间。同时考虑到，案发当天 2 月 14 日正处于农历春节放假期间，不能排除王某在节假日期间根据实时路况及社会公众用车需求等因素自行调整出车时间的可能。因而，直接认定王某突发疾病死亡时是否处于工作时间内，不具有可操作性。

关于是否在工作岗位上的问题。王某作为出租车司机，其工作岗位不应仅局限于驾驶机动车辆承揽顾客提供客运服务的活动，还应当包括日常的车辆保养、维护工作和行车前后的准备及收尾工作等内容，尤其是在天气寒冷的情况下驾驶车辆前预热车辆符合生活常识，具有一定的合理性和必要性，应当被认定为一种为工作做准备的状态。本案审理过程中，负责记录病案的医生徐某某在庭审中明确表示，其在医院院前病案记录中所记载的“去停车场拟开车去医院”只是表明案发当时王某已不具备自行开车去医院的能力，并不能确定王某当天开车的目的。现有证据可以确认的是，王某因身体不适在自家楼下停车场倒地不起，但究竟是因在工作岗位上突发疾病感到不适、不能继续从事正常工作后才离开工作岗位，还是拟开车去医院途中倒地不起，原告与第三人各执一词，对于事故发生经过的描述存在明显冲突，且无其他证据可以印证。在此情况下，被告径行作出王某事发时不属于工作时间、工作岗位的认定，属于证据不足，事实认定不清。

此外，工伤保险制度设置的目的在于，最大限度地保障主观上非故意的劳动者因工作或与工作相关活动遭遇事故伤害或患职业病后能获得医疗救济、经济补偿和职业康复的权利，及时分散劳动者工作伤害风险及用人单位的用工风险。对于工伤认定，在并无优势证据可以否定职工突发疾病死亡与所从事工作之间的关联性时，应当作出有利于劳动者一方的判断认定。

编写人：北京市东城区人民法院　张丽颖

六、政府信息公开

35

对以互联网方式提交的政府信息公开申请行政机关收到之日的认定

——葛某某诉某街道办事处政府信息公开案

【案件基本信息】

1. 裁判书字号

江苏省南通市中级人民法院（2022）苏06行终488号行政判决书

2. 案由：政府信息公开

3. 当事人

原告（上诉人）：葛某某

被告（被上诉人）：某街道办事处（以下简称某街道办）

【基本案情】

2021年12月19日，葛某某在线向某街道办提交政府信息公开申请书。该市网站集约化工作平台依申请公开管理系统显示申请时间与受理时间均为2021年12月19日，政务平台也向某街道办发送了办理提示信息。某街道办未在法定期限内作出答复，葛某某遂于2022年2月8日诉至法院，请求责令某街道办作出答复。某街道办在该案审理过程中向葛某某作出答复，葛某某遂变更诉讼请求为确认超期答复违法，撤销答复书中的第二项内容。

某街道办针对迟延答复的问题辩称，根据《政府信息公开条例》第三十一条第三项的规定，申请人通过互联网渠道提交政府信息公开申请的，应以双方确认之日为收到申请之日。某街道办工作人员未在工作平台待办事项中发现相关申请，双方尚未进行确认，故答复并未超过法定期限。

【案件焦点】

被诉政府信息公开答复有无超过法定期限。

【法院裁判要旨】

江苏省南通经济技术开发区人民法院经审理认为：某街道办对依申请公开政府信息管理系统具有及时核查和确认的职责。依申请公开管理系统显示申请时间及受理时间均为2021年12月19日，但在之后长达一个多月时间内，某街道办未进行核查，亦未与葛某某进行确认，已远超确认的合理时间限度，故应认定某街道办怠于履行确认职责，相应不利后果应由某街道办自行承担，而不应由葛某某承担。某街道办作出答复超过法定的20个工作日，程序明显违法。某街道办所称在待办事项中未发现相关申请，但依申请公开管理系统中可以查看到葛某某提交的申请，且政府平台也发送了办理提示，该辩解理由不能成立。

江苏省南通经济技术开发区人民法院依据《中华人民共和国行政诉讼法》第七十四条第一款第二项之规定，判决如下：

一、确认被告某街道办于2022年2月18日作出的政府信息公开申请答复书程序违法；

二、驳回原告葛某某的其他诉讼请求。

葛某某不服一审判决，提起上诉，江苏省南通市中级人民法院同意一审法院裁判意见。

江苏省南通市中级人民法院依照《中华人民共和国行政诉讼法》第八十九条第一款第一项之规定，判决如下：

驳回上诉，维持原判。

【法官后语】

本案涉及行政机关是否存在超期答复的问题。《政府信息公开条例》对于政府信息公开答复的期限作了明确规定，这是政府信息公开义务法定化的核心要素之一，使政府信息公开具有程序规范性和确定性，防止行政机关无故拖延，保障公民政府信息知情权及早实现。

《政府信息公开条例》第三十三条第二款规定，对于政府信息公开申请，行政机关不能当场答复的，应当自收到申请之日起20个工作日内予以答复。故，行政机关“收到申请之日”的确定是审查行政机关有无在法定期限内作出答复的关键。实践中，申请人申请政府信息公开的方式多种多样，如何界定行政机关何时收到申请呢？2008年施行的《政府信息公开条例》未对“收到申请之日”如何认定作出具体规定，2015年国务院办公厅政府信息与政务公开办公室作出《关于政府信息公开期限有关问题的解释》，对于通过当面提交、邮寄、发送电子邮件、传真等方式申请，如何确定“收到申请之日”分别作出了规定。2019年5月15日，施行的《政府信息公开条例》第三十一条在吸收上述解释的基础上，对行政机关收到申请时间的确定根据不同情况分别作了规定。该条第三项规定，申请人通过互联网渠道或者政府信息公开工作机构的传真提交政府信息公开申请的，以双方确认之日为收到申请之日。互联网渠道和传真方式具有不确定性，如电子邮箱可能会出现自动屏蔽邮件的情况，传真可能出现发送方传送完毕而对方未能接收的情况。通过双方确认的方式确定收到之日，可以让程序具有确定性，也能有效平衡行政相对人权益保护与行政机关有序接受申请的需要，故给予行政机关在确定“收到申请之日”方面的主动权具有一定的必要性和合理性。但也有部分行政机关对此产生误解，认为只要没有确认，即不能认定收到申请之日，也就不能认定答复超过期限。如本案中，某街道办即辩解其对葛某某通过政府信息平台提出的申请不明知，也未作确认，故不应认定超过法定答复期限。基于实践中产生的问题，有必要对《政府信息公开条例》第三十一条第三项的理解和适用作一番分析和厘清。

首先，规范化、常态化、及时接受政府信息公开申请是行政机关的法定义务。《政府信息公开条例》第六条第一款规定，行政机关应当及时、准确地公开政府信息。第八条规定，各级人民政府应当加强政府信息资源的规范化、标准化、信息化管理，加强互联网政府信息公开平台建设，推进政府信息公开平台与政务服务平台融合，提高政府信息公开在线办理水平。第二十八条规定，行政机关应当建立完善政府信息公开申请渠道，为申请人依法申请获取政府信息提供便利。可见，行政机关为申请人提供互联网政府信息公开渠道是为了给申请人提供更为便捷的途径，更加及时地获取所需要的政府信息。因此，行政机关对于互联网平台接受到的申请应当及时查收，不能疏于管理，否则将违背互联网平台设立的初衷。《政府信息公开条例》第三十一条赋予行政机关对申请进行确认的权力，并非放任和无限期的，不能免除行政机关积极、及时处理政府信息公开事务的法定职责，否则等同于授权行政机关自行决定答复期限的起算点，也相当于放弃法律规定的答复期限对行政机关的约束力。这明显违背了《政府信息公开条例》的立法宗旨。例如，本案中的某街道办在申请人提出申请后长达一个多月都未处理系统已经接受到的申请，严重侵害了申请人申请政府信息公开的合法权益，构成不履行政府信息公开答复义务的违法情形。

其次，《政府信息公开条例》第三十一条赋予行政机关确认程序，并不意味着行政机关不作确认即无法认定行政机关收到申请之日，无法对怠于履行政府信息公开答复义务的行为进行规制。《政府信息公开条例》在不容易判断申请是否到达行政机关互联网平台这个事实并固定证据的情况下，增加一个确认环节，通过确认来明确申请已到达被申请单位这个事实并固定证据。但在理解《政府信息公开条例》第三十一条第三项时不能机械作字面理解，即认为只要是通过互联网渠道或者传真方式提交政府信息公开申请的，都要进行确认环节。从立法的延续来看，如果以互联网渠道或传真方式提交的政府信息公开申请能够确认已达到行政机关并固定证据的情况下，无须再进行确认。例如，本案中，葛某某虽然通过互联网渠道提交政府信息公开申请，但行政机关政府信息公开申请系统中已于当日受理，政务平台已向行政机关发送办理信息，可以认定行政机关已经收到申请，而不能因为某街道办未作确认而对其怠于处理申请事务的违法行为视而不见。这将极大地损害申请人的合法权益，也滋长了行政机关不作为的违法状态。

最后，行政机关应当将《政府信息公开条例》赋予的确认程序作为更加有效履行政府信息公开职责的环节，而不是将其作为怠于处理政府信息公开平台上的申请事项，怠于履行政府信息公开职责的借口。第一，确认应具有主动性，即行政机关政府信息公开工作机构在接受到申请后应积极主动地与申请人就申请事项进行确认，以更准确地作出答复。第二，确认时间应具有合理性，行政机关与申请人确认的时间和有证据证明的申请到达政府信息公开平台的时间之间不应超出正常处理事务的合理期限。至于合理期限的确定，应当结合具体案件中系统运行状况及行政机关所作说明等加以判断。第三，确认应具有形式性，即确认内容应以一定的载体予以记录、保存，以减少不必要的程序争议。行政机关可就确认程序制定的相关制度，如规定几日内进行确认、确认的方式等，并且在相关政府平台上公布有关确认的规定以及查询确认情况的电话等，以加强内部工作流程管理，提高工作人员的责任意识、工作质量和效率。

《政府信息公开条例》的立法目的在于保障公民、法人和其他组织的知情权，作为具有公开职责的行政机关，在面临多样化的政府信息提交方式时，需要具有积极主动的意识，以提高政府公信力。

编写人：江苏省南通市中级人民法院　刘海燕

江苏省南通经济技术开发区人民法院　管丽君

36

房屋征收补偿类政府信息公开范围的认定

——马某某诉某县住房和城乡建设局政府信息公开案

【案件基本信息】

1. 裁判书字号

山东省德州市中级人民法院（2023）鲁 14 行终 51 号行政判决书

2. 案由：政府信息公开

3. 当事人

原告（被上诉人）：马某某

被告（上诉人）：某县住房和城乡建设局（以下简称某县住建局）

【基本案情】

马某某拥有案涉 244 平方米的土地使用权、沿街商业 88.92 平方米和 94.58 平方米的房屋以及附属院落两层房屋所有权，房屋建筑面积共计 280.80 平方米。马某某的土地使用权面积及附属院落面积与其东邻赵某某、朱某某夫妇一致。2022 年 1 月 21 日，某县政府对涉案片区实施征收并给予产权调换与货币补偿。2022 年 3 月 14 日，某县住建局与马某某签订《商住征收补偿协议书》，现协议书已履行完毕。2022 年 10 月 23 日，马某某向某县住建局邮寄《政府信息公开申请表》，申请公开其邻居赵某某、朱某某夫妇的房屋征收协议及补偿发放、使用记录。2022 年 10 月 25 日，某县住建局作出《政府信息公开申请答复书》，对原告申请答复如下：所涉事项涉及被征收人的信息隐私，不属于公开信息的范围。马某某不服，提起行政诉讼。

【案件焦点】

房屋征收补偿类政府信息公开范围如何认定。

【法院裁判要旨】

山东省齐河县人民法院经审理认为：《政府信息公开条例》第十五条规定："涉及商业秘密、个人隐私等公开会对第三方合法权益造成损害的政府信息，行政机关不得公开。但是，第三方同意公开或者行政机关认为不公开会对公共利益造成重大影响的，予以公开。"《国有土地上房屋征收与补偿条例》第十五条、第二十九条将对被征收人的调查结果及对被征收人的分户补偿情况规定为依法应主动公开事项，不属于当事人的隐私。本案中，马某某申请公开赵某某、朱某某房屋权属、区位、用途、建筑面积等情况的调查结果及其补偿情况，某县住建局以涉及个人隐私且朱某某不同意公开为由，作出案涉答复书，适用法律错误，应予撤销。

山东省齐河县人民法院依照《中华人民共和国行政诉讼法》第七十条之规定，判决如下：

一、撤销被告某县住建局于2022年10月25日作出的《政府信息公开申请答复书》；

二、被告某县住建局于本判决生效之日起七个工作日内向原告马某某公开赵某某、朱某某签订的《商住补偿协议书》及其补偿发放情况。

某县住建局不服一审判决，提起上诉。山东省德州市中级人民法院经审理认为：本案的争议焦点为被上诉人某县住建局是否应向上诉人公开案外人赵某某、朱某某签订的《商住征收补偿协议书》及补偿费发放记录。首先，根据《国有土地上房屋征收与补偿条例》第二十九条第一款及《国有土地上房屋征收评估办法》第十六条第一款的规定，分户初步评估结果及分户补偿情况属于房屋征收部门应当主动公开的政府信息。其中，分户初步评估结果由房地产价格评估机构作出，分户补偿情况由房屋征收部门根据各被征收人的最终补偿情况整理或制作。而房屋征收补偿安置协议书则由征收部门与被征收人双方签订，补偿安置协议中的被征收人个人身份信息、地址、联系方式等内容涉及被征收人的个人隐私，在被征收人不同意的情况下不得公开，同时，补偿费发放记录因涉及被征收人银行账户信息，亦属于被征收人的个人隐私。分户补偿情况的公示只是房屋征收部门对被征收人分户补偿情况的概述，不涉及上述补偿细节。因此，案外人赵某某、朱某某签订的《商住征收补偿协议书》及补偿费发放记录不属于房屋征收部门应当主动公开的政府信息内容。其次，房屋征收补偿安置协议书在性质上属于行政协议，其兼具行政性与合同性，由该协议所产生的权利义务仅对协议双方具有约束力，即仅约束征收部门与被征收人，被上诉人马某某并非他人房屋征收补偿安置协议主体，至于他人安置协议如何补偿，对马某某的权利义务不产生实际影响，更不会导致公共利益的减损。最后，《政府信息公开条例》第十五条规定："涉及商业秘密、个人隐私等公开会对第三方合法权益造成损害的政府信息，行政机关不得公开。但是，第三方同意公开或者行政机关认为不公开会对公共利益造成重大影响的，予以公开。"第三十七条规定："申请公开的信息中含有不应当公开或者不属于政府信息的内容，但是能够作区分处理的，行政机关应当向申请人提供可以公开的政府信息内容，并对不予公开的内容说明理由。"本案中，马某某申请某县住建局公开其房屋所在同一征收范围内其他被征收人签订的《商住征收补偿协议书》。根据某县住建局提交的证据可以证实，因涉及个人隐私，某县住建局根据相关法律法规，经书面征求案外人朱某某的意见后，不予公开相关信息，其做法符合前述条款规定，原审法院判决上诉人公开相关补偿协议及补偿费发放信息系适用法律错误。

山东省德州市中级人民法院依照《中华人民共和国行政诉讼法》第六十九条、第八十九条第一款第二项之规定，判决如下：

一、撤销山东省齐河县人民法院（2022）鲁 1425 行初 34 号行政判决；

二、驳回被上诉人马某某的诉讼请求。

【法官后语】

本案主要涉及如何认定房屋征收补偿类政府信息的公开范围。

《政府信息公开条例》的出台，为行政相对人获取政府信息提供了便捷。

2019年《政府信息公开条例》修改后，行政机关应主动公开信息的范围和深度进一步扩大，但对于县级政府及其工作部门应公开的征收补偿信息，该条例只规定为“房屋征收等方面的政府信息”，并无明确的公开范围。因此，有必要对征收过程中补偿类政府信息的公开范围进行正确界定。结合本案而言，应根据以下思路确定补偿类政府信息的公开范围。

一、《政府信息公开条例》规定不明时，其他法律、法规是否有明确规定

房屋征收过程中会涉及多个行政机关作出的多类不同行政行为，根据《政府信息公开条例》第二条的规定，政府信息是指行政机关在履行行政管理职能过程中制作或者获取的，以一定形式记录、保存的信息。从上述规定看，被征收人的征收、安置补偿情况似乎全部属于行政机关应主动公开的政府信息范围，但被征收人的补偿情况同样涉及多种信息类型，不仅有分户初步评估结果、分户补偿情况，还包括最终签订的补偿协议、协议不成后作出的补偿决定等内容。这时要结合房屋征收和评估方面的具体规定，看其中是否有对补偿类信息的公开要求。对于分户初步评估结果，《国有土地上房屋征收评估办法》第十六条第一款规定，分户的初步评估结果应当包括评估对象的构成及其基本情况和评估价值。房屋征收部门应当将分户的初步评估结果在征收范围内向被征收人公示。对于分户补偿情况，《国有土地上房屋征收与补偿条例》第二十九条第一款规定，房屋征收部门应当依法建立房屋征收补偿档案，并将分户补偿情况在房屋征收范围内向被征收人公布。对于补偿决定，第二十六条第一款规定，房屋征收部门与被征收人在征收补偿方案确定的签约期限内达不成补偿协议，或者被征收房屋所有权人不明确的，由房屋征收部门报请作出房屋征收决定的市、县级人民政府依照本条例的规定，按照征收补偿方案作出补偿决定，并在房屋征收范围内予以公告。由此可知，分户初步评估结果、分户补偿情况及他人的补偿决定均属于房屋征收部门应当主动公开的政府信息范围。因此，当事人若申请其他被征收人的上述几项补偿类信息时，行政机关应依法进行公开；若行政机关以当事人与他人的补偿信息无利害关系而拒绝公开，则明显缺乏法律依据。

二、在是否公开不明的情况下，政府信息是否公开，取决于个人隐私与公共利益的博弈

如前所述，分户初步评估结果、分户补偿情况及他人补偿决定明确属于公开范围，那他人的补偿安置协议书是否属于政府信息公开范围呢？

一般而言，征收补偿类信息涉及被征收人的具体安置补偿利益，但补偿的依据、标准、方式等方面的信息涉及与其他被征收人的情况是否一致，也是其他被征收人监督、衡量征收机关是否进行公平合理补偿的参考信息资料，具有一定的公共利益属性。由《政府信息公开条例》第三十二条规定可知，在涉及第三方的情况下，政府信息是否公开，关键要看相关信息是否确实涉及个人隐私，以及是否因为公共利益的考虑而使个人隐私权进行必要的让渡。如果涉及个人隐私的政府信息，主要内容已在其他政府信息中有所体现，则没有必要再公开。本案中，马某某申请公开其邻居赵某某、朱某某夫妇的安置补偿协议，主要是因质疑他人补偿金额高于自己。而赵某某、朱某某夫妇安置补偿协议的主要内容即涉案房屋基本情况及所对应的补偿金额或置换面积，在分户补偿情况公示过程中已有所体现，而补偿安置协议中有关赵某某、朱某某夫妇身份证号码、家庭住址、选择安置的房屋面积、地址等，都与补偿标准无关，同理，虽然赵某某、朱某某夫妇征收补偿款的发放数额属于分户补偿情况的内容之一，但房屋征收部门何时给赵某某、朱某某夫妇发放补偿款、发放至二人哪一银行账号中却属于个人隐私内容，马某某无权要求公开。当然，如果案外人自愿放弃个人隐私，出于公共利益的考虑让渡权利，行政机关也可以公开相关政府信息。但本案中，某县住建局征询案外人朱某某意见时，朱某某明确表示不同意公开，并说明了不同意公开的合理理由。综合考量上述情况，马某某通过申请公开分户初步评估结果及分户补偿情况亦能得达到其获取他人补偿信息的目的，而非直接要求公开他人的补偿安置协议或补偿款发放记录。

综上，房屋征收过程中相关补偿类政府信息公开范围的确定，首先要看相关法律法规是否有明确规定，已明确规定公开或公示的，应依法对申请人进行

公开。对于法律法规没有明确又涉及个人隐私的，人民法院判断是否公开，应对隐私权与公共利益进行综合衡量。若相关政府信息在一定程度上涉及他人的个人隐私，但公开其他信息亦可达到相同效果，为了保护他人个人隐私，人民法院应判决不予公开。反之，若公开其他信息不能达到相同效果，为了保证征收补偿的公开和公平，必须对该类个人隐私进行一定让渡，以消除被征收人对补偿不公平的疑虑和担心。本案根据上述审判思路，逐一分析各类常见补偿信息是否应予公开，对于规定不明的补偿安置协议，综合衡量个人隐私与公共利益的博弈，在二审改判的同时，也为当事人指明了正确的政府信息公开途径，保障了当事人主张权利的途径。

编写人：山东省德州市中级人民法院　宋冬梅

37

过程性信息和行政执法案卷信息不予公开的审查判断

——刘某诉某市人力资源和社会保障局、某省人力资源和社会保障厅政府信息公开及行政复议案

【案件基本信息】

1. 裁判书字号

江苏省南通市中级人民法院（2022）苏06行终37号行政判决书

2. 案由：政府信息公开及行政复议

3. 当事人

原告（被上诉人）：刘某

被告（上诉人）：某市人力资源和社会保障局（某市人社局）、某省人力资源和社会保障厅（某省人社厅）

【基本案情】

2021年7月16日，刘某向某市人社局提出政府信息公开申请，所需政府信息描述为："某市人社局劳动监察支队责令S集团公司为职工补缴保险的《劳动保障监察限期改正指令书》和《劳动保障监察行政处罚决定书》。"同年7月26日，某市人社局向刘某作出《政府信息公开申请答复书》并送达，该答复书的主要内容为："经检索查找，您申请公开的《劳动保障监察行政处理决定书》不存在，根据《政府信息公开条例》第三十六条第四项规定，予以告知；经审查，您申请公开的《劳动保障监察限期改正指令书》，属于本机关在履行行政管理职能过程中形成的行政执法案卷信息，根据《政府信息公开条例》第十六条第二款、第三十六条第三项规定，决定不予公开。"刘某向某省人社厅申请行政复议，某省人社厅于8月30日作出《行政复议决定书》并送达，维持某市人社局作出的《政府信息公开申请答复书》。

刘某提起行政诉讼，请求撤销某市人社局作出的《政府信息公开申请答复书》和某省人社厅作出的《行政复议决定书》，并判令某市人社局公开所申请的政府信息。

【案件焦点】

1.《劳动保障监察限期改正指令书》是否属于过程性信息；2.《劳动保障监察限期改正指令书》作为行政执法案卷信息应否公开；3.本案裁判方式如何选择。

【法院裁判要旨】

江苏省南通经济技术开发区人民法院经审理认为：针对刘某申请公开的《劳动保障监察行政处理决定书》，某市人社局答复称因用人单位自行改正，故后期未作出决定，因此没有相关信息，该解释具有合理性，因此对此项答复予以认可。针对刘某申请公开的《劳动保障监察限期改正指令书》，某市人社局答复称属于过程性信息和行政执法案卷信息，故不予公开。因某市人社局后期未作出行政处罚决定，故该限期改正指令书属于最终行为，某市人社局应当结合《政府信息公开条例》第十六条第二款、第三十七条的规定，隐去涉隐私事项后区分作出公开处理，其不予公开的理由不能成立。某省人社厅在复议时未能进行全面审查，所作维持原行政行为的行政复议决定亦不合法。

江苏省南通经济技术开发区人民法院判决如下：

一、撤销某市人社局于2021年7月26日作出的《政府信息公开申请答复书》中针对刘某申请公开"某市人社局劳动监察支队责令S集团公司为职工补缴保险的《劳动保障监察限期改正指令书》"部分的答复；

二、撤销某省人社厅于2021年8月30日作出的《行政复议决定书》；

三、责令某市人社局于判决生效之日起二十个工作日内针对刘某要求公开"某市人社局劳动监察支队责令S集团公司为职工补缴保险的《劳动保障监察限期改正指令书》"的申请重新作出答复；

四、驳回刘某的其他诉讼请求。

某市人社局、某省人社厅不服一审判决，提起上诉。江苏省南通市中级人民法院经审理认为：基于对"坚持以公开为常态、不公开为例外"原则的贯彻和对公民知情权的无漏洞保护，过程性信息和行政执法案卷信息豁免公开的范围，应不断缩小并遵循严格审查程序。在某市人社局未作出最终行政处罚决定或者撤销立案决定前提下，其向S集团公司作出的《劳动保障监察限期改正指令书》，属于对当事人权利义务具有影响的、成熟的行政行为，依法不属于过程性行为和过程性信息。某市人社局以《劳动保障监察限期改正指令书》属于行政执法案卷信息为由决定不予公开，但未说明不予公开的实质性理由，不符合《政府信息公开条例》第十六条第二款规定。同时，某市人社局未在规定期限内公布该改正指令书的主要内容，也不符合《国务院办公厅关于全面推行行政执法公示制度执法全过程记录制度重大执法决定法制审核制度的指导意见》的规定。某市人社局向刘某作出的有关《劳动保障监察限期改正指令书》不予公开的答复内容，依法应予撤销，某省人社厅所作维持原行政行为的行政复议决定，应一并撤销。鉴于《劳动保障监察限期改正指令书》存在涉及个人隐私等需要区分处理后公开的情形，一审法院判决责令某市人社局重新向刘某作出答复，于法有据。某市人社局和某省人社厅的上诉理由，均没有事实和法律依据，依法应予驳回。一审法院判决认定事实清楚、适用法律正确，程序合法，依法应予维持。

江苏省南通市中级人民法院依据《中华人民共和国行政诉讼法》第八十九条第一款第一项之规定，判决如下：

驳回上诉，维持原判。

【法官后语】

本案各方当事人对《劳动保障监察行政处罚决定书》因未制作不存在而无法公开，均不持异议，主要争议在于《劳动保障监察限期改正指令书》是否公开以及如何公开。对此，某市人社局在被诉政府信息公开答复中给出的理由说明认为，该改正指令书属于行政机关在履行职责过程中形成的行政执法案卷信息，决定不予公开。二审审理过程中，某市人社局和某省人社厅均提出意见认为，《劳动保障监察限期改正指令书》兼属过程性信息和行政执法案卷信息，行政机关可以决定不予公开，且对于行政执法案卷信息，当事人应当通过申请执法案卷查阅的方式获取，不宜通过政府信息公开的方式申请获取。上述问题，涉及对《中华人民共和国政府信息公开条例》（以下简称《政府信息公开条例》）第十六条第二款规定有关过程性信息和执法案卷信息规定的理解与适用，具体分析如下：

一、行政过程性信息的语义范围与识别方法

行政公开原则要求行政结果和行政过程的公开。《政府信息公开条例》第十六条第二款规定的“过程性信息”，属于不确定法律概念，考虑到行政过程的复杂性和多阶段、多环节等特点，为充分体现行政公开原则，需对“过程性信息”的语义范围作出限定，不宜仅以信息形成的阶段、状态作为判断的唯一标准，过程性政府信息豁免公开的范围则应不断缩小。考虑到判断是否属于过程性信息，与判断是否属于行政诉讼法上的过程性、程序性行为，具有牵连关系。因此，在疑难案件中，判断是否属于过程性信息，可以借助行政过程或者行为内容是否形成、变更或者消灭行政法律关系、进而存在公开价值，加以判断。

根据《劳动保障监察条例》第十八条第一款规定，劳动保障行政部门对于违反劳动保障法律的行为，经调查、检查后分别作出如下处理：一是应当受到行政处罚的，作出行政处罚决定；二是应当改正未改正的，作出责令改正或者相应的行政处理决定；三是情节轻微且已改正的，撤销立案。基于行政程序完整性以及结合上下文语义，该条中的“撤销立案”，应当理解为行政机关对相对人作出撤销立案的决定。同时该条例第十七条规定，实施劳动保障监察的最长办案期限为自立案之日起90个工作日。本案中，某市人社局向S集团公司作出《劳动保障监察限期改正指令书》后，在执法期限内未再作出行政处罚决定、责令改正等处理决定和撤销立案决定。某市人社局在二审中陈述意见认为，S集团公司收到限期改正指令书后已经按照要求整改，因此无须作出行政处罚决定。由此可见，在行政处理的先后顺序上，作出《劳动保障监察限期改正指令书》属于作出行政处罚决定的前续行政行为，目的在于指导、督促相对人自我纠正，而行政机关经审查认为已经改正的，可以不予行政处罚。但是，某市人社局同时没有对照条例的规定对S集团公司作出撤销立案决定，即没有对外作出具有终结行政程序功能、消灭行政法上权利义务关系的行政行为。基于《劳动保障监察限期改正指令书》在本次行政程序中表现出的外部性和最终性，以及对S集团公司事实上的处分效果，是具有权利义务影响性和成熟性的行政行为，不符合内部性、过程性、非正式性、未完成性等过程性信息特点。因此，某市人社局和某省人社厅主张该改正指令书属于过程性行为，没有事实和法律依据。

二、阅览卷宗权与政府信息知情权的区别与交叠

要求当事人通过执法案卷查阅方式获取政府信息，一般仅限于行政程序尚在进行这一特定阶段。总体而言，阅览卷宗权与政府信息知情权，分属不同权利类型并服务于不同的目的。阅览卷宗权属于行政程序的当事人所有，仅可在个案的行政程序中主张，是附属的程序权利，主要借助事后审查行政行为是否符合法定程序、是否充分保障当事人陈述申辩权，加以保障。知情权抽象地属于任何公民，只要存在政府信息即可主张，是独立的实体权利，原则上只要提

出公开申请，而不必有特别的个人利益，就具有提起诉讼的原告主体资格。鉴于行政案件的相关资料形成后就成为政府信息的一部分，成为知情权的客体，因此从行政执法程序开始到行政机关作出行政决定和程序终结，阅览卷宗权与政府信息知情权将发生重合。《最高人民法院关于审理政府信息公开行政案件若干问题的规定》第二条第四项规定："行政程序中的当事人、利害关系人以政府信息公开名义申请查阅案卷材料，行政机关告知其应当按照相关法律、法规的规定办理，公民、法人或者其他组织提起行政诉讼的，人民法院不予受理。"这一规定，将行政机关所作出的告知行为豁免审查的条件，明确限定为"行政程序中"，且考虑到行政执法案卷信息这一概念外延的不确定性，对作为限定条件的"行政程序中"，亦不宜再作扩大理解。本案某市人社局和某省人社厅均认为，对所有形成于行政执法程序的行政执法案卷信息，当事人均不宜通过政府信息公开方式获取，属于对法律和司法解释规定的不适当理解。

三、作为知情权内容的行政执法信息及其获取方式

行政程序终结后，坚持要求当事人在行政程序终结后，仍通过申请阅览卷宗方式获取行政执法信息，由于实定法上并没有一般性明确承认阅览卷宗的权利，这一权利将因缺乏必要的救济渠道而难以有效保障。如果卷宗阅览权进一步成为政府信息豁免公开的理由，还会产生当事人所获得的信息保障，反而不如案外人所获得的信息充分的法律适用后果，不符合平等原则。基于对公民知情权的无漏洞保护，在行政程序终结后，应当赋予当事人对行政执法案卷信息公开方式选择权，当事人已经以政府信息公开方式提出申请的，行政机关应当根据《政府信息公开条例》有关依申请公开的规定办理，而不宜告知当事人另行申请查阅行政执法案卷，更不宜径行答复当事人不予公开。本案中，某市人社局接到刘某投诉后，对S集团公司立案调查并作出《劳动保障监察限期改正指令书》，之后未对外作出其他行政行为。刘某作为有利害关系的投诉人，在某市人社局经过执法期限后，未了解到处理结果，可以通过政府信息公开方式申请获取这一政府信息。基于后果考量，刘某在某市人社局事实上终结劳动监察程序后提出申请，并不会对正在进行的行政执法程序造成不当侵扰。如果某

市人社局要求刘某通过查阅行政执法案卷材料的方式，重新提出申请，将会进一步增加刘某的信息获取成本和某市人社局的信息公开成本；而如果某市人社局认为刘某所申请公开的信息涉及国家秘密、商业秘密和个人隐私等不宜公开情形的，可以在政府信息公开程序中作出答复并予以说明，也无须刘某再行申请查阅行政执法案卷材料。因此，无论是从当事人知情权的正当性来源，还是从行政机关执法成本和实际后果考虑，都应当承认刘某可以通过政府信息公开方式申请获取所涉劳动保障监察执法信息。

四、相对不公开事项豁免公开与理由说明

根据《政府信息公开条例》第十六条第二款规定，过程性信息与行政执法案卷信息可以不予公开。这表明，过程性信息与行政执法案卷信息均非绝对豁免公开事项，而是赋予行政机关在个案中对是否公开以及如何公开的判断决定权。考虑到“坚持以公开为常态、不公开为例外”原则的限定作用，行政机关决定不予公开或者仅部分公开过程性信息、行政执法案卷信息的，应当说明实质性理由，以表明综合衡量了与案情相关的全部因素，而非轻率或者武断地作出决定。从事后审查的角度，人民法院只有通过行政决定中的理由说明，才能知晓行政机关考虑了哪些相关因素以及是否考虑了不相关因素，才能有效审查和评价行政行为的合法性，此即所谓“无理由则无行政行为”。本案某市人社局在被诉政府信息公开答复和一、二审审理过程中，虽然强调《劳动保障监察限期改正指令书》因属于过程性信息和行政执法案卷信息而不予公开，但始终没有说明不公开的实质性理由，而是陷入了“以结论证明结论”的循环论证，该说明理由难以令人信服。

五、裁判时机与裁判方式的选择

《政府信息公开条例》第二十二条规定：“申请公开的政府信息中含有不应当公开的内容，但是能够作区分处理的，行政机关应当向申请人提供可以公开的信息内容。”同时，《最高人民法院关于适用〈中华人民共和国行政诉讼法〉的解释》第九十一条规定：“原告请求被告履行法定职责的理由成立，被告违法拒绝履行或者无正当理由逾期不予答复的，人民法院可以根据行政诉讼法第七十二条的规定，判决被告在一定期限内依法履行原告请求的法定职责；尚需被告调查或者裁量的，应当判决被告针对原告的请求重新作出处理。”本案中，在无相反证据和规范性依据表明《劳动保障监察限期改正指令书》属于豁免公开的政府信息前提下，刘某有权依法向某市人社局申请获取该份政府信息。考虑到《劳动保障监察限期改正指令书》涉及与补缴职工保险相关的个人身份信息等个人隐私事项，对该有关内容是否公开以及如何公开，仍应由某市人社局结合其内容作出具体判断。因此，本案直接判决某市人社局向刘某公开《劳动保障监察限期改正指令书》的时机尚未成熟，因此，一、二审法院在判决部分撤销原行政行为和复议决定的同时，还责令某市人社局针对刘某的申请，对涉及个人隐私的部分进行区分处理后依法重新作出政府信息公开答复。

编写人：江苏省南通市中级人民法院　殷勤

38

申请公开政府信息答复所涉事实、理由或依据的司法判定

——姚某诉某市住房和城乡建设局政府信息公开案

【案件基本信息】

1. 裁判书字号

江苏省南通市中级人民法院（2022）苏06行终644号行政判决书

2. 案由：政府信息公开

3. 当事人

原告（上诉人）：姚某

被告（被上诉人）：某市住房和城乡建设局（以下简称某市住建局）

【基本案情】

2021 年 10 月 16 日，姚某向某市住建局提出政府信息公开申请，所需政府信息描述为“某 17 号房屋被政府没收的凭据和清单”。2021 年 11 月 8 日，某市住建局对姚某作出《政府信息公开申请答复书》，认为姚某所申请公开的政府信息属于国家秘密，决定不予公开。2021 年 11 月 10 日，姚某再次向某市住建局提出政府信息公开申请，要求公开前次申请公开的政府信息属于国家秘密的证据材料。2021 年 12 月 2 日，某市住建局对姚某作出《政府信息公开申请答复书》，主要内容为：“姚某申请公开的政府信息系某市住建局对某市私房出租改造房产档案进行定密的内部工作流程，具体是：1. 某市住建局向某省住房和城乡建设厅（以下简称某省住建厅）提出的定密申请；2. 某省住建厅的复函；3. 某市住建局党委会将某市私房出租改造房产档案定为国家秘密的决定；4. 到某市保密局办理备案登记手续。其中，第一项是某市住建局向某省住建厅提出的定密申请，决定不予公开；第二项是某省住建厅作出的复函，文件明确此件不对外公开，决定不予公开；第三项是某市住建局党委会讨论将某市私房出租改造房产档案定为国家秘密的决定，决定不予公开；第四项是某市保密局办理备案登记材料，某市住建局无此信息，建议向某市保密局咨询了解。”

姚某提起行政诉讼，请求撤销某市住建局于 2021 年 12 月 2 日作出的《政府信息公开申请答复书》，责令某市住建局重新作出政府信息公开答复。

【案件焦点】

1. 在当事人对政府信息公开申请未获支持的情况下如何寻求救济；2. 当事人能否再次提出政府信息公开申请，要求行政机关公开“不予公开”的理由和依据。

【法院裁判要旨】

江苏省南通经济技术开发区人民法院经审理认为：某市住建局经梳理姚某的政府信息申请，对“某市私房出租改造房产档案”进行定密的工作流程信息进行了分项告知，即答复中第一项至第四项信息。其中，第一项至第二项信息系某市住建局在履行行政管理职责过程中形成的请示报告等过程性信息，依法可以不予公开；第三项信息系某市住建局党委会的讨论记录，依法不属于政府信息范畴；第四项信息某市住建局未制作保存。因此，针对姚某的政府信息公开申请，某市住建局所作答复均符合政府信息公开条例的规定。

江苏省南通经济技术开发区人民法院依据《中华人民共和国行政诉讼法》第六十九条之规定，判决：

驳回姚某的诉讼请求。

姚某不服一审判决，提起上诉。江苏省南通市中级人民法院经审理认为：行政行为的事实、理由和依据是行政行为的必要组成部分，也是审查和评价行政行为是否合法的基本要素。政府信息答复与答复的事实、理由和依据，具有不可分性，申请人认为知情权未获满足的，应当通过对政府信息答复申请行政复议或者提起行政诉讼的途径解决。申请人不加限制地提出“事实之事实”“理由之理由”“依据之依据”的信息公开申请和诉讼，不符合行政行为合法性审查的制度安排，背离了政府信息公开服务不特定多数人利益的制度目的，不具有权利保护必要性，人民法院依法裁定不予立案或者驳回起诉。

本案中，针对姚某此前申请公开的“某17号房屋被政府没收的凭据和清单”，某市住建局作出政府信息答复，告知姚某所申请的政府信息属于国家秘密，决定不予公开。对于某市住建局的政府信息公开答复，姚某既可以向某市住建局提出申诉，也可以申请行政复议或者提起行政诉讼，通过某市住建局对该答复的合法性进行举证、以及复议机关、人民法院的合法性审查，认定某市住建局作出答复是否具备事实和法律依据。

根据《最高人民法院关于审理政府信息公开行政案件若干问题的规定》第二条第三项规定，公民、法人或者其他组织要求行政机关为其制作、搜集政府信息，或者对若干政府信息进行汇总、分析、加工，行政机关予以拒绝的，公民、法人或者其他组织据此提起的诉讼不属于人民法院行政诉讼的受理范围。在法律已经明确设定对政府信息公开救济途径和方式的前提下，姚某不依法对答复是否合法、所涉政府信息是否属于国家秘密、应否公开等申请审查，而另行申请公开前次政府信息答复的事实、理由和依据，实质上是以信息公开的方式要求某市住建局对前次答复是否合法作出理由说明，不符合政府信息公开中对知情权保障的法律规定，且此种申请具有明显的咨询性质。因此，姚某提起的诉讼不具有权利保护必要性。姚某的起诉不符合法定起诉条件，依法应当裁定驳回姚某的起诉。

江苏省南通市中级人民法院依据《中华人民共和国行政诉讼法》第二条、第四十九条第四项、第八十九条第一款第二项之规定，裁定如下：

一、撤销江苏省南通经济技术开发区人民法院（2022）苏0691行初558号行政判决；

二、驳回上诉人姚某的起诉。

【法官后语】

无论是政府信息公开申请中的咨询，还是政府信息答复中的理由说明，都属于尚未被政府信息公开条例所明确的例外事由。本案兼有咨询申请和理由公开两个方面的特点，可以认为属于政府信息公开案件中的“新类型”案件。法院审查的重点在于，在当事人对政府信息公开申请未获支持的情况下如何寻求救济；当事人能否再次提出政府信息公开申请，要求行政机关公开“不予公开”的事实、理由和依据。

一、作为行政行为合法性审查内容的事实、理由和依据

行政行为的事实、理由和依据是行政行为的必要组成部分，也是审查和评价行政行为是否合法的基本要素。行政行为与作出行政行为的事实、理由和依据，是整体与部分、总体与个别、形式与实质的关系，具有不可分性。基于成熟性原理和一次性解决行政争议的需要，在行政行为本身可争议、可救济的前提下，原则上禁止再对行政行为的事实、理由和依据等另行拆分进行争议和救济。当事人对行政行为不服，即为对行政行为的事实、理由和依据不服；对行政行为的事实、理由和依据不服，亦为对行政行为不服；对行政行为的事实、理由和依据的审查，就是对行政行为的合法性进行审查。对此，《中华人民共和国行政诉讼法》第三十四条第一款规定，被告对作出的行政行为负有举证责

任，应当提供作出该行政行为的证据和所依据的规范性文件；第六十九条规定，行政行为证据确凿，适用法律、法规正确，符合法定程序的，或者原告申请被告履行法定职责或者给付义务理由不成立的，人民法院判决驳回原告的诉讼请求；第七十条还规定了撤销或者部分撤销行政行为的六个方面的具体理由。可见，在现行行政诉讼制度框架下，当事人对行政行为的事实、理由和依据不予认可的，应通过针对行政行为本身的审查程序直接获得法律上的救济。

二、政府信息公开诉讼中的答复行为及其事实、理由和依据

公民、法人或者其他组织依照政府信息公开条例的规定，有权向行政机关申请获取政府信息，对行政机关作出政府信息答复行为不服的，亦有权依法获得救济。但是，政府信息公开条例所设定的救济方式，是对行政机关所作政府信息答复行为是否合法的审查，同时必然也会涉及对答复的事实、理由和依据的审查。然而，基于行政效能原则，现行法律规范并未直接赋予申请人可以就政府信息答复的事实、理由和依据，再行向行政机关提出新一轮政府信息公开申请之权利，更不允许申请人对"事实之事实""理由之理由""依据之依据"反复、循环申请政府信息公开。对此，《政府信息公开条例》第五十一条规定，公民、法人或者其他组织认为行政机关在政府信息公开工作中侵犯其合法权益的，可以向上一级行政机关或者政府信息公开工作主管部门投诉、举报，也可以依法申请行政复议或者提起行政诉讼。《最高人民法院关于审理政府信息公开行政案件若干问题的规定》第五条第一款规定，被告拒绝向原告提供政府信息的，应当对拒绝的根据以及履行法定告知和说明理由义务的情况举证；第十二条第一项进一步规定，不属于政府信息、政府信息不存在、依法属于不予公开范围或者依法不属于被告公开的，被告已经履行法定告知或者说明理由义务的，人民法院应当判决驳回原告的诉讼请求。

三、再次申请公开政府信息答复的事实、理由或依据的处理

申请人针对行政机关已经作出的政府信息答复，再次申请行政机关公开答复的事实、理由和依据等事项，实质是将政府信息公开程序置换为对答复行为不满的合法性质疑程序，将行政行为的事实、理由和依据与行政行为本身"切

割分离”，既不符合行政诉讼对行政行为合法性审查的制度安排，也背离了政府信息公开服务于知情权保障和不特定多数人利益的制度目的。一方面，公民知情权与公民参政议政的政治民主权利密切相关，政府信息公开行政程序和政府信息公开诉讼虽由私人提出，但同时也服务于公共利益。如果申请人不依法行使政府信息公开申请权和行政诉权，不仅其自身的合法权益难以获得有效保障，对公共利益而言，亦有所减损，因此需慎之又慎。申请人申请政府信息公开的目的，应在于获得政府信息本身，即申请人应正当行使知情权，依法理性提出政府信息公开申请，并依法寻求救济，而不能将信息公开申请和信息公开诉讼作为表达私人不满甚至给行政机关制造工作负担和障碍的工具。另一方面，允许当事人将行政行为的事实、理由和依据视为一个新的行政行为单独寻求救济，突破了现有的行政行为合法性审查框架，将使同一行政行为以及行政行为的不同组成部分面临被重复评价、反复评价的风险，不仅将严重影响行政行为自身的稳定性，而且偏离了以行政行为为中心的行政诉讼制度。

《中华人民共和国行政诉讼法》《中华人民共和国政府信息公开条例》及《最高人民法院关于审理政府信息公开行政案件若干问题的规定》对信息公开行政诉讼权利保护必要性设定的标准有二：一是保护申请人获取政府信息的正当权利；二是个别申请不得过分占用司法、行政资源。如果允许申请人可以不加限制、任意申请行政机关再行公开政府信息答复的事实、理由和依据等事项，允许申请人“滚雪球”般一而再、再而三、无节制地反复提出申请，无异于将政府信息公开申请的链条无限制地向后延伸，必将极大浪费有限的公共资源，进而与《中华人民共和国政府信息公开条例》“保障公民、法人和其他组织依法获取政府信息，提高政府工作的透明度，建设法治政府，充分发挥政府信息对人民群众生产、生活和经济社会活动的服务作用”的目的背道而驰。

编写人：江苏省南通市中级人民法院　黄静波　王博然

七、行政协议

39

非因公共利益严重受损或国家政策发生重大调整，行政机关不得单方变更行政协议

——食品公司诉某镇人民政府单方变更行政协议案

【案件基本信息】

1. 裁判书字号

广东省珠海市中级人民法院（2022）粤04行终57号行政判决书

2. 案由：单方变更行政协议

3. 当事人

原告（被上诉人）：食品公司

被告（上诉人）：某镇人民政府（以下简称某镇政府）

【基本案情】

某镇政府依据某区政府于2013年11月22日作出《××河“一河两岸”交通水利项目国有土地上房屋征收决定书》，确定食品公司名下801003-2地块及食品公司方用地红线外但属于食品公司方出资建设的码头属于征收范围内。2016年9月10日，某市住房和城乡规划建设局某规划分局给某区“一河两岸”办的函件明确：“我分局建议尊重历史情况，按商住功能评估上述用地及报建

建筑。因该用地未完善转功能相关手续，建议一并核准其计补地价情况。”

2017 年 7 月 14 日，某镇政府和食品公司签订了《国有土地上房屋及青苗附着物协议收回补偿协议书》，约定“补偿总金额为人民币 88709906.00 元”。某镇政府向食品公司支付了部分补偿款人民币 35483962.40 元，双方在实际计算补偿款中已经扣除了相应的应该补缴的转变土地功能的地价款。

2019 年，某市审计局经核查认为，某区政府未经严格审查及论证，将工业用地上房屋按商住、办公及住宅进行评估补偿，比实际多付补偿款约 6692.97 万元，要求重新协商征收补偿方案，并追回多给付的征收补偿款。故，某镇政府于 2021 年 2 月 4 日作出《行政决定书》，决定收回其给食品公司的补偿款人民币 13706502.74 元。食品公司不服，提起行政诉讼，请求法院：撤销被诉行政决定书。

【案件焦点】

《补偿协议书》相关条款是否属于无效或严重损害公共利益的情形。

【法院裁判要旨】

广东省珠海市金湾区人民法院经审理认为：本案属于行政协议纠纷，某镇政府主张《补偿协议书》相关条款无效，并作出被诉行政决定收回补偿款，实际上是通过行使行政优益权单方变更行政协议。故，本案的争议焦点在于《补偿协议书》相关条款是否属于无效或严重损害公共利益的情形。行政协议作为一类特殊类型的行政行为，对行政协议效力的判断首先应当适用行政诉讼法关于无效行政行为的规定，即依照《中华人民共和国行政诉讼法》第七十五条规定的“重大且明显违法”标准进行严格判定。本案中，案涉地块上四栋房屋按住宅、商业及办公功能进行评估补偿，具有事实依据：经原某区规划局及原某县人民政府同意，涉案土地范围内建筑按商住楼手续报建；在民事案件执行程序中，法院对涉案四栋建筑按商铺和住宅予以评估，并裁定变卖给食品公司；食品公司多次申请土地功能变更未果系因为“一河两岸”政策未实质落地，相关土地功能变更手续被冻结；几份政府公文均建议尊重历史情况，按商住功能评估案涉用地及报建建筑。某镇政府根据前述事实，与食品公司签订《补偿协议书》，并在补偿款中扣除了相应转变土地功能的地价款，相关条款符合客观、公平的补偿原则，未违反法律法规的强制性规定，显然不属于“重大且明显违法”的情形，某镇政府理应履行协议约定的义务。

《最高人民法院关于审理行政协议案件若干问题的规定》第十六条第一款规定：“在履行行政协议过程中，可能出现严重损害国家利益、社会公共利益的情形，被告作出变更、解除协议的行政行为后，原告请求撤销该行为，人民法院经审理认为该行为合法的，判决驳回原告诉讼请求；给原告造成损失的，判决被告予以补偿。”据此，维护公共利益和实现行政管理目标是缔结和履行行政协议的根本目的，也是行政优益权行使的基本要求。非因公共利益严重受损，或者国家政策发生重大调整，协议各方均应按照协议予以履行，行政机关不得单方变更、解除协议；同时，也要根据保护相对人信赖利益、诚实信用、意思自治等基本原则进行利益衡量。具体到本案中，某镇政府主张补偿款来源于公共财政，多支付补偿款会使公共利益受损。对此，本院认为，对于政府而言，《补偿协议书》的签订包含了保障××河“一河两岸”交通水利项目顺利推进、促进某区经济和社会发展等多种目的，协议带来的诸多效应难以用金钱衡量，不能以金钱数额的计算替代公共利益的判断，即不能仅以增加财政支出或者没有盈利为由行使行政优益权。某镇政府在实施征收补偿安置工作时处于主导地位，签订协议前充分征求了相关职能部门意见并经区政府议定，完全知悉涉案建筑的历史情况。涉案房屋按住宅、商业及办公功能进行评估补偿具有事实依据，食品公司的合法权益依法应当予以保护。涉案征收补偿协议书已履行逾三年，现某镇政府单方作出被诉行政决定，收回支付给食品公司的补偿款人民币13706502.74元，违反了诚实信用原则和协议约定的义务，损害了行政相对人的信赖利益。

广东省珠海市金湾区人民法院依照《中华人民共和国行政诉讼法》第七十条第一款第六项之规定，判决如下：

撤销某镇人民政府作出的《行政决定书》。

某镇政府不服一审判决，提起上诉。广东省珠海市中级人民法院同意一审法院裁判意见。

广东省珠海市中级人民法院依照《中华人民共和国行政诉讼法》第八十九条第一款第一项之规定，判决如下：

驳回上诉，维持原判。

【法官后语】

行政协议是现代行政管理活动的新方式，通过行政机关与公民、法人或者其他组织协商签订的协议，在行使行政管理职权、履行行政管理职责的过程中实现国家利益和社会公共利益。对于行政协议，《中共中央、国务院关于完善产权保护制度依法保护产权的意见》突出强调了要“完善政府守信践诺机制”“大力推进法治政府和政务诚信建设，地方各级政府及有关部门要严格兑现向社会及行政相对人作出的政策承诺，认真履行在招商引资、政府与社会资本合作等活动中与投资主体依法签订的各类合同，不得以政府换届、领导更替等理由违约毁约，因违约毁约侵犯合法权益的，要承担法律和经济责任”。因此，人民法院对行政协议案件中行政机关行使行政优益权单方面变更协议的审理更应当审慎，明晰审判规则，有力辅助政府推动“放管服”改革，改善营商环境，推动社会主义市场经济更有效率、更加公平、更可持续发展。

审理行政机关单方变更行政协议的案件，必须明确维护公共利益和实现行政管理目标既是缔结和履行行政协议的根本目的，也是行政优益权行使的基本要求。非因公共利益严重受损，或者国家政策发生重大调整，协议各方均应按照协议予以履行，行政机关不得单方变更、解除协议；同时，也要根据保护相对人信赖利益、诚实信用、意思自治等基本原则进行利益衡量。

一、行政优益权的正确行使

行政优益权，是指为实现行政管理或者公共服务目的、保护公共利益，行政机关所具有的超越合同约束的特别权力。行政机关行使行政优益权需要合理规范。订立行政协议的目的是实现特定的行政管理目标或者公共服务目的，所以必须对行政协议的实施予以保障，其中重要的一环是对行政机关的行政优益权给予保障。对行政优益权进行保障，要求行政机关在合法行使优益权的同时不损害行政协议相对人的合法权益。

笔者认为，对行政优益权的审查应当关注以下方面：第一，行政机关行使行政优益权的权限。即订立合同的机关是否具有法律法规的授权，是否越权。第二，行政机关在行使行政优益权时是否遵循了相关的法律程序。对行政优益权的合理性审查包括对行政优益权行使的必要性和行政优益权的界限两个方面进行审查。考量标准包括以下几个方面：（1）如果不行使行政优益权公共利益是否将会遭受重大损失；（2）行政优益权的行使是否违反了信赖利益保护原则，是否履行了自身的法定职责或承诺、约定；（3）行使行政优益权是否违背了自由平等原则而将行政协议变为行政命令；（4）对情势变更的考量。情势变更是否发生于行政协议订立之后，在行政协议订立时双方是否均无法预料，情势变更是否涉及行政协议基础的根本改变，行政协议一方是否可能遭受重大损失；（5）行政机关是否存在不诚信的现象，是否导致行政协议相对人利益受损或行政协议无法履行。

二、行政行为需遵循诚实信用原则

诚实信用原则主要是指信赖保护，信赖保护是私法的诚实信用原则引入行政法后确立的原则，是指非因法定事由并经法定程序，行政机关不得撤销、变更已经生效的行政决定。行政行为生效后产生法律上的效力，社会公众基于对行政机关权威的尊重和信赖，将根据已经生效的行政行为来处分自己的权利，安排自己的生产生活，从而使整个社会达到和谐稳定、井然有序的良好状态。如果行政机关不能保证行政行为的稳定性、可预期性，随意地朝令夕改，将会导致行政行为的相对人和其他社会公众无所适从，从而引发社会秩序的混乱。

每一个行政机关均具有自我纠错的法定职权。但是，纠错的前提是必须有事实根据，遵守法定程序，依法进行，不能出尔反尔，违背诚实信用原则。国务院《全面推进依法行政实施纲要》要求行政机关依法行政是必须遵守诚实守信原则。即非因法定事由并经法定程序，行政机关不得撤销、变更已经作出并生效的行政决定。对历史遗留问题的处理，行政机关应当本着实事求是、尊重历史，符合现实的原则，本着保持谦抑、格外谨慎、有利于当事人的态度，依法作出客观、公正处理，切忌出尔反尔，来回“翻烧饼”。

编写人：广东省珠海市金湾区人民法院 程怡 龚靖媛

40

国有土地使用权收购合同系行政协议

——技术发展公司诉某市规划和自然资源委员会某区分局未按约定履行国有土地使用权收购合同案

【案件基本信息】

1. 裁判书字号

北京市第三中级人民法院（2022）京03行终868号行政判决书

2. 案由：未按约定履行国有土地使用权收购合同

3. 当事人

原告（上诉人）：技术发展公司

被告（被上诉人）：某市规划和自然资源委员会某区分局（以下简称某市规自委某区分局）

第三人：经纪公司

【基本案情】

经纪公司是涉案地块的土地使用者，取得《国有土地使用证》，用途为工业。技术发展公司系经纪公司持股20%的股东。

2018年12月25日，原北京市土地整理储备中心某区分中心（以下简称原土储某区分中心）（甲方）与经纪公司（乙方）签订《某市国有土地使用权收购合同》（简称《收购合同》），约定甲方收购乙方涉案土地，未按约支付补偿款则应支付违约金。合同第四条约定：土地入市交易完成返还甲方项目成本后30个工作日内，甲方向乙方支付全部收购补偿款。

2019年3月8日，经纪公司完成土地权属注销，2019年6月11日，经纪公司与原土储某区分中心等签订《政府储备土地交接单》，涉案地块完成政府储备工作。2019年6月28日，北京市某区人民政府（简称某区政府）向北京市规划和自然资源委员会发送《北京市某区人民政府关于涉案地块土地开发成本有关事宜的函》，载明：建议某区涉案地块按照招拍挂方式供应；本次提请审核地块拟于2019年第3季度供应。2021年8月26日，技术发展公司致函经纪公司催告该公司与原土储某区分中心沟通，即时启动土地入市供应工作或采取其他救济措施，否则其将以股东身份代行相关职能。同年9月17日，经纪公司复函称现已完成入市前置工作，正积极配合相关工作，来函相关内容不属于其工作权限范围。

经纪公司一审出具情况说明，认为其不应作为案件第三人。某市规自委某区分局一审出具情况说明，拟将该宗地全部纳入限制建设区，待批复后同步落实入市，涉案地块暂不具备入市条件，原土储某区分中心还需开展相关工作。另查，该中心相关职能已并入北京市某区规划和自然资源综合事务中心。技术发展公司提起一审诉讼，请求某市规自委某区分局立即履行《收购合同》约定的付款义务，向经纪公司支付土地补偿款并以此款额为基数支付2019年7月1日起至实际支付之日止的违约金，案件受理费由某市规自委某区分局负担。

【案件焦点】

1. 涉案《收购合同》是否属于行政协议；2. 技术发展公司是否有权提起本案之诉；3. 技术发展公司要求某市规自委某区分局立即向经纪公司支付土地收购补偿款及违约金的主张是否具有法律依据。

【法院裁判要旨】

北京市怀柔区人民法院经审理认为：原土储某区分中心隶属于某市规自委某区分局，负责土地储备具体实施工作，《收购合同》是其代表政府调控土地市场的行政管理行为，符合行政协议特征，合法有效，因此可以提起行政诉讼。

《中华人民共和国公司法》第一百四十九条、第一百五十一条赋予股东维护公司利益的起诉权，且并未将股东代表诉讼限制在民事诉讼范围内。技术发展公司诉前已致函经纪公司，且该公司回函表示不属于其工作权限范围。该公司亦不同意技术发展公司关于其怠于履行合同的相关说法，认为《收购合同》尚在正常履行中，合同完成条件尚未成就，故，技术发展公司有权依《中华人民共和国公司法》第一百五十一条第三款提起本案之诉。

如合同双方经充分磋商，并明确约定一方合同义务的履行以合同外其他主体向其履行的行为作为前置条件时，应将此类条款理解为附条件条款。因为合同双方已明确表明一方履行行为需待他人向其履行完毕作为前置条件，该类条款不应再被理解为附期限条款。因土地交易完成和返还成本，具有不确定性，《收购合同》第四条应理解为附条件条款。合同签订时未违背一方真实意思表示且主合同义务履行条件尚未成就。某市规自委某区分局一直积极推进涉案土地入市，未支付土地补偿金并未违约，不应承担违约责任。

原土储某区分中心负责土地储备具体实施，考虑到储备土地供应所需时间，其与经纪公司约定付款不属于格式条款而应予无效。涉案土地入市交易属于过程性行为，双方订立合同时应充分考虑，土地规划因素是正常缔约风险，“不属于不能预见、不属于商业风险的重大变化”。如果将给付条件变更为立即付款，对缔约各方均不公平。

北京市怀柔区人民法院依照《中华人民共和国行政诉讼法》第六十九条，《最高人民法院关于适用〈中华人民共和国行政诉讼法〉的解释》第七十九条第二款，《中华人民共和国公司法》第一百四十九条、第一百五十一条之规定，判决如下：

驳回技术发展公司的诉讼请求。

技术发展公司不服一审判决，提起上诉。北京市第三中级人民法院同意一审法院裁判意见。

北京市第三中级人民法院依照《中华人民共和国行政诉讼法》第八十九条

第一款第一项之规定，判决如下：

驳回上诉，维持一审判决。

【法官后语】

一、行政协议性质的认定

（一）行政协议认定的本质要素

行政协议认定标准应综合把握。行政机关作出单方行政行为是以具备法定职权为依据，故作为对单方行政行为的替代，行政协议内容要素中最具决定性意义的是“是否行使行政职权、履行行政职责”这一本质要素，而目的要素则是判断本质要素时法律依据不充足的辅助要素。行政机关达成协议必须在其自由裁量权范围内，若行政主体一方不具备相应行政职权，即不具备履行协议能力；当然即便具备相应行政职权，但若并无实现行政管理或公共服务的目标，那么也不能认定为行政协议，因为公益目的是行使行政优益权时的价值所在。

（二）涉案《收购合同》属于行政协议

《中华人民共和国土地管理法》第五十八条规定土地行政主管部门经过人民政府批准，具有上述行政职权。《收购合同》系原土储某区分中心按照某区人民政府批示和会议纪要文件精神与经纪公司签订，而该中心隶属于某市规自委某区分局，故，签订《收购合同》应视为某市规自委某区分局行使行政职权，因此，《收购合同》的签订主体并非平等民事主体，签订一方虽是原土储某区分中心，但法律责任归属者及本案适格被告应为某市规自委某区分局。且《收购合同》符合行政协议的全部要素，特别是本质要素，故应认定为行政协议。

二、行政协议纠纷中股东代表诉讼的适用

（一）股东代表诉讼适用于行政协议纠纷

严格依据合同相对性原则，则公司股东一般无法绕过公司提起合同之诉，而“与行政行为有利害关系”是认定行政诉讼原告主体资格的合理标准，故根据公司法相关原理，公司股东一般不具备提起行政诉讼的原告主体资格。但《中华人民共和国公司法》（2023年修订）第一百八十九条赋予了股东维护公司利益的起诉权，规定了股东代表诉讼及其条件和程序。其中“他人”并未明确限定为民商事交易主体。故，公司股东亦有权提起行政诉讼。

（二）提起股东代表诉讼的条件

首先，《中华人民共和国公司法》（2023年修订）对股份有限公司提起股东代表诉讼的股东资格通过持股比例及时间进行限制。其次，股东必须在诉前用尽公司内部救济。技术发展公司系经纪公司持股20%的股东，具备提起股东代表诉讼的股东资格，且其诉前已书面致函经纪公司提出明确要求，经纪公司的回函及一审时出具的情况说明等已表明其不会就涉案合同履行对某市规自委某区分局提起诉讼。因此，技术发展公司诉前就已用尽公司内部救济，有权提起股东代表诉讼。

三、合同权利在行政协议中的适用

（一）合同义务履行附条件条款的辨析、适用

根据《中华人民共和国民法典》第一百五十八条、第一百六十条及第一百四十二条第一款，附条件和附期限既可以对应合同效力，也可以对应合同履行；对履行某项义务附加特定内容如何定性，应探究合同主体在缔约时的真实意思表示，即按照所使用的词句，结合签订合同的目的和动机等，确定意思表示的含义。本案合同双方基于对交易主体、交易过程的客观认识，充分考虑相关各方权利义务，不违背双方真实意思，该约定亦不涉及合同效力本身，且不违反法律、行政法规强制性规定，应认定为合同主体存在“只有附加的特定内容实现时，才应当履行义务”的合意，属于合同义务履行的附条件条款而非对履行期限约定不明、协商不成，债权人可以随时要求履行的条款。

（二）行政协议中的情势变更

《中华人民共和国民法典》第五百三十三条规定首次以法律的形式确立了情势变更制度。基于法律行为基础理论的普适性，该原则同样适用于行政协议领域，判断是否适用的标准关键在于“无法预见的、不属于商业风险的重大变化”以及“明显不公平”的衡量。根据合同内容，涉案土地入市交易这一条件属于过程性行为，土地规划因素是正常缔约风险，双方订立合同时应充分考虑，

且继续履行合同不会导致利益显著失衡。即使存在“情势变更”，也不构成土地补偿款立即给付的基础性条件，而是涉及涉案合同是否应继续履行或者应否解除。

编写人：北京市第三中级人民法院　董巍　秦翠

41

行政协议履约事实的推定及未按约定履行补偿协议利息损失的确定

——陆某诉某区住房和建设局未按约定履行房屋征收与补偿协议案

【案件基本信息】

1. 裁判书字号

江苏省南京市中级人民法院（2022）苏01行终278号行政判决书

2. 案由：未按约定履行房屋征收与补偿协议

3. 当事人

原告（被上诉人）：陆某

被告（上诉人）：某区住房和建设局（以下简称某区住建局）

【基本案情】

2016年4月26日，陆某（乙方）与原某市某区房屋征收管理办公室（以下简称原某区征收办）（甲方）签订《某市国有土地上房屋征收与补偿协议》（以下简称涉案征收补偿协议），该协议第六条规定，乙方同意于2016年5月4日将被征收房屋搬迁完毕交由甲方；第九条规定，协议当事方有告知义务，告知义务以协议记载内容为准。同日，陆某将房屋产权证交给原某区征收办，原某区征收办出具收件单。2020年4月26日，某区住建局将付款清单、拆迁协议书以及签发日期为 2016 年 6 月 22 日的活期存折交给陆某。原某区征收办出具的付款清单载明：项目名称为某镇（某路以东）城中村危旧房改造项目；门牌号为某街 7-6 号；产权人或承租人为陆某；合计 409019 元，领款人陆某签字确认。经查明，2020 年 1 月 8 日，某市某区人民政府作出批复，同意某区住建局成立某区住房和建设局征收办公室，具体承担全区国有土地上房屋征收与补偿工作。另查明，2016 年 6 月 22 日，户名为陆某的《某市城市房屋拆迁补偿款证实书》上，开户时存入 409019 元。同日，甲银行签发了陆某的某市城市房屋拆迁补偿款证实书存折一张，该存折显示 2016 年 6 月 22 日存入 409019 元，并陆续产生利息。2020 年 8 月 27 日乙银行客户回单显示：交易时间：2020 年 8 月 27 日；户名为陆某；存入日期 2016 年 6 月 23 日；支取本金 50000 元；支取利息 4087.46 元；本息合计 54087.46 元。陆某认为某区住建局擅自扣留其存折，侵害了其合法财产权益，请求原审法院：判令某区住建局向陆某支付利息损失 75099.66 元（以 459019 元为基数，按照 LPR 计算，从 2016 年 6 月 22 日计至 2020 年 4 月 26 日，合计 83099.66 元，减去活期利息约 8000 元）。

【案件焦点】

1. 某区住建局是否构成违约；2. 未按约定履行补偿协议的利息损失应该如何计算。

【法院裁判要旨】

江苏省南京江北新区人民法院经审理认为：根据《最高人民法院关于审理行政协议案件若干问题的规定》第二十七条规定，《中华人民共和国民法典》第一百三十六条、第四百六十五条规定，人民法院审理行政协议案件，可以参照适用民事法律规范关于民事合同的相关规定，涉案征收补偿协议系陆某、某区住建局双方依法缔结的行政协议，合法有效，双方应当按照涉案征收补偿协议的约定履行各自的义务。涉案征收补偿协议中约定于 2016 年 5 月 4 日前，陆某将涉案房屋搬迁完毕交由某区住建局。后陆某主动通过电话告知某区住建局其已将房屋搬空，履行了《涉案征收补偿协议》第九条规定的义务。某区住建局称，其接到告知电话后，通过实地查看发现陆某房屋内堆有物品，后通过社区联系陆某。但陆某亦称无人与其联系。某区住建局并未提交相关证据予以证明。故，应当认定某区住建局的上述做法未履行协议要求的告知义务，应当承担不利后果，同时认定陆某自 2016 年 4 月 26 日已实际交付涉案房屋。2020 年 4 月 26 日，某区住建局才将付款清单、拆迁协议书以及签发日期为 2016 年 6 月 22 日的活期存折交给陆某，故应当支持陆某主张的利息损失。但陆某主张的本金基数及利息计算方式不当，不予支持。

江苏省南京江北新区人民法院依照《最高人民法院关于审理行政协议案件若干问题的规定》第二十七条，《中华人民共和国行政诉讼法》第六条、第七十八条第一款，《中华人民共和国民法典》第一百三十六条、第四百六十五条之规定，判决如下：

某区住建局于原审判决生效之日起十五日内向陆某支付利息损失人民币 49559.65 元（其间自 2016 年 6 月 22 日起至 2020 年 4 月 26 日止，以 409019 元为基数，按照 2016 年三年至五年期银行存款基准利率 3.15%计算，共计 1404 天，即 409019×3.15%×1/365×1404=49559.65）。

某区住建局不服一审判决，提起上诉。江苏省南京市中级人民法院同意一审法院裁判意见。但由于涉案房屋补偿款 409019 元已于 2016 年 6 月 22 日打入陆某存折，且期间产生了相应的活期利息，故应将相应活期利息予以扣除。按照陆某存折的显示，利息合计 4813.86 元。综上，上诉人某区住建局给被上诉人陆某造成的损失为 409019×3.15%×1/365×1404-4813.86=44745.79 元。

江苏省南京市中级人民法院依照《中华人民共和国行政诉讼法》第八十九条第一款第二项之规定，判决如下：

变更江苏省南京江北新区人民法院于 2021 年 12 月 23 日作出的（2021）苏 0192 行初 607 号行政判决为某区住房和建设局于本审判决生效之日起十五日内向陆某支付利息损失人民币 44745.79 元。

【法官后语】

行政协议兼具行政性和协议性，其协议性要求行政机关和行政相对人约定的权利义务必须得到遵守和履行，这也是行政法原理所体现的全面履行原则的应有之义。本案中，应首先依照行政法律法规对行政协议进行合法性审查，其次参照《中华人民共和国民法典》中关于合同成立、有效的规定，对行政协议的协议性部分进行审查。本案中，行政协议依法有效。重点在于审查协议双方是否按约定履行协议，以及未按协议约定履行损失的确定。

一、关于协议双方是否按约定履行协议的审查

在协议依法有效的前提下，应当审查协议中关于双方权利义务具体内容的约定及其实现方式（履约方式）是否明确，难点在于协议中履约方式约定不明时的处理。由于行政协议的特殊性，在出现协议履行方式约定不明时，应根据协议中的有效约定、行政机关的职责、一般人的通常理解、协议双方已实施的客观行为、交付惯例等方面，认定履约方是否存在履约的意思表示，以及履约的方式是否能为一般理性人所接受。

首先，如何认定陆某的交房时间。本案中，虽然涉案征收补偿协议未对涉案房屋交付标准作出明确约定，但通过签订合同已约定交房条款、陆某不居住在涉案房屋内，可以认定陆某存在履约意思；结合证件交收情况以及陆某电话通知征收工作人员已腾退等因素，可以认定履约方式能够为一般理性人所接受。故，可以认定交房日期为2016年4月26日。

其次，如何判断补偿款应当支付的时间。一是可以将客观条件业已具备的时间点拟推定为应当支付的时间。本案中，在陆某已按协议约定于2016年4月26日交付房屋，且征收部门已于2016年6月22日为陆某开立南京市城市房屋拆迁补偿款证实书账户，并按协议约定存入409019元的情况下，陆某已履行协议义务，征收部门已具备履行支付补偿义务的客观条件。二是对拟推定时间进行合理性考量。行政补偿，是指行政主体合法行使行政权力的行为损害了行政相对人的合法权益，或行政相对人为公共利益而使自己的合法权益受到损害时，国家弥补行政相对人损失的一种给付救济。征收部门支付补偿款作为救济的主要方式，应当遵循权利救济的基本原则，包含侵害必有救济、及时救济、充分救济等。征收部门于2个月内已为陆某开立账户并存入补偿款，考虑一般行政

效率因素，认定征收部门应于2016年6月22日将补偿款支付给陆某，并无不当。

二、未按协议约定履行损失的确定

（一）违约责任与赔偿责任的关系

在民事领域，违约责任是合同责任中一种重要的形式，违约责任不同于无效合同的后果，违约责任的成立是以有效的合同存在为前提的。《中华人民共和国行政诉讼法》第七十八条的规定借鉴自当时有效的《中华人民共和国合同法》第一百零七条“当事人一方不履行合同义务或者履行合同义务不符合约定的，应当承担继续履行、采取补救措施或者赔偿损失等违约责任”关于违约责任的规定，行政机关依照该条款承担的法律责任类似于违约责任，即责任产生于对履行义务的违反。因此，行政机关不履行或不依约履行行政协议所承担的赔偿责任，可称之为违约赔偿责任。并且，行政协议未约定违约责任并不能成为行政机关不承担违约赔偿责任的理由，人民法院应当在查明案件事实的基础上，依法判令行政机关承担逾期履行期间的违约赔偿责任。

（二）损失的确定

1. 损失的范围。行政赔偿损失主要考虑直接损失。虽然这种基于合同法和合同约定形成的行政机关违约责任以致赔偿责任，与行政机关因行政行为违法而产生的国家赔偿责任并不完全相同。在国家赔偿法上，责任产生于对法定职权的违反，即赔偿因违法行使职权给当事人人身、财产权益造成的损失。行政协议案件的赔偿责任实质是行政协议行为侵权的国家赔偿责任与行政协议违约责任的法律竞合。但《最高人民法院关于审理行政赔偿案件若干问题的规定》第二十九条已明确了存款利息、贷款利息、现金利息属于直接损失。

2. 损失的计算标准。按照《最高人民法院关于审理行政赔偿案件若干问题的规定》第二十九条的规定，存款利息、贷款利息、现金利息属于国家赔偿法第三十六规定的直接损失。而相关利息，以何种利率加以确定，直接影响当事人的权益。本案中，虽然某区住建局已于2016年6月22日将补偿款打入以陆某为户名的存折账户，且该账户产生的活期利息已归陆某所有，但由于某区住建局过分延迟交付存折，导致陆某长达5年未拿到补偿款，如果这时仅以存折中产生的活期利息计算损失，则有失公平。从督促行政机关依法及时支付补偿款，保护被征收人的合法权益角度出发，认定自2016年6月22日至交付之日的定期存款利息为陆某的损失，更加合理。

编写人：江苏省南京市中级人民法院　王玉刚　葛明秀

42

涉无权处分房屋征收补偿协议的效力认定

——陈某3诉某区人民政府房屋征收办公室房屋征收补偿协议案

【案件基本信息】

1. 裁判书字号

北京市第一中级人民法院（2022）京01行终109号行政判决书

2. 案由：房屋征收补偿协议

3. 当事人

原告（上诉人）：陈某3

被告（被上诉人）：某区人民政府房屋征收办公室（以下简称某区征收办）

第三人：（被上诉人）：陈甲、陈某2

第三人：陈某1

【基本案情】

陈某1、陈某2和陈某3均认可，陈某某与杨某某系夫妻关系，共生育三名子女，即陈某1、陈某2和陈某3。陈某某和杨某某二人的父母均已去世，陈某某亦已去世。陈甲系陈某2之女。

2017年7月11日，某区征收办作为委托人，北京市某区房屋征收事务中心（以下简称某区征收中心）作为受托人，双方签订了《授权委托书》。其中委托事项：某区征收办委托某区征收中心代为承担涉案项目房屋征收与补偿的具体工作。授权范围：委托事项包括入户调查登记；送达相关文书材料；与被征收人签署房屋征收补偿协议以及补充协议；代为履行房屋征收补偿协议项下义务等事项。授权期限自某区人民政府通知启动涉案项目房屋征收前期准备工作之日起至该项目全部房屋征收与补偿工作完成之日止。

2017 年 8 月，在房屋征收部门对涉案项目进行房屋征收前期准备工作的入户调查中，陈某 2 主张其全家在北京市某区 32 号的房屋（以下简称涉案房屋）内实际居住，并向房屋征收部门提交了没有标题且落款日期为 1998 年 9 月 17 日的协议书，“立书人”处有“杨某某”的签字以及相关子女及公证人的签字。杨某某出具授权委托书，委托陈某 2 办理房屋征收补偿事宜。2017 年年底，杨某某、陈甲、陈某 2 作为被征收人，与房屋征收单位签订协议，并取得了涉案房屋及补偿款。陈某 3 于 2021 年诉至一审法院，请求撤销涉案房屋征收补偿协议。

另，（2019）京 0102 民特 3062 号《民事判决书》确认杨某某为无民事行为能力人。（2020）京 0102 民特 774 号《民事判决书》指定陈某 3、陈某 2 为杨某某的监护人。2020 年 10 月，杨某某死亡。

【案件焦点】

1. 作为协议外当事人，陈某 3 与被诉房屋征收补偿协议是否具有利害关系；2. 如果存在无权处分的情形，被诉房屋征收补偿协议的效力应当如何认定。

【法院裁判要旨】

北京市石景山区人民法院经审理认为：根据《国有土地上房屋征收与补偿条例》的相关规定，某区征收办作为本区人民政府房屋征收部门，具有组织实施本行政区域内的房屋征收与补偿工作的法定职责。在涉案项目启动之前，某区征收办已通过在报纸上刊登《权利申报公告》的方式，向社会公众告知及时就涉案项目范围内的房屋权属申报权利。但陈某3及陈某1均未向房屋征收部门就涉案房屋申报权利。在房屋征收部门组织的入户调查过程中，陈某2向房屋征收部门提交了落款日期为1998年9月17日的协议书，该协议在有“杨某某”“陈某1”“陈某3”和“陈某2”签字的情况下，已明确约定了涉案房屋由陈某2继承。虽然该协议书中包含“此三处住房在我百年之后按以上方案继承”的内容，但同时该协议书中还包含“如遇拆迁，一切经济及住房补偿归各自继承人所有。我对三处住房改造、新建与拆迁后的新房均享有居住和使用权”的内容，且杨某某在房屋征收部门工作人员面前不仅没有对该协议书内容和效力提出异议，而且为陈某2亲笔出具了办理涉案房屋征收补偿事宜的《授权委托书》。陈某2在具有杨某某授权委托的情况下，以自己及杨某某的名义与陈甲共同就涉案房屋权属向房屋征收部门出具了《私有房屋权属指认说明》和《具结保证书》。某区征收办委托某区征收中心根据上述情况，并结合入户调查登记的情况，认定杨某某、陈某2和陈甲为涉案房屋被征收人，已尽到充分审查义务，并无不当。

被诉房屋征收补偿协议系杨某某、陈某2、陈甲于2017年与房屋征收部门依据《国有土地上房屋征收与补偿条例》自愿签订，既不违反国家法律、法规的强制性和禁止性规定，又不违背社会公序良俗，具有事实根据和法律依据，签订程序合法。因此，被诉房屋征收补偿协议不仅依据行政法律规范应认定属于合法有效，而且依据民事法律规范亦不具有可撤销或无效的情形。

虽然陈某3提交了杨某某于2016年被诊断患有阿尔兹海默症的诊断证明，但陈某3并未提交有关该病症在诊断当时必然导致杨某某立即丧失民事行为能力的充分证据，且杨某某于2017年在房屋征收人员面前现场亲笔出具了有关委托陈某2办理征收补偿事宜的《授权委托书》，杨某某在2020年才被人民法院依法宣告属于无民事行为能力人，因此对于陈某3提出有关杨某某在2017年没有能力处置房产的诉讼意见，本院不予采纳。

虽然陈某3主张涉案房屋属于其父亲陈某某婚前财产，其作为法定继承人应享有权利，主张陈某2在落款日期为1998年9月17日的协议书上的签字属于其后补，且杨某某在 1998 年之后对于涉案房屋权属分配又进行了其他意思表示，但均未在本案诉讼过程中提交充分证据证明房屋征收部门在被诉房屋征收补偿协议签订前应当知悉上述情况，故对于陈某 3 提出的上述诉讼意见，法院不予采纳。对于陈某 3 提出有关杨某某赡养问题的诉讼意见，由于与本案并不属于同一法律关系，因此本院在本案中不予采纳。

杨某某属于被诉房屋征收补偿协议确定的被征收人之一，但在被诉房屋征收补偿协议签订之后到本案诉讼前的期间内已死亡。由于陈某 3 系杨某某之女，且陈某 3 在本案诉讼过程中还提交了在 1998 年之后具有“杨某某”签字的对涉案房屋权属分配作出了其他意思表示的证据材料，因此对于某区征收办提出的有关陈某 3 与被诉房屋征收补偿协议不具有利害关系，不应具备本案原告诉讼主体资格的抗辩意见，本院不予采纳。

特别应当指出的是，本案的裁判结果并不影响陈某 3 通过其他合法途径依法解决其与陈某 2、陈甲及陈某 1 就被诉房屋征收补偿协议确定的涉案房屋征收补偿利益产生的纠纷。本院对于陈某 3 提出的本案诉讼请求，不予支持。

北京市石景山区人民法院依据《中华人民共和国行政诉讼法》第六十九条之规定，判决如下：

驳回陈某 3 的诉讼请求。

陈某 3 不服一审判决，提起上诉。北京市第一中级人民法院经审理认为：行政协议有别于单方行政行为，其以协商来取代行政命令，更多体现的是合意性，因此不能完全照搬行政行为的合法性构成要件，否则就会因高强度的合法性审查破坏协议的安定性，使大量的协议处于不确定的状态。而且，国有土地上房屋征收项目关系国家利益和重大公共利益，频繁撤销房屋征收补偿协议，也不利于维护国家利益和公共利益。因此，对于行政协议涉及的无权处分问题，应在坚持对房屋征收部门具体签约行为进行合法性审查的基础上，同时参照民事法律规范中对于无权处分的处理思路，在监督依法行政、保持协议安定性和当事人权利保护之间寻求一个最佳结合点。

关于协议的效力问题，根据《中华人民共和国民法典》第一百五十四条、

第五百零二条、第五百九十七条的规定，无权处分并不当然影响协议效力。只有当签约双方恶意串通，损害他人合法权益时，该协议才构成无效。同时，根据《中华人民共和国民法典》第三百一十一条规定，无论是协议效力还是所有权追回，其核心都是“善意”的判断，而非无权处分。遵循该思路，评判房屋征收补偿协议的效力时，也应重点考察协议双方的“善意”问题，具体到房屋征收部门，则需要审查其在无权处分的甄别上是否存在过错，这种审查包含两项内容：一是是否严格履行法定调查程序；二是在房屋权属调查过程中是否尽到合理注意义务。本案中，某区征收办在项目实施过程中，在报纸上刊登《权利申报公告》，向社会公众告知及时就涉案项目范围内的房屋权属申报权利，但陈某 3 及陈某 1 均未向房屋征收部门就涉案房屋申报权利。在入户调查过程中，陈某 2 向房屋征收部门提交了协议书，该协议书上有“杨某某”“陈某 2”“陈某 3”和“陈某 1”的签字，且明确约定涉案房屋由陈某 2 继承。该协议书中还包含“如遇拆迁，一切经济及住房补偿归各自继承人所有。我对三处住房改造、新建与拆迁后的新房均享有居住权和使用权”的内容。虽然陈某 3、陈某 1 主张上述协议属于复印件，并对协议的效力提出质疑，但综合庭审查明的情况及各方的陈述可知，上述协议上各家庭成员的签字真实。而且，涉案房屋的归属并非简单的法律事实，而是十分复杂的法律关系。在当时房屋签约的情境下，某区征收办根据该协议内容，并结合入户调查登记的情况，无从对杨某某的民事行为能力和上述协议的效力产生合理怀疑。在此情形下，某区征收办认定杨某某、陈某 2 和陈甲为涉案房屋被征收人，已履行法定程序，尽到合理注意义务，符合“善意”的标准，不存在违法行为或恶意串通的情形，因此被诉房屋征收补偿协议亦不存在无效或应当被撤销的情形。同时，鉴于被诉房屋征收补偿协议已经履行，陈某 3 如果认为本案存在无权处分的情形，可另行追究无权处分人的责任，解决涉案房屋征收补偿利益产生的纠纷。

北京市第一中级人民法院依照《中华人民共和国行政诉讼法》第八十九条第一款第一项之规定，判决如下：

驳回上诉，维持一审判决。

【法官后语】

一、行政协议外当事人的诉权判断

行政协议案件中当事人利害关系的判断就属于典型的民行交叉问题。依据《中华人民共和国行政诉讼法》第二十五条之规定协议外当事人以无权处分为由要求撤销协议或确认协议无效时，应首先证明其对被征收房屋享有权利。如果该权利存在争议，则应参照《最高人民法院关于审理房屋登记案件若干问题的规定》第八条之规定，告知当事人先行解决民事基础争议。在确定协议外当事人对被征收房屋享有权利之前，其尚不具有提起诉讼的原告资格。

但当先行解决民事基础争议存在障碍时，如先决问题为一法律事实的认定，或不可能提起诉讼时，基于诉讼定分止争的功能定位，则不必再单独提起民事诉讼。①

本案即属于此种特殊情形：协议外当事人起诉时，房屋征补协议已经履行，被征收房屋也已交付拆除。协议外当事人如果提起要求确认房屋权利归属的民事诉讼，鉴于房屋已经灭失，法院一般不会受理此类案件，民事确权或析产无法进行。而协议外当事人对于被征收房屋是否享有权利又是解决争议的先决问题，是审理行政协议案件所要认定的法律事实。如前所述，如先决问题为一法律事实的认定，或不可能提起诉讼时，则不必再单独提起民事诉讼。此时，案件只能暂时先进入实体审理，由法官在行政案件中适用相关民事法律规范来确定房屋的权利归属，进而再对房屋征补协议的效力作出判断。

二、无权处分对行政协议效力的影响

上述类型的行政协议案件进入实体审理后，法院需要判断无权处分对行政协议效力的影响。

从民法规范来看，无权处分并不当然影响协议效力。根据《中华人民共和国民法典》第一百三十四条、第一百三十六条、第一百五十四条、第五百零二条、第五百九十七条的规定，房屋征补协议在签约双方达成一致意思表示时即

① 陈清秀：《行政诉讼法》，法律出版社2016年版，第35页。

已成立，在无其他法定和约定生效条件的情况下，该协议一经成立即生效。只有当签约双方恶意串通，损害他人的合法权益时，该协议才会被判定为无效。然而，现实中最难以处理的问题是，如果房屋征收部门严格履行了所有的征收程序，主观上不存在任何过错，但事后证明确实存在房屋权利人认定错误或遗漏的情形，法院将如何处理？无权处分本身能否直接等同于认定事实不清、证据不足？

如上所述，关于协议的效力问题，无权处分的协议依然有效，只有当签约双方恶意串通，损害他人合法权益时，该协议才应当被判定为无效。同时，根据《中华人民共和国民法典》第三百一十一条规定，无论是协议效力还是物权取得，其核心要素都是“善意”的判断，而非无权处分。秉持该思路，我们在评判房屋征补协议的效力时，也应重点考察协议双方的“善意”问题。具体到房屋征收部门，则需要审查其对于无权处分的发生是否存在过错，这种审查包含两项内容：一是是否严格履行法定程序；二是是否尽到合理注意义务。

其中“善意”对应于“无过错”，“登记或交付”对应于“被征收房屋交付拆除”，即在被征收房屋已交付拆除的情形下，法院经审查认为协议外当事人对被征收房屋享有权利的，应作出区分处理：(1) 经审查，房屋征收部门在确定房屋权利人的过程中不存在过错的，可判决驳回原告的诉讼请求，之后，原告可要求与房屋征收部门签订协议的无权处分人承担侵权责任。当然，如果协议外当事人尚有独立于房屋征补协议之外的补偿利益的，可另行主张权利。(2) 经审查，房屋征收部门在确定房屋权利人的过程中存在过错，可判决撤销房屋征补协议，如有恶意串通及其他重大违法情形，可判决确认房屋征补协议无效，同时责令房屋征收部门重新确定房屋权利人并依法给予补偿。这种审查思路不仅契合责任政府理念中的权责一致原则，给房屋征收部门依法开展房屋征收签约工作提供明确指引，而且能给社会公众提供稳定期待，引导社会公众有序参与房屋征收补偿签约工作。

编写人：北京市第一中级人民法院　赵锋

43

房屋征收补偿协议私主体无权处分的认定

——黄某诉某镇人民政府行政协议案

【案件基本信息】

1. 裁判书字号

江苏省南通市中级人民法院（2022）苏06行终343号行政判决书

2. 案由：行政协议

3. 当事人

原告（被上诉人）：黄某

被告：某镇人民政府（以下简称某镇政府）

第三人（上诉人）：魏某2

【基本案情】

黄某与魏某1原系夫妻，于2005年10月13日登记离婚。魏某1与魏某2系姐弟关系。被搬迁房屋位于某组合楼2-302室，于2005年8月31日登记在黄某名下。2005年10月13日，黄某与魏某1签订离婚协议，未对房屋权属进行约定。某镇政府组织协议搬迁前，房屋一直由魏某2居住使用。搬迁过程中，魏某2向某镇政府提供了房屋的水电费发票。2021年5月31日，魏某2向某镇政府出具《承诺书》称“本人于1995年4月购得黄某（产权人）位于某组合楼2-302室房屋，由于种种原因未能办理产权过户手续，关于此次搬迁的一切事宜由本人直接办理，承诺今后因该套房屋搬迁补偿产生的一切纠纷都由本人负责处理（含与原产权人之间的产权、补偿、经济纠纷等均与政府及搬迁指挥部无关）”。同年6月3日，某镇政府下属搬迁管理办公室与魏某2签订了

《房屋补偿安置协议》，协议载明“甲方为搬迁管理办公室、乙方为魏某2现使用人（黄某），房屋所在地点为某组合楼2-302，房屋所有权人为魏某2现使用人（黄某），房屋实测建筑面积为51.43平方米、合法建筑面积为47.28平方米、超证面积为25.98平方米；选择房屋产权调换补偿安置方式；补偿款为226719.94元；本协议签订同时须移交被搬迁房屋权属证件，并定于2021年6月16日前将被搬迁房屋腾空交付”。之后，魏某2将房屋腾空并交付拆除。

黄某提起行政诉讼，请求确认某镇政府于2021年6月16日与魏某2签订的《房屋补偿安置协议》无效。

一审审理过程中，魏某1于2021年11月24日向一审法院出具《声明》称“自愿放弃坐落于某组合楼2-302室房屋的相关份额，该房屋的所有权归黄某一人所有，同时放弃房屋上的所有相关权利”。

【案件焦点】

1. 魏某2与某镇政府签订房屋补偿安置协议是否属于无权处分；2. 被诉房屋补偿安置协议是否存在无效情形。

【法院裁判要旨】

江苏南通经济技术开发区人民法院经审理认为：根据《中华人民共和国民法典》第二百一十七条规定，不动产权属证书是权利人享有该不动产物权的证明。案涉房屋一直登记在黄某名下，其前妻魏某1明确表示该房屋一切权利归黄某所有。根据物权公示公信原则，该房屋应为黄某所有。魏某2主张系向黄某购买该房屋，但未提供充分证据予以证实。虽然房屋协议搬迁前魏某2一直居住在房屋内，但不能以此否定房屋所有权人为黄某。某镇政府未征得黄某同意与魏某2签订房屋搬迁补偿协议，协议签订的相对人明显错误，属于重大且明显违法，故应确认协议无效。协议被确认无效为自始无效，行为人因协议取得财产应当返还。本案协议已被确认无效，房屋已交付拆除，某镇政府应当按照该搬迁地段补偿安置标准，与黄某协商签订补偿协议，协商不成的，应当按照赔偿不低于补偿的原则及时作出赔偿决定，遂判决确认被诉房屋搬迁补偿协议无效。

魏某 2 不服一审判决，提起上诉。江苏省南通市中级人民法院经审理认为：《最高人民法院关于审理行政协议案件若干问题的规定》第十二条第一款规定："行政协议存在行政诉讼法第七十五条规定的重大且明显违法情形的，人民法院应当确认行政协议无效。"同时，《中华人民共和国民法典》第二百零九条第一款规定："不动产物权的设立、变更、转让和消灭，经依法登记，发生效力；未经登记，不发生效力，但是法律另有规定的除外。"第二百三十五条规定："无权占有不动产或者动产的，权利人可以请求返还原物。"本案中，黄某于 2005 年 8 月取得被搬迁房屋不动产权登记，之后未经变更或者转移登记，魏某 2 主张于 1995 年 4 月向黄某购买取得房屋所有权，与上述行政登记的事实不符。黄某取得的不动产权登记证书属于原始证据、直接证据，在魏某 2 无直接证据反驳该证据证明的案件事实的前提下，一审法院认定被搬迁房屋属于黄某所有并无不当。被诉搬迁补偿协议签订前，魏某 2 曾向某镇政府承诺"于 1995 年 4 月向黄某购得该房屋，但由于种种原因未办理产权过户手续"，协议亦载明"房屋所有权人魏某 2 现使用人（黄某）"，因此某镇政府在协议签订时系明知不动产权证记载的房屋所有权人为黄某，但某镇政府未与黄某联系确认房屋所有权归属，而径行与魏某 2 签订协议，存在重大过失，属于作出行政行为重大且明显违法。房屋搬迁补偿协议是对房屋所有权的处分行为，至诉讼时该房屋已经交付拆除，黄某对魏某 2 的处分行为不予认可，但无法要求返还原物，一审判决确认协议无效并责令某镇政府采取补救措施，在判决生效后及时与黄某协商补偿事宜，以及在协商不成时作出补偿决定，认定事实和适用法律正确。

江苏省南通市中级人民法院依据《中华人民共和国行政诉讼法》第八十九条第一款第一项之规定，判决如下：

驳回上诉，维持原判。

【法官后语】

主体适格作为法律行为的生效要件之一，无疑会直接影响到法律行为的效力。在原告以房屋补偿安置协议的签约人欠缺处分权或代理权为由诉请确认协议无效的案件中，无效与有效，乃是萦绕在行政协议审查中的“迷雾”。

一、房屋补偿安置协议的性质与相对方的缔约资格

（一）房屋补偿安置协议作为意定的法定之债

行政征收，因其基于公共利益的需要而被赋予正当性，被征收的财产所有人必须服从。立法上，征补协议被作为行政征收行为启动之后的一个环节。如若达成协议，则按协议约定内容进行补偿；如若不能达成协议，则由政府作出补偿决定给予法定补偿。房屋补偿安置协议由征收行为引发，同时也是为了征收目的实现。征收过程中，通过行政协议制度以缓和私有财产被剥夺的紧张关系，但征收补偿之债的来源具有法定性，不以当事人的意思表示为必要。即使没有契约，征收人也有给予补偿的法定义务，被征收人也有要求补偿的法定请求权，即征收补偿是由征收行为引发的法定之债，而非基于契约发生的意定之债。法律为征收补偿设置协议制度，除需要考虑协议的合作性因素所带来的行政经济意义外，也表明相对人的意思自主和自由选择得到重视，征收补偿请求权因此又被描述为一种意定的法定请求权，即征收补偿协议是一种意定的法定之债，债的发生是法定的，债的内容含有意定成分。

（二）房屋补偿安置协议相对方的缔约资格

一方面，行政协议虽然并非处于市场交易的环境，但也存在效率的价值目标，这种效率是行政活动的内在追求。如果债的标的长期不能确定，行政机关的补偿义务无法履行，被征收房屋不能如期腾空，则后续工程建设就会迟延，行政的时间成本将会大大增加，并且征收部门既要准备货币补偿款，又要准备安置房，房屋可能长期闲置得不到有效利用，行政的金钱成本也会增加。房屋补偿安置协议缔约选择权，原则上属于房屋所有权人或者所有共有权人，但有时会出现所有权人与使用权人相分离，或者多名共有人就补偿方式迟迟不能达成一致的情况。此时比照民法方案，行政机关在相对人超过给定的缔约期限时，在房屋为一人所有时与实际使用人、在房屋为共有时与部分共有人签订协议，从而对所有权人或者其他共有人的选择权加以限制，可视为意思自治与行政效率进行价值衡量的结果，符合经济理性。

另一方面，法律最终关心的并非被征收房屋中单个的权利人，而是一个整体，考虑的是房屋的情况及房屋全体权利人的情况。实践中，征收补偿安置方案一般都会兼顾房屋所有权面积的补偿和对房屋人口的补偿，在房屋所有权面积难以保障对房屋人口的具体安置时，就会增加人口安置面积，即“补空方”。因此，行政机关履行补偿之债，是对被征收整户的给付，而不能视为对多数权利人分别的给付，部分共有人代表该户签订补偿安置协议后，作为该户代表的部分共有人即有受领给付的权利，行政机关仅向部分签约人提出给付，也会发生债之清偿的效力。至于补偿利益的分配属于权利人之间的内部分割问题，可另行协商或提起民事诉讼，而与征补协议法律关系并无直接关联。

二、私主体签订补偿安置协议构成无权处分的考量因素

（一）程序方面应体现征收补偿之债的意定性

主体虽然也作为法律行为的要素，但是主体的意思表示才是法律行为的核心。被征收房屋权利人参与协商的程序，从公法角度而言，关系到知情权、参与权等重要程序性权利，要想防止行政恣意，并满足被征收人的实体权利诉求，程序性权利保障不可或缺。在行政协议场合中，程序具有更为特殊的内涵和意义，即协议反映了从缔结之前到履行完毕之后的完整过程，仅缔结阶段就表现为由两个或两个以上的当事人磋商、各为意思表示、达成合意，以及最终成立合同的动态活动。[①] 因此，协议本身所固有的程序，可以作为行政协议的正当程序加以理解。私主体的意思表示原则上构成协议的必备要素，私主体的参与不仅具有过程性控制的作用，也具有结果控制的功能。

行政机关履行协商义务时，应在审慎调查的基础上，以正式方式告知所有权人或者全体共有人参与磋商缔约，行政机关对缔约资格授权委托书的真实性负有审查义务。当事人主动放弃参与或迟迟无故不参与磋商的，对行政机关而言则已经履行了程序职责。所有权人无法确定或难以联系的，可与实际使用人等相关人员缔约；全体共有人参与协商之后不能达成一致意见的，可以多数人的意见为准，未能形成多数意见的，可与部分权利人缔约，但最终不能明显损

① 韩世远：《合同法总论》，法律出版社2018年版，第100页。

害其他权利人的利益。如果行政机关有选择地仅告知案外人或者部分权利人，则存在恶意串通嫌疑。行政机关未全面履行告知及协商程序的，法院可以确认无效或者撤销协议并责令重作。由于签约时间关联着补偿奖励，因行政程序违法导致时间推移从而造成利益损失的后果，应当由有过错一方即行政机关承担，重作征补协议中，涉及补偿奖励问题应以初次签约的时间为准。

（二）实体方面应体现征收补偿之债的法定性

行政机关为各项给付须符合法律规定，补偿内容由征收法律法规及相关政策规定，只有在补偿内容合法，补偿利益依法得以充分保障的基础上，因行政效率及整户利益的要求，对个别权利人的补偿方式选择自由与是否授权代表的决定自由进行限制，才不违背公平价值。货币或者安置房是对被征收房屋本身的价值补偿，审查的是二者是否等值，即被征收房屋价值的计算是否符合法律规定，或者安置房情况有无明显违背公平。至于补偿的其他内容，如搬迁费、临时安置费、补助和奖励等有所遗漏的，从遗漏内容所涉条款的独立性和维护法安定性的角度，可告知行政机关就被遗漏内容另行单独补偿，而不在本诉中否定协议的效力①，或为一种更加经济的救济方式。

三、本案的处理思路

本案中，黄某为房屋所有权人，魏某 2 为房屋实际使用人。黄某在诉讼中主张，其与魏某 2 之姐离婚后仍有复婚预期，以及本人长期在四川工作生活，因此将房屋交给魏某 2 长期居住使用，这一主张符合常情常理。黄某提供的证据为 2005 年 8 月取得的不动产权登记，魏某 2 主张于 1995 年 4 月向黄某购买取得房屋所有权，与该事实不符，魏某 2 也没有提供房屋买卖合同、付款凭证等证据材料，因此现有证据指向房屋所有权归属于黄某而非魏某 2。在某镇政府与魏某 2 的协商过程中，魏某 2 曾表示未办理产权过户手续，协议亦载明黄某为房屋所有权人，因此，某镇政府对房屋登记的实际情况是明知的。某镇政府未告知黄某房屋搬迁补偿事宜并与之协商，而径行与魏某 2 签订协议，未能充分保障黄某的缔约权，存在重大过失。基于以上考虑，应当认定某镇政府未

---

① 参见最高人民法院（2018）最高法行申 3027 号行政裁定书。

能履行对房屋所有权人的补偿安置职责，即应当确认协议无效，而不宜认定协商为有效并由黄某与魏某2另行提起民事诉讼主张权益。考虑到诉讼时房屋已经交付拆除，无法要求返还原物，房屋所有权人实际处于不利的法律地位，因此一、二审法院判决某镇政府采取补救措施，要求在判决生效后及时与黄某协商补偿事宜，以及在协商不成时作出补偿决定。

总体上，识别行政协议的不同成分是审查的前提，明确意定与法定的各自空间，不同的空间则对应着不同的法律理念。对于意定空间的审查，可将协议行政的规范目的以及正当程序原则作为审查依据；对法定空间的审查，在既有的合法性审查模式下可得处理。在意定空间中，对当事人意思自治原则的违背可能影响到协议效力，但在效力判断时还应顾及行政性因素对契约自由的牵制。需注意的是，此间涉及公益与私益的取舍时，要通过有说服力的步骤和看得见的方式，对被限制利益的主体给予正当程序保护，这也是协议行政的价值所在。

编写人：江苏省南通市中级人民法院　殷勤　姜鹏

44

签订主体相同的民事合同和行政协议的内容相矛盾时的效力问题

——杨某某诉某街道办事处行政协议案

【案件基本信息】

1. 裁判书字号

四川省德阳市人民法院（2022）川06行终68号行政判决书

2. 案由：行政协议

3. 当事人

原告（被上诉人）：杨某某

被告（上诉人）：某街道办事处（以下简称某街道办）

【基本案情】

杨某某租赁原甲镇镇属百货市场土地4.58亩用于从事教学生产经营活动，因乡镇合并，原甲镇合并为乙镇。2015年4月30日，杨某某与乙镇人民政府（以下简称乙镇政府）签订《土地租赁协议》约定，乙镇政府同意继续将原镇属百货市场土地4.58亩租赁给杨某某使用，土地租赁期限为三年，即自2015年4月30日起至2017年4月30日止，土地租赁费为3万元/年，如因国家建设需要或乙镇政府规划调整及不可抗力影响等因素，乙镇政府可单方面终止本协议执行，但必须提前一个月书面通知杨某某，杨某某在接到通知后必须于一个月内全部清场，其自行投入的设施设备全部撤离并恢复土地原状，杨某某在协议终止后不得以任何理由要求补偿。

乙镇政府后变更为某街道办。2016年至2017年度租期内，杨某某被告知案涉土地需被征地拆迁，不再续租。后某市高新技术开发区委员会委托测绘机构对案涉租赁土地进行测绘，某街道办委托评估机构对杨某某投资设立的教学仪器设备厂涉及的房屋建（构）筑物、机器设备、苗木进行评估。

2021年8月13日，某街道办与杨某某签订《拆迁补偿协议书》约定，根据《拆迁现场丈量记录》，某街道办应付给杨某某被拆迁的各类房屋及其他建（构）筑物、附着物补偿费为798000元，残值由某街道办全权处理；自本协议签订之日起20日内，某街道办一次性付清本协议约定的补偿费。后某街道办未按约定向杨某某支付补偿款。

【案件焦点】

1.《拆迁补偿协议书》是否有效；2. 某街道办是否应该按照《拆迁补偿协议书》约定支付杨某某拆迁补偿款798000元。

【法院裁判要旨】

四川省什邡市人民法院经审理认为：根据《国有土地上房屋征收与补偿条例》第四条第二款“市、县级人民政府确定的房屋征收部门组织实施本行政区域的房屋征收与补偿工作”的规定，某街道办具有其行政区域内房屋拆迁安置补偿的法定职责。某街道办为实现公共利益或者行政管理目标，在法定职责范围内与杨某某协商订立的《拆迁补偿协议书》并未损害社会公共利益和他人的合法权益。本案中，该《拆迁补偿协议书》签订前已经过测绘、评估等程序，双方均知晓杨某某只是土地的租赁方，经历较长时间，在自愿、平等的基础上签订的该协议，经审查该协议不违反法律、法规规定，是合法、有效的。双方当事人应严格遵守并履行协议，协议签订后，杨某某已依约交付了案涉租赁土地上房屋及附着物，某街道办已进行了拆除，某街道办理应按照协议履行支付义务。某街道办与杨某某签订的《土地租赁协议》虽约定有如因国家建设需要或规划调整及不可抗力影响等因素，可单方面终止本协议执行，但必须提前一个月书面通知杨某某，杨某某在接到通知后必须于一个月内全部清场，其自行投入的设施设备全部撤离并恢复土地原状，杨某某在协议终止后不得以任何理由要求补偿的内容，但该租赁协议约定在前，《拆迁补偿协议书》在其后签订，两份协议的签订主体相同，签订在后的协议内容与签订在前的内容不一致的，应视为协议内容的变更，因此，被告某街道办应按照《拆迁补偿协议书》第二条约定，支付原告杨某某补偿费 798000 元。

四川省什邡市人民法院根据《中华人民共和国行政诉讼法》第七十三条，《最高人民法院关于审理行政协议案件若干问题的规定》第十一条、第十九条之规定，判决如下：

某街道办于本判决发生法律效力之日起三十日内支付杨某某补偿款 798000 元。

某街道办不服一审判决，提起上诉。四川省德阳市人民法院同意一审法院裁判意见。

【法官后语】

行政协议是行政机关为了实现行政管理或者公共服务目标，与公民、法人或者其他组织协商订立的具有行政法上权利义务内容的协议，本案中的《拆迁补偿协议书》属于《中华人民共和国行政诉讼法》第十二条第十一款规定的土地、房屋征收补偿类行政协议，是行政诉讼中最为常见的一类行政协议，十分具有典型意义。

一、行政协议的效力认定

在行政协议纠纷案件的审理中，首先，应当对行政机关是否具有法定职权、是否滥用职权、适用法律法规是否正确、是否遵守法定程序、是否明显不当、是否履行相应的法定职责进行合法性审查。

其次，对行政协议的内容是否合法有效进行审查。根据《最高人民法院关于审理行政协议案件若干问题的规定》第十二条第一款规定“行政协议存在行政诉讼法第七十五条规定的重大且明显违法情形的，人民法院应当确认行政协议无效”和第二款规定“人民法院可以适用民事法律规范确认行政协议无效”可知，行政行为的效力要从两个方面进行审查，一方面审查是否存在行政诉讼法规定的无效的情形，另一方面审查是否存在民事法律规范中规定的合同无效的情形。

具体而言，《中华人民共和国行政诉讼法》第七十五条中规定了四种情形，即（1）行政行为实施主体不具有行政主体资格；（2）减损权利或者增加义务的行政行为没有法律规范依据；（3）行政行为的内容客观上不可能实施；（4）其他重大且明显违法的情形。《中华人民共和国民法典》第一百四十四条、第一百四十六条、第一百五十三条、第一百五十四条规定了五种情形，即（1）无民事行为能力人签订的合同无效；（2）合同双方以通谋虚伪意思表示签订的合同无效；（3）违反法律、行政法规的强制性规定的合同无效；（4）违背公序良俗的合同无效；（5）恶意串通，损害他人合法权益的合同无效。

本案中，某街道办具有其行政区域内房屋拆迁安置补偿的法定职责。某街道办为实现公共利益或者行政管理目标，在法定职责范围内与杨某某协商订立的《拆迁补偿协议书》并未损害社会公共利益和他人的合法权益，不违反法律、法规规定，应为合法有效。

二、相同主体签订的民事合同与行政协议内容发生冲突时如何适用

合同成立后，就对当事人具有法律约束力，任何一方未经对方同意，都不得改变合同的内容。但是，当事人在订立合同时，无法预料后面可能发生的所有问题，或者因情势变更，需要对合同的内容进行调整，因此，当事人可以本着协商的原则，依据合同成立的规定，确定是否就变更事项达成新的协议。如果双方当事人就变更事项达成了一致意见，变更后的内容就取代了原合同的内容，当事人就应当按照变更后的内容履行合同。

而行政协议作为一种特殊的行政行为，兼具“行政性”和“合同性”，在行政法律规范没有规定的情况下，可以参照适用民事法律规范来进行调整，因此，对相同主体订立的民事合同和行政协议的内容发生冲突时，应当适用民法意思自治原则，签订在后的协议内容与签订在前的内容不一致的，应视为协议内容的变更，本案中，被告某街道办与原告杨某某签订的《土地租赁协议》虽约定有如因国家建设需要或甲方规划调整及不可抗力影响等因素，甲方可单方面终止本协议执行……乙方在协议终止后不得以任何理由要求补偿的内容，但该租赁协议约定在前，《拆迁补偿协议书》在其后签订，两份协议的签订主体相同，签订在后的协议内容与签订在前的内容不一致的，应视为协议内容的变更。

编写人：四川省什邡市人民法院　何庆玲

45

司法机关不得以作出以责令签订协议的裁判方式强制行政协议的成就

——蒯某诉某区街道办事处、某区街道村民委员会行政协议案

【案件基本信息】

1. 裁判书字号

山东省济南市中级人民法院（2022）鲁01行终450号行政判决书

2. 案由：行政协议

3. 当事人

原告（被上诉人）：蒯某

被告（上诉人）：某区街道办事处（以下简称某区街道办）

被告：某区街道村民委员会（以下简称某村委会）

【基本案情】

原告蒯某居住于涉案村落。该村宅基地在摸底登记时，曾对蒯某主张的涉案宅基地进行摸底调查，但未向其颁发宅基地使用权证。现其所居住的村居面临拆迁，在拆迁过程中，蒯某发现其所居住房屋所在宅基地未登记于其名下。2019年9月25日，原告蒯某与某区街道办及某村委会签订拆迁安置补偿协议，协议认定蒯某在涉案村落宅基地面积为0平方米，有地上房屋面积147.97平方米。同日，蒯某签订了空房验收移交单，同时某村委会出具证明，明确如经法院生效判决确认该处房屋是符合予以安置的合法宅基地，我村委会准许修改协议，并按照宅基地进行安置。

2020年9月9日，某区管理委员会建设管理部出具说明一份，就蒯某与其

邻居之间的宅基地登记档案问题进行了说明，同时还说明因拆迁已对该片区土地权属等进行冻结，因此无法对蒯某宅基地进行登记确认，请拆迁部门根据拆迁安置政策合理认定。

因涉案宅基地权属争议问题一直未能解决，原告蒯某提起本案诉讼，要求撤销与二被告签订的涉案安置补偿协议，并责令二被告按照原告具有合法宅基地的情况与原告重新签订安置补偿协议。

【案件焦点】

司法机关能否以裁判的方式直接判决行政机关与行政相对人订立行政协议。

【法院裁判要旨】

山东省济南市历下区人民法院经审理认为：案件审理过程中，就涉案宅基地争议问题，某区管理委员会建设管理部并未作出蒯某是否拥有宅基地使用权的确切结论。故，涉案拆迁安置补偿协议对于涉及蒯某宅基地使用权问题的事实不清。该协议应予撤销。该协议被撤销后，应当重新签订，关于蒯某是否具有合法宅基地的情况，应当由相关部门进行调查确认，根据实际情况另行签订协议。

山东省济南市历下区人民法院依照《中华人民共和国行政诉讼法》第七十条第一项之规定，判决如下：

一、撤销某区街道办、某村委会与原告蒯某签订的《济南新旧动能转换先行区集体土地住宅拆迁房屋安置补偿协议（房屋安置类）》；

二、某区街道办、某村委会在法定期限内与原告蒯某重新签订《济南新旧动能转换先行区集体土地住宅拆迁房屋安置补偿协议（房屋安置类）》。

某区街道办不服一审判决，提出上诉。山东省济南市中级人民法院经审理认为：在涉案宅基地权属存在争议的前提下，某区街道办应对蒯某所称宅基地的权属问题进行综合认定，并对其安置补偿问题重新作出处理。但行政协议系行政机关与公民、法人或者其他组织在协商一致的前提下订立的协议，原审法院判决责令上诉人某区街道办、原审被告某村委会与被上诉人蒯某就其安置补偿问题签订安置补偿协议，明显不具有现实合理性，也不符合有关行政协议法律规定。

山东省济南市中级人民法院依照《中华人民共和国行政诉讼法》第七十条第一项、第八十九条第一款第一项、第三项之规定，判决如下：

一、维持山东省济南市历下区人民法院（2021）鲁0102行初434号行政判决第一项；

二、撤销山东省济南市历下区人民法院（2021）鲁0102行初434号行政判决第二项；

三、责令上诉人某区街道办、原审被告某村委会对被上诉人蒯某的安置补偿问题在法定期限内作出处理。

【法官后语】

行政协议是行政机关为达到维护与增进公共利益，实现行政管理目标之目的，与相对人之间经过协商一致达成的协议。行政协议兼具民事合同与行政管理双重色彩，从民事视角看，行政协议包含着各方主体就约定事项在平等自愿、自主协商的前提下认可的真实意思表示；从行政视角看，行政协议作为实现行政管理的一种方式，本质上应以维护国家和社会公共利益为前提，对减损公共利益的协议享有单方解除和变更的权利。在行政协议类案件诉讼中，行政相对人常常以其单方认知的事项为内容，提请要求行政机关与其订立行政协议的诉讼请求；行政法官亦常常在审理过程中，为实现“司法终局”的目的，走入径行责令行政相对人与行政机关签订协议的裁判误区。

在目前的司法实践中，部分行政审判对行政协议类案件的认知仍然侧重于关注协议是否实现行政管理目的、是否减损公共利益等行政特性，而容易忽视行政协议本身的自愿平等、自主协商等民事特性。事实上，行政协议订立的过程，既体现了行政机关实现行政管理或者公共服务的色彩，同时也体现了双方协商意思表示一致的结果，对于是否能够就安置补偿问题达成合意，亦需经订立协议各方就补偿方式、补偿数额、履行期限等事项进行磋商后方可认定。对于行政机关而言，是否就某一事项与行政相对人订立协议，仅系其履行行政管理职责的一种方式，订立与否，应当是行政机关自主选择的结果而非一种义务性行为。即便无法与当事人就相关事项协商一致，行政机关仍然可以采用作出处理决定、补偿决定或其他方式实现其行政管理的目的。

就本案而言，原告蒯某在诉讼过程中，因对其涉案安置补偿协议约定的内容有异议，特提起本案诉讼。值得注意的是，其诉讼请求表述为：(1) 撤销涉案安置补偿协议；(2) 责令二被告按照其享有合法宅基地的情况与其重新签订安置补偿协议。上述诉讼请求，系行政相对人试图利用司法机关的强制权，强行要求行政机关与其订立协议，甚至连协议涉及的相关约定，也要以其单方意愿为准。此类诉讼请求，明显违背了合同订立最基本的平等自愿原则。在此情形下，以判决的形式要求行政机关与其订立协议，既不具有现实合理性，亦可能给后续的执行程序造成困境。

事实上，司法实践中的行政协议争议，通常皆为未能就相关事项达成一致，或是就已经约定的事项要求变更、撤销等。而在双方就相关事项存在争议的前提下，行政协议的成就难度相对较大，此类诉求基本已经不具有实现的现实基础。因此，在行政协议案件诉讼过程中，司法机关应当审慎处理此类诉求，谨防裁判误区，同时从实质解决行政争议的角度出发，对当事人的不合理诉求适当引导、释明，防止因诉讼技巧等问题，导致当事人程序空转，造成司法资源的浪费。

编写人：山东省济南市中级人民法院　禹明璐

八、行政补偿

46

补偿决定作出前，以何种方式补偿安置不属于人民法院受案范围

——黄某某诉某市土地征收储备中心、某市人民政府行政补偿案

【案件基本信息】

1. 裁判书字号

广西壮族自治区防城港市中级人民法院（2022）桂06行终29号行政裁定书

2. 案由：行政补偿

3. 当事人

原告（上诉人）：黄某某

被告（被上诉人）：某市土地征收储备中心（以下简称某市征储中心）、某市人民政府（以下简称某市政府）

【基本案情】

2012年3月28日，某市政府印发施行《某市农村房屋拆迁安置管理暂行办法》（以下简称《拆迁安置办法》），规定："凡在本市规划区范围内征收集

体土地需要拆迁房屋及其他建（构）筑物，适用本办法。城市规划区范围内集体土地上房屋的拆迁安置工作由市征地拆迁办公室统一负责。拆迁补偿安置程序为某市政府在房屋拆迁前应当将被拆迁人、拆迁范围等事项予以公告，被拆迁人应当在公告规定期限内持有效材料到指定单位办理安置登记手续，被拆迁人对房屋拆迁补偿安置方案有异议，应当在7日内以书面形式提出申请，未提出申请的，视为放弃，由拆迁人与被拆迁人协商签订房屋拆迁补偿安置协议书，由市征地拆迁办公室根据约定的拆迁补偿安置方式给予被拆迁人拆迁补偿安置。”

《拆迁安置办法》第十一条规定：“符合安置条件的被拆迁户以家庭为单位，由符合安置条件的家庭成员共同提出申请，可根据实际情况选择以下其中一种安置途径进行安置：（一）单元式公寓房加商铺安置；（二）回建地安置；（三）货币安置。”第十三条规定：“回建地安置是指拆迁人根据市人民政府按照国家有关规定，采取统一选址、统一规划、统一立面设计、统一标准建设的宅基地对被拆迁人实施安置的方式。其中：（一）被拆迁安置户申请回建地安置应当满足下列条件：1. 夫妻及未成年子女安置1间宅基地；2. 年满十八周岁且已另立门户人员安置1间宅基地；3. 安置的回建地必须在用地交付之日起两年内建成房屋。（二）安置回建地以户为单位进行安置，按25㎡/人的安置标准，每户只能安置1间回建地，每间回建地规划原则上以75㎡为准，最多不得超过100㎡。（三）安置给被拆迁人的回建地以规划方案核定面积为准，需按每平方米600元价格缴纳土地划拨费和“三通一平”配套费；超出安置标准的部分，按不同条件及地段缴纳费用等。”

2012年5月2日，某市政府发布《关于征收某镇甲社区、乙社区集体土地拆迁安置有关问题的通告》（以下简称《拆迁安置通告》），载明拆迁安置对象为含施屋组等在内的集体经济组织成员，安置期限自2012年5月3日至2013年5月3日，2012年7月31日前出生的拆迁安置对象可作为安置人员安置，2012年7月31日后出生的人员不作为本次安置人员安置。补偿标准及安置办法按《拆迁安置办法》规定进行。

2010年4月12日，黄某某与施某1登记结婚。2010年10月10日，双方生育儿子施某2。黄某某、施某1、施某2均是符合某市农村房屋拆迁安置条件的集体经济组织成员。后某市征储中心依照《拆迁安置办法》中关于夫妻及未成年子女安置1间宅基地的规定，制订拆迁安置方案：黄某某、施某1、施某2合并在其中一方才实施安置。

本院于2015年7月22日作出（2015）东民初字第662号民事判决，查明黄某某在庭审中表示放弃夫妻共同财产，包括拆迁安置地、补偿金等，判决准予黄某某与施某1离婚。施某1不服判决提出上诉，防城港市中级人民法院于2015年11月23日作出（2015）防市民一终字第365号民事判决，维持东兴市人民法院（2015）东民初字第662号民事判决中关于准予黄某某与施某1离婚的判项部分。

2020年9月14日，某市征储中心与施某1签订《拆迁安置协议书》，约定按照某市政府审批同意的《甲社区施屋组拆迁安置方案》对施某11户2人（户内成员施某1、施某2）安置1间回建地，施某1须补交实际安置面积超出应安置面积部分差价等回建地款。2020年9月15日，施某1向某市财政局账号汇入回建地款57540元。

2021年6月21日，黄某某向本院提起本案行政诉讼。2021年9月18日，某市征储中心向黄某某送达《通知书》，通知黄某某收到本通知书后3个工作日内持相关资料及证件到某市征储中心办理结算手续。后，黄某某未在指定期限内办理结算，并坚持要求被告给予其按25平方米/人的标准安置回建地1间。

【案件焦点】

某市政府、某市征储中心作出补偿决定前，黄某某要求给予其按25平方米/人的标准安置回建地1间是否属于人民法院行政诉讼受案范围。

【法院裁判要旨】

广西壮族自治区东兴市人民法院经审理认为：某市政府为城市建设需要印发施行《拆迁安置办法》，规定拆迁补偿安置程序、拆迁补偿、拆迁安置等有关内容，并发布拆迁安置通告，通告拆迁安置对象为施屋组等符合东兴市农村房屋拆迁安置条件的集体经济组织成员等有关内容。黄某某、施某1、施某2为集体经济组织成员且符合某市农村房屋拆迁安置条件，属于本次拆迁安置对象。某市征储中心根据《拆迁安置办法》制订拆迁安置方案，即黄某某、施某1、施某2合并在其中一方才实施安置。后，黄某某、施某1被判决离婚，并查明黄某某放弃夫妻共同财产，包括拆迁安置地、补偿金等。某市征储中心遂与施某1签订《拆迁安置协议书》，将东郊拆迁安置区D-7地块B252号安置给户主施某1及其儿子施某2，施某1并按照规定缴纳超出应安置面积部分费用。某市征储中心制订安置方案时，黄某某、施某1并未离婚，根据《拆迁安置办法》第十三条，安置的回建地以户为单位进行安置，按25平方米/人的安置标准，每户只能安置1间回建地。黄某某以离婚为由要求被告给予其按25平方米/人的标准安置回建地1间，不符合拆迁安置办法的规定。

《拆迁安置办法》第十一条规定，符合安置条件的被拆迁户以家庭为单位，由符合安置条件的家庭成员共同提出申请，可根据实际情况选择以下其中一种安置途径进行安置：（一）单元式公寓房加商铺安置；（二）回建地安置；（三）货币安置。根据《拆迁安置办法》，某市征储中心通知黄某某收到通知书3个工作日内持相关资料办理安置结算手续。黄某某未在指定期限内办理结算，并坚持要求被告给予其按25平方米/人的标准安置回建地1间，该请求不符合《拆迁安置办法》的规定。《拆迁安置办法》由东兴某市政府印发施行，某市征储中心根据《拆迁安置办法》并结合实际情况，以何种安置途径安置拆迁安置对象的措施，亦不属于人民法院行政诉讼受案范围。

广西壮族自治区东兴市人民法院依照《中华人民共和国行政诉讼法》第四十九条，《最高人民法院关于适用〈中华人民共和国行政诉讼法〉的解释》第六十九条第一款之规定，裁定如下：

驳回原告黄某某的起诉。

黄某某不服一审裁定，提起上诉。广西壮族自治区防城港市中级人民法院经审理认为：本案系黄某某以离婚为由要求某市征储中心、某市政府给予其按25平方米/人的标准安置回建地1间而向一审法院提起的行政诉讼，一审法院在查明本案事实的基础上，认为黄某某的诉求不符合某市政府所施行的《拆迁安置办法》所规定的条件，并据此认为该《拆迁安置办法》系由某市政府印发施行，某市征储中心根据《拆迁安置办法》和结合实际情况，采取何种安置途径安置拆迁安置对象的措施，亦不属于人民法院行政诉讼受案范围。一审法院依据《中华人民共和国行政诉讼法》第四十九条关于提起行政诉讼应当符合的起诉条件，认定黄某某的起诉不符合起诉条件，遂依法裁定驳回其起诉并无不当，本院应予以维持。

广西壮族自治区防城港市中级人民法院依照《中华人民共和国行政诉讼法》第八十九条第一款第一项、《最高人民法院关于适用〈中华人民共和国行政诉讼法〉的解释》第一百零一条第一款第十五项之规定，裁定如下：

驳回上诉，维持原裁定。

【法官后语】

土地征收补偿是典型的多主体、多阶段、多环节、多个行政行为前后延续交织的复合程序，包括征地批前阶段、报批阶段和批准后实施阶段。其中，对于可诉与不可诉行政行为如何区分，起诉时机是否成熟等问题，应当在既有法律规定框架内，结合具体实践，科学界定可诉行政行为类型，注重实质性化解补偿安置纠纷。

一、被诉行政行为的确定

以被诉行政行为为中心，审查行政行为的合法性与合理性是行政审判的基本逻辑和要求。由于行政权具有灵活性的特征，行政管理领域涉及行政行为种类众多，法律无法穷尽列举所有被诉行政行为的名称，只能由法官在个案中依据当事人的诉求确定被诉行政行为的种类和内容。尤其在土地征收补偿类案件中，不同法官因对当事人诉求理解不一，审理方向会大相径庭。

以本案为例，黄某某的诉讼请求是判令某市政府、某市征储中心按25平方米/人的标准安置回建地1间。一种观点认为，某市征储中心依照《拆迁安置办法》作出将黄某某与其丈夫施某1、儿子施某2三人安置在一间回建地的方案，后黄某某在与施某1离婚过程中表示放弃拆迁安置地及相关补偿金。某市征储中心便与施某某签订了拆迁补偿协议，按照1户2人安置1间回建地，对于实际安置面积超出应安置面积的部分由施某某补交了回建地款。现黄某某要求按25平方米/人的标准安置回建地1间不符合《拆迁安置办法》的规定，亦具有不可实现性，法院应积极促成双方达成和解，或判决给予黄某某一定补偿金。另一种观点认为，黄某某在离婚纠纷中已明确表示放弃拆迁相关利益，某市征储中心才与施某某签订补偿协议，并未对黄某某作出相关拆迁补偿安置决定，现黄某某直接起诉要求给予其安置回建地1间，实质上系要求法院替代行政机关作出该决策，本案不存在可诉的行政行为，应驳回起诉。

笔者认同第二种观点，行政诉讼中的审查是法院通过专门的司法程序对行政机关的具体行政行为是否违反合法性和合理性原则，并对其法律效力作出裁决的行为。综合本案案情，无论是要求安置回建地还是给予补偿金，均不属于人民法院可控范围，一旦作出实体判决，不仅难以强制执行，还可能侵犯行政机关的初次判断权，至少法院不能代替政府或强制政府以安置回建地方式或给予补偿金方式补偿。因此，行政诉讼的主要审查对象系行政机关对行政相对人作出的具体行政行为，赋予行政相对人诉权就是为了更好地监督行政机关行使行政职权，本案某市政府、某市征储中心并未对黄某某作出具体行政行为，且黄某某的诉讼请求中亦是要求某市政府、某市征储中心作出某种行政行为，故行政诉讼的审查对象并不存在，被诉行政行为无法确定。

二、关于不履行征收补偿行政行为的审查

本案黄某某的补偿安置问题既未通过协商解决，也无法定主体作出补偿决定，又无生效裁判对补偿安置问题进行裁判，黄某某作为被征收人应依法先行申请行政机关依法履行补偿安置职责，要求依法作出包含补偿安置内容的补偿安置等决定，相关行政机关在合理期限内拒绝作出补偿安置决定的，被征收人黄某某可以起诉要求依法履行补偿安置法定职责。现黄某某在未先行申请行政机关依法履行补偿安置职责的情况下，径行向人民法院起诉要求某市政府及某市征储中心以安置回建地方式补偿，笔者认为应当从以下两个方面具体论证：一是具体行政行为是否实施及实施方式、时机都存在不确定性，属于行政机关初次判断权的范畴，也不可能对特定行政相对人的权利和义务作出调整，应不属于行政诉讼受案范围。某市政府、征储中心并未对黄某某作出是否给予补偿或给予何种补偿的决定，既未减损黄某某的权益，亦未对其权利义务造成实质性影响，因此黄某某起诉不属于行政诉讼的受案范围。二是行政机关履行法定职责通常需要过程，法院不合适过早介入，替代行政机关作出决策。黄某某在起诉前并未向相关行政机关申请补偿安置，更未与行政机关协商，行政机关也不存在怠于履行补偿安置法定职责的行为，不属于法定履行职责期限已届满、需要法院监督行政机关实施的行政行为，届时黄某某起诉的时机并不成熟，应裁定驳回起诉。

人民法院在审理该类行政诉讼时，应当引导地方政府及其土地行政主管部门在无法通过签订补偿安置协议解决补偿安置纠纷的情况下，要及时、积极、依法作出补偿决定，被征收人对补偿安置不服的，应当对直接确定补偿安置内容的决定提起行政诉讼。

编写人：广西壮族自治区东兴市人民法院　徐丽廷

47

行政机关因无法兑现开发商用地承诺而作出行政补偿决定的，评估时点应公平合理、补偿数额应明确具体

——招商公司诉某市自然资源和规划局、某市人民政府行政补偿案

【案件基本信息】

1. 裁判书字号

山东省高级人民法院（2022）鲁行申 2540 号行政裁定书

2. 案由：行政补偿

3. 当事人

原告（上诉人、再审申请人）：招商公司

被告（被上诉人、再审被申请人）：某市自然资源和规划局（以下简称某市规自局）、某市人民政府（以下简称某市政府）

【基本案情】

1998年11月10日，某市建设委员会作出报告建议采取“以点补亏”办法，补助招商公司在棚户改造项目的亏损。2002年7月9日，某市某区开发指挥部称可在某区某路范围内划出120亩土地作为招商公司的开发用地。2006年11月13日，原某市国土资源和房屋管理局（以下简称某市国土局）作出《关于招商公司经济适用住房建设项目用地预审意见的函》，载明招商公司拟建设项目用地位于某区规划的F1地块内，待该地块所在村村改方案正式批复并按照规划落实村庄用地面积、位路后，在确有可供土地的前提下，为招商公司安排适量土地。2008年3月13日，某市国土局称原F1地块内的土地实际已被其他项目占用，不能再安排给招商公司。2010年11月9日，某市国土局对某区内村庄改造用地配置作出批复。2015年1月19日，某市国土局函复招商公司称，现行土地政策已不允许“以地补亏”，建议选择其他方式解决土地遗留问题。2016年10月，招商公司遂以某市政府、某市国土局为被告提起行政诉讼，要求判令二者根据承诺将位于F1地块内120亩土地路换给招商公司，并办理相关手续。案经一、二审法院审理，生效行政判决认为，该案争议已经多年，因情势变更，土地路换这一补偿方式已无法履行，判决责令某市政府、某市国土局依法采取补救措施。

2020年8月12日，某市规自局根据某市政府指定，作出行政补偿决定，由双方共同委托评估机构以2010年11月目标地块120亩土地旧村改造方案批复时间为评估时点，按照经济适用住房项目评估应得收益，加同期贷款利息作为补偿金额。招商公司不服，再次以某市规自局和某市政府为共同被告，提起本案行政补偿诉讼，请求：1. 撤销补偿决定；2. 判令重新作出补偿决定，补偿方式和标准为：按照商品房开发项目的性质，以 2015 年 1 月 29 日（该 120 亩商品房开发用地实际拍卖成交日）作为评估时点，评估某区确定范围内 120 亩开发用地开发可得收益，并加计至实际支付之日的同期贷款利息。

【案件焦点】

1. 补偿决定确定的评估标准和评估时点是否公平合理；2. 受补偿主体能否就双方达成的“以地补亏”事实行政协议主张违约责任。

【法院裁判要旨】

山东省青岛市中级人民法院经审理认为：涉案补偿决定是否合理合法，具体包括补偿标准的确定和评估时点的确定两个方面。

（一）关于补偿标准的确定。从历年来市领导的批示，到各部门的往来文件及招商公司申请落实“以点补亏”政策的文件，均提到以建设经济适用住房项目的方式进行补亏。部分文件中出现的基础配套费、土地出让金等表述并非政府供地批文、供地合同内容，不能倒推认定补亏用地系商品房用地。以经济适用住房项目测算补偿费用，符合尊重历史、实事求是的原则。

（二）关于评估时点的确定。是以 2010 年 11 月涉案地块旧村改造方案批复时间还是以 2015 年 1 月 29 日（F1-5-1）地块拍卖成交日为评估时点，双方存在争议。补偿机关主张补亏用地必须待目标地块村庄改造方案和修建性详细规划确定时，方能予以统筹考虑，主张以 2010 年 11 月批复时间作为评估时点。但在该时间节点，客观上并未同步对补偿用地予以解决，相反未补偿现状持续至今，对该主张不予支持。考虑到在 F1 地块范围内落实补亏用地现已无法落实，在已查明 F1 地块自 2007 年至 2019 年均有多个项目，而招商公司仍坚持以 2015 年 1 月作为评估时点的情况，对该主张予以尊重。且，从本案被诉补偿决定内容来看，仅载明评估时点和评估标准，并未对补偿的具体金额进行明确，显属不当。依照《中华人民共和国行政诉讼法》第七十条之规定，判决如下：

一、撤销某市自然资源和规划局 2020 年 8 月 12 日对招商公司作出的《行政补偿决定书》；

二、某市人民政府、某市自然资源和规划局依法对招商公司重新作出行政补偿决定。

招商公司不服一审判决，提起上诉。山东省高级人民法院经审理认为：由于双方就用地承诺的履行期限和方式并未作出明确约定，无法依约确定损失评估时点。2015年1月19日，某市国土局明确表示因客观情况和政策变化无法履行承诺，至此招商公司的损失实际发生。招商公司亦表示最低可以接受以2015年1月为评估时点。故，以补偿主体明确表示无法履行的时点起算损失，并无不妥。而违约赔偿责任的承担需要以违约行为的存在为前提。从在案证据来看，在无法履行用地承诺之前，行政机关一直致力与招商公司协商解决遗留问题，未有故意违反承诺之情形。

山东省高级人民法院依照《中华人民共和国行政诉讼法》第八十九条第一款第一项之规定，判决如下：

驳回上诉，维持原判决。

招商公司不服二审判决，申请再审。山东省高级人民法院经审查认为：第一，关于补偿范围的问题。根据各方已经达成的协议，结合招商公司的诉讼请求以及法院的生效裁判文书，在招商公司所要求的120亩土地置换已经无法履行的情况下，相关部门依法采取补救措施并作出了补偿决定，原审法院据此对涉案补偿决定进行审查认定，并要求进一步明确补偿数额，并无不当。第二，关于补偿标准的问题。结合有关部门的往来文件、招商公司多次用地申请等可以证实，被申请人与招商公司形成了事实上的行政协议法律关系，被申请人承诺对招商公司“以地补亏”，由招商公司在涉案地块上进行经济适用房建设。本案均系以经济适用住房建设项目作为补亏的基础和前提。因此，原审关于涉案补偿决定以经济适用住房项目测算补偿费用的认定，并无不当，且符合尊重历史、符合现实的原则。即使部分文件中出现基础配套费、土地出让金等表述，系涉及政策具体落实过程中的问题，招商公司关于应按照商品房开发项目对其进行补偿的主张，依据不足。第三，关于评估时点的问题。由于招商公司与被申请人就用地承诺的履行期限和方式并未作出明确约定，2015年1月因被申请人明确表示无法履行承诺导致招商公司的实际损失发生，故以被申请人明确表示无法履行的时间点起算损失，并无不妥，招商公司对于此评估时点亦表示可以接受。综上所述，招商公司的再审申请不符合《中华人民共和国行政诉讼法》第九十一条规定的情形。

山东省高级人民法院依照《最高人民法院关于适用〈中华人民共和国行政诉讼法〉的解释》第一百一十六条第二款之规定，裁定如下：

驳回招商公司的再审申请。

【法官后语】

由于该类为解决历史遗留问题而作出评估补偿决定的案件，对补偿标准和评估时点的确定，既没有具体的法律依据，也没有可以参照适用的裁量方法，所以对这类补偿决定进行审查时，尤其是当双方对补偿标准和评估时点存在较大争议时，人民法院应当遵循尊重历史、实事求是、公平合理、明确具体的原则，进行综合考量、判断。

一、补偿决定的作出应当遵循尊重历史、实事求是、公平合理、明确具体的基本原则

（一）关于补偿标准的确定

在评估项目标准的确定上，应当遵循尊重历史、实事求是的原则综合考量并体现受补偿人最可能获得的土地价值，尽可能使其实际获得的补偿与应获得的土地使用价值之间差距缩小，甚至能够弥补。本案通过对有关部门“以地补亏”请示、批示材料及招商公司书面申请文件进行判断，确定均系以经济适用住房建设项目作为补亏的前提和基础，因此，以经济适用住房项目标准来评估测算补偿费用。

（二）关于评估时点的确定

关于评估时点的确定，要考虑行政机关作出的系列承诺中最接近兑现行政承诺的时间，是不是最接近完成补偿的时间。就本案而言，要考虑村居改造方案批复时间、修建性详细规划作出时间、案涉地块拍卖成交时间，是不是补偿机关最有可能完成行政补偿的时间。

受补偿主体认可将最接近完成补偿承诺时点作为评估时点的，人民法院应当予以尊重；受补偿主体不认可，也没有证据证明补偿机关确无法履行承诺的，可以认定补偿机关仍在积极践诺，应当以之后更有利受偿主体的时间作为评估时点；受补偿主体不认可，且有证据证明补偿主体确因客观情况和政策变化无法履行承诺的（涉案地块已进行拍卖），在评估时点的确定上，原则上应当以情势变更事由确定出现的时点，即明确复函受补偿主体无法履约（已进行拍卖）的时点作为评估时点，评估计算补偿利益。

二、人民法院需要先行判断属于行政允诺抑或行政协议

厘定真实的补偿法律关系，明确当事人主张行政违约救济的请求权基础，才能建立对行政协议违约责任多项请求权检视的次序框架，进一步审理好行政协议是否存在违约情形，是否需要违约救济的问题。

根据有关部门往来文件、当年市领导批示要求、招商公司多次申请经济适用房用地材料等可以证实，二者已就案涉地块进行评估达成一致，已就评估收益金额作为补偿招商公司损失补偿的对价达成一致。补偿主体从承诺对招商公司“以地补亏”意思表示，向对招商公司支付涉案地块评估收益对价转变。补偿主体与招商公司形成了事实上的行政协议法律关系，完成了从行政承诺向行政协议的法律关系转变。

三、就双方达成的事实行政协议继续主张违约赔偿责任的，人民法院不予支持

从行政效率与公平的角度，行政补偿应当区别于行政协议违约责任赔偿，人民法院不宜从合法性甚至效力上予以整体或局部推翻行政补偿决定。受补偿主体能否就双方达成的事实行政协议主张违约赔偿责任，要回归行政协议的双方践诺性和契约性，补偿机关没有故意违反协议履行行为的，则不宜扩大受补偿主体的责任救济途径。

从在案证据来看，补偿机关在无法履行用地承诺之前，一直致力与招商公司协商解决遗留问题，未有故意违反承诺之情形。并且，招商公司主张违约赔偿责任的赔偿范围为项目开发后的可得利益，该事项已被补偿决定所包含，能

够通过行政补偿程序得到救济。本案系就补偿主体履行历史遗留的补偿义务作出的补偿决定进行审查，作出补偿决定本身系在履行行政协议约定，已无再对之前是否达成补偿一致及违约情况进行审查的必要。

四、本案的实践意义

守信践诺是现代政府合法、合理行政的必然要求。发现并纠正不恰当行政行为，是行政审判领域能动司法的应然之义。在争议纠纷无法协调化解的情况下，以生效判决来指导补偿机关针对类似补偿决定案件作出明确、具体的补偿决定，能够为今后解决类似历史遗留问题提供高效的、符合社会治理规律的法治经验做法，也能让市场主体直接感受到政府的诚意，助力提振政府法治营商环境。

编写人：山东省青岛市中级人民法院　刘力铭　杨洪梅

九、其　他

48

确认行政行为违法但不撤销的法定条件

——房地产开发公司诉某自治州住房和
城乡建设局行政征收或征用案

【案件基本信息】

1. 裁判书字号

新疆维吾尔自治区巴音郭楞蒙古自治州中级人民法院（2022）新28行终27号行政判决书

2. 案由：行政征收或征用

3. 当事人

原告（上诉人）：房地产开发公司

被告（被上诉人）：某自治州住房和城乡建设局（以下简称某自治州住建局）

【基本案情】

2014年，原告取得建筑工程施工许可证及建设工程许可证后，分二期开发建设位于某经济技术开发区某家园项目，第一期项目完工后，原告未修建防空地下室，原告与被告于2021年11月29日确认该项目应缴纳防空地下易地建设费5379811.2元。被告于2021年11月2日向原告作出责令改正违法行为通知书，要求原告收到本通知书之日起5日内改正违法行为履行法定义务，逾期不改正的，将对原告征收城市防空地下室易地建设费。同年12月21日被告向原告作出《城市防空地下室易地建设费行政征收决定书》，决定原告应缴纳城市防空地下室易地建设费5379811.2元，并于当日向原告送达。原告对该决定不服，诉至法院。

【案件焦点】

确认行政行为违法但不被撤销的法定条件。

【法院裁判要旨】

新疆维吾尔自治区库尔勒市人民法院经审理认为：原告开发建设的房地产项目，应当按照《中华人民共和国人民防空法》第二十二条、《新疆维吾尔自治区实施〈中华人民共和国人民防空法〉办法》第十六条的规定，按照国家的要求和标准修建防空地下室，如未修建应缴纳易地建设费。但原告自2014年开发建设以来，未按照规定修建防空地下室也未缴纳易地建设费，故被告作出的行政征收决定符合法律规定。

新疆维吾尔自治区库尔勒市人民法院依照《中华人民共和国行政诉讼法》第六十九条之规定，判决如下：

驳回原告房地产开发公司的诉讼请求。

房地产开发公司不服一审判决，提起上诉。新疆维吾尔自治区巴音郭楞蒙古自治州中级人民法院经审理认为：被上诉人作出的《责令改正违法行为通知书》应适用《中华人民共和国行政处罚法》的规定。其作出的《城市防空地下室易地建设费行政征收决定书》应适用《中华人民共和国行政强制法》的相关规定。本案中，被上诉人向上诉人作出《责令改正违法行为通知书》，并告知行政相对人即本案上诉人如对本通知书不服，可申请行政复议或者提起行政诉讼。但在申请行政复议或者提起行政诉讼期限尚未届满时，即作出本案行政征收决定，将行政处罚与行政强制一并实施，显然违反了程序正当原则，依法应当予以撤销。但如若撤销，将会给国防建设造成损害，对国家利益、社会公共利益造成重大损害，也极有可能造成国有资产的流失等重大风险。

新疆维吾尔自治区巴音郭楞蒙古自治州中级人民法院依照《中华人民共和国行政诉讼法》第七十四条、第八十九条第一款第二项的规定，判决如下：

一、撤销新疆维吾尔自治区库尔勒市人民法院（2022）新2801行初13号行政判决；

二、确认某自治州住建设局于2021年12月21作出的《城市防空地下室易地建设费行政征收决定书》违法。

【法官后语】

行政诉讼依法审判的实质是，监督行政机关依法行使职权是基础，保护合法权益是前提，化解行政争议是目的。下面笔者就本案确认行政行为违法，但不撤销行政行为判决入手，针对该类案件的特点、适用条件、确认违法行政行为的效力等方面进行简要分析。

一、确认行政行为违法但不撤销行政行为的案件特点

确认诉讼是指公民、法人或者其他组织请求法院就某种行政法律关系是否存在，以及行政行为是否有效、是否违法予以确认的诉讼类型。而确认违法判决是对行政行为合法性作出否定性评价但不予撤销的判决类型。本案所要分析的确认行政行为违法，但不撤销判决类型，就是人民法院在对行政行为合法性审查之后，认定行政行为违法，符合作出否定判决的条件时，要根据案情酌定是否将其转换为负面评价较轻的确认违法判决。

二、确认判决类型的适用条件

行政行为的合法性和有效性是分离的。从我国行政诉讼判决形式上看，行政行为违法的程序不同，决定了行政行为的效力是否能够得到保留。行政行为的违法分为三种程序：一是行政行为重大且明显违法；二是行政行为一般违法；三是行政行为程序轻微违法。确认无效判决对应行政行为重大且明显违法的行政行为；撤销判决和变更判决对应一般违法的行政行为；在确认违法判决下，行政行为的效力分为两种情况：

（一）确认违法但不适合撤销

1. 撤销会给国家利益和社会公共利益造成重大损害，是《中华人民共和国

行政诉讼法》第七十四条第一款第一项关于行政撤销判决阻却事由的原则规定，该情形应为确认违法但不适合撤销。其中，公共利益是指有不特定的多数人的整体性的共同利益，也包括第三人的合法权益。如撤销被诉行政行为将会损害善意第三人合法权益，则对善意第三人的保护不再单纯是对个人权利的保护，更为重要的目的在于维护社会交易的安全性，属于公共利益的范畴。被诉行政行为存在《中华人民共和国行政诉讼法》第七十条规定的应予撤销的情形，该违法的行政行为完全符合撤销判决的条件，但撤销该行政行为可能危及公法秩序和公共利益，并将会给国家利益或者社会公共利益造成重大损失的，故该情形属于确认违法但不适合判决撤销，人民法院可将其转换为负面评价较轻的判决，即作出确认被诉行政行为违法的判决。

2. 程序轻微违法。行政行为程序轻微违法，但不会对当事人的权利造成实际影响的，或者影响轻微的，对这类违法行为如果判决撤销，或者判决撤销重作会造成程序空转，浪费司法和行政资源，有损国家利益，亦有可能对行政相对人造成更为不利的影响。故，不宜判决撤销，人民法院应当作出确认被诉行政行为违法的判决。但在审理中应注意审查行政行为程序轻微违法的情形。《行诉解释》第九十六条规定，有下列情形之一的，且对原告依法享有的听证、陈述、申辩等重要程序性权利不产生实质损害的，属于《中华人民共和国行政诉讼法》规定的程序轻微违法：一是处理期限轻微违法；二是通知、送达等程序轻微违法；三是其他程序轻微违法的情形。故，行政行为侵犯“原告依法享有的听证、陈述、申辩等重要程序性权利”，不属于第七十四条第一款第二项规定的“行政行为程序轻微违法，但对原告权利不产生实际影响”的情形。

（二）确认违法但不需要撤销

适用中应注意以下三种情形：（1）行政行为违法，但不具有可撤销内容。如对违法的事实行为，业已发生已无法撤销，故只能确认违法。（2）被诉行政机关改变了原违法行政行为，行政相对人仍要求确认原行政行为违法的。即原违法行政行为已被改变，已无撤销的意义。（3）被诉行政机关不履行或者拖延履行法定职责，而客观情况业已发生变化，继续履行没有必要或没有可能的情况。此类情形，人民法院只能判决确认行政行为违法，同时要求行政机关作出相应补救措施，或者给予国家赔偿。

三、确认违法后被行政行为的法律效力

确认违法判决并没有溯及既往的效力，因此行政行为在确认违法判决前的效力会得到保留。但在确认违法判决后，对被诉行政行为的法律效力的确认应区分为以下两种情况：

1.《中华人民共和国行政诉讼法》第七十四条第一款判决确认违法但不适合撤销判决的情形下，行政行为的效力会得到保留。被确认违法的行政行为在不适合撤销的情况下，该行政行为确定的双方权利义务，仍应继续履行，一方不履行，另一方可以申请人民法院继续履行，或者依法自行强制执行。如本案被诉行政机关作出的易地建设费行政征收决定，虽然被上诉人作出的行政征收决定违反程序正当原则且不属于程序轻微违法的情形，依法应当撤销。但如判决将本案违法行政行为撤销，使其失去法律效力的后果，可能会导致国家和社会公共利益受到重大损失，故本案对案涉行政征收决定只作违法确认，不予撤销，保留该行政征收决定的效力。争议双方仍应按征收决定内容继续履行，以保证国防建设正常进行，保障公共利益的实现。如上诉人仍不履行，被上诉人可向人民法院申请强制执行。

2.《中华人民共和国行政诉讼法》第七十四条第二款判决在确认违法但不需要撤销判决的情形。该条款表述的违法行政行为多见于事实行为，而事实行为本不具有法律上的效果，要么该行政行为本身没有可撤销内容，或者行政行为属于已经改变和行政不作为的情形下，相当于行政行为已经被撤销，再判决撤销和履行已经没有任何意义。故，该类行政行为的法律效力处于不存在、不可评价或没必要评价状态，再溯及既往也就失去效力，而依据该行政行为给双方当事人确定的权利义务，不再继续履行，根据该行政行为衍生出的其他行政行为，也失去合法性的基础，亦应撤销或确认违法。

编写人：新疆维吾尔自治区巴音郭楞蒙古自治州中级人民法院　孟梅君

49

纳税争议中的纳税事实认定及滞纳金计算

——李某诉国家税务总局某市某区税务局某税务所、国家税务总局某市某区税务局征缴税款及行政复议案

【案件基本信息】

1. 裁判书字号

北京市第一中级人民法院（2022）京 01 行终 207 号行政判决书

2. 案由：征缴税款及行政复议

3. 当事人

原告（上诉人）：李某

被告（被上诉人）：国家税务总局某市某区税务局某税务所（以下简称某税务所）、国家税务总局某市某区税务局（以下简称某区税务局）

【基本案情】

2012 年 5 月 30 日，买受人李某与案外人王某签订《存量房屋买卖合同》，购买案涉 802 号房屋，成交价格为 2870000 元。同年 7 月 12 日，李某取得 802 号房屋的房屋所有权证。2021 年 1 月 25 日，李某因产权置换，到某税务所办理 802 号房屋涉税事项并提交《契税完税证》。某税务所经核实，未查询到该《契税完税证》所载税款的申报、缴纳入库记录。工作人员当场将查询结果告知李某。同年 2 月 22 日，李某到某税务所补缴契税 86100 元及契税滞纳金 135435.30 元。李某不服，主张其已于 2012 年缴纳税款并取得相应完税证明，向某区税务局申请行政复议。同年 6 月 15 日，某区税务局作出行政复议决定书（以下简称案涉复议决定），决定维持某税务所作出的征收

契税86100元及契税滞纳金135435.30元行政行为。李某亦不服，提起本案行政诉讼。

【案件焦点】

1. 案件事实层面，李某是否已经实际缴纳税款；2. 法律层面，税收滞纳金如何进行计算，税收滞纳金是否可以超过本金。

【法院裁判要旨】

北京市海淀区人民法院经审理认为：依据《中华人民共和国税收征收管理法》（以下简称《税收征收管理法》）第十四条规定，某税务所具有征收税款的法定职责。同时，依据《中华人民共和国行政复议法》（以下简称《行政复议法》）第十二条规定，某区税务局作为某税务所的上一级主管部门，依法负有相应的行政复议职责。根据《税收征收管理法》第三十二条规定，纳税人未按照规定期限缴纳税款的，扣缴义务人未按照规定期限解缴税款的，税务机关除责令限期缴纳外，从滞纳税款之日起，按日加收滞纳税款万分之五的滞纳金。同时，《中华人民共和国契税暂行条例》（以下简称《契税暂行条例》）第一条规定："在中华人民共和国境内转移土地、房屋权属，承受的单位和个人为契税的纳税人，应当依照本条例的规定缴纳契税。"该条例第四条第一款第一项规定，国有土地使用权出让、土地使用权出售、房屋买卖，契税的计税依据为成交价格。该条例第五条规定，契税应纳税额，依照本条例第三条规定的税率和第四条规定的计税依据计算征收。应纳税额计算公式：应纳税额=计税依据×税率。该条例第十一条第一款规定，纳税人应当持契税完税凭证和其他规定的文件材料，依法向土地管理部门、房产管理部门办理有关土地、房屋的权属变更登记手续。此外，《北京市契税管理规定》第五条规定："契税税率为4%。"本案中，李某于2012年购买802号房屋，发生契税的纳税义务。李某虽向某税务所提交《契税完税证》，用以证明其已经完税。但经某税务所核实，没有该《契税完税证》所载税款的申报及缴纳入库记录。因此，李某仅凭该《契税完税证》，不能证明其已经实际缴纳了契税。某税务所据此以802号房屋的成交价格2870000元为计税依据，向李某征收契税86100元，并无不当。同时，李某于2012年7月12日取得802号房屋所有权证，未实际缴纳契税，后于2021年2月22日补缴契税。某税务所据此从滞纳税款之日起按日加收滞纳税款万分之五的滞纳金，共计135435.30元，亦无不当。关于李某提出某税务所已经超过《税收征收管理法》第五十二条所规定的法定追征期限的主张。法院认为，《税收征收管理法》第五十二条规定："因税务机关的责任，致使纳税人、扣缴义务人未缴或者少缴税款的，税务机关在三年内可以要求纳税人、扣缴义务人补缴税款，但是不得加收滞纳金。因纳税人、扣缴义务人计算错误等失误，未缴或者少缴税款的，税务机关在三年内可以追征税款、滞纳金；有特殊情况的，追征期可以延长到五年。对偷税、抗税、骗税的，税务机关追征其未缴或者少缴的税款、滞纳金或者所骗取的税款，不受前款规定期限的限制。"根据一审法院查明的事实，本案不属于上述规定中有关三年、五年追征期的具体情形。因此，一审法院对李某的上述主张不予支持。此外，某税务所在对李某作出征收契税及滞纳金过程中，履行了告知、征收等行政程序，符合法律规定。某区税务局在行政复议过程中，亦履行了行政复议的相应程序，复议决定亦无不当。某税务所向李某征收契税、滞纳金的行为，以及某区税务局作出的案涉复议决定认定事实清楚，程序合法，适用法律正确。现李某请求某税务所退还税款和滞纳金，撤销某区税务局作出的案涉复议决定，缺乏事实和法律依据，法院不予支持。

依照《中华人民共和国行政诉讼法》第六十九条及第七十九条的规定，判决如下：

驳回李某的诉讼请求。

李某不服一审判决，提出上诉。北京市第一中级人民法院经审理认为：案涉契税是否实际缴纳系本案的关键事实，且该事实属于涉及国家利益、公共利益的事实认定的情形，故本院依职权向税务部门调取了相同票号的契税完税证及相应的申报和缴纳入库记录等证据。在李某并无申报纳税手续及入库记录，且无其他证据可以佐证其已经缴纳案涉契税的情况下，仅凭其提交的契税完税证不足以证明其已经实际缴纳了契税。根据在案证据，本案情形不属于规法律规定的因税务机关的责任或纳税人、扣缴义务人计算错误等失误的情形，亦不存在特殊情况，某税务所的追征行为并不受上述三年、五年追征期的限制。李某税款及滞纳金的计算，应依照《税收征收管理法》的规定，从滞纳税款之日起按日加收滞纳税款万分之五的滞纳金符合上述规定。

北京市第一中级人民法院依照《中华人民共和国行政诉讼法》第八十九条第一款第一项之规定，判决如下：

驳回上诉，维持一审判决。

【法官后语】

本案的核心争议集中于事实和法律两个层面，事实层面的争议焦点在于李某是否缴纳税款，法律层面的争议焦点则为税款滞纳金的计算方式。

一、纳税争议中的依职权调取证据

在纳税争议中，税收征收机关与纳税人天然具有不对等性。前者制作、保存与纳税相关的直接证据，而后者除相关的公文书证外，仅能提供相关的辅助性证据。在实质化解决争议的背景之下，查明与纳税相关的事实直接影响到案件的实体审理，同时亦关涉国家税收秩序的维护和保障，涉及国家利益与公共利益。因此，法院在该类案件中依职权调取证据十分必要。

只有当事实认定直接影响税款缴纳义务及税款额度时，纳税争议事实才直接与国家利益相关。换言之，对于一些过程性的事实并不属于涉及国家利益和公共利益的情形。法院依职权调取证据应当作为当事人举证的补充，在当事人提交证据与依职权调取证据之间，应当以当事人主义为基础，以职权主义为辅助。

关键事实的判断标准在于该事实是否影响到定案结果。如果该事实处于真伪不明的状态中，且在案证据无法达到案件对应的证明标准，无法形成法官内心确信时，法院启动依职权调取证据程序。但是不能为证明行政行为的合法性调取被告作出行政行为时未收集的证据，法院的侧重点是在于查明案涉关键事实，而非支持被诉行政行为的合法性。

二、税款滞纳金计算的司法审视

在税收滞纳金问题上，《中华人民共和国行政强制法》（以下简称《行政强制法》）和《税收征收管理法》的适用可能存在“新的一般规定”与“旧的特殊规定”之间的冲突。

基于此，司法实践中出现了一定程度的分歧。一些法院持肯定观点，认为税收滞纳金不受行政强制法“不得超出金钱给付义务的数额”条款的约束。一些法院持否定观点，即税收滞纳金应受行政强制法“不得超出金钱给付义务的数额”条款的约束。

关于税收滞纳金，目前主流观点认为滞纳金兼具损害赔偿兼行政执行罚的性质。而更前沿的分歧，更多的在于税收滞纳金“补偿性”或是“处罚性”的倾向性判断。

在本案裁判中，合议庭通过将《行政强制法》中一般滞纳金与案涉税收滞纳金相对比，厘清了裁判思路。《行政强制法》规定的滞纳金属于执行罚的一种，系对当事人逾期不履行行政机关依法作出金钱给付义务行政决定进行处罚，是一种行政强制措施。而《税收征收管理法》规定的税收滞纳金则表现出间接强制执行的样态，税收滞纳金具有特定性，税收与其他的金钱罚并不相同。税收滞纳金附随于纳税义务产生，而纳税义务并不是一种处罚措施。附随于纳税义务而产生的税收滞纳金，目的既在于督促纳税人履行纳税义务，同样也在于补偿因原本的财政收入被纳税义务人占用而造成的损失，故其兼而有惩罚的性质。但综合衡量“补偿性”与“惩罚性”，前者更为突出，而后者存在一定附带性。

基于上述讨论，税收滞纳金本质上补偿性更明显，不是直接将其认定为一种执行罚，因此不适用强制执行法的规定，而应直接适用《税收征收管理法》。作为《税收征收管理法》相关行政法规的《中华人民共和国税收征收管理法实施细则》亦应适用。即依照《税收征收管理法》第三十二条的规定，从滞纳税款之日起，按日加收滞纳税款万分之五的滞纳金。并依照《税收征收管理法》第三十二条的规定，计算加收滞纳金的起止时间。且该税款滞纳金计算无上限限制。

关于税收滞纳金，有观点认为，税收征管语境下的“滞纳金”与行政强制领域的“滞纳金”虽采取了同一用语，但实际是指向不同的事项，即存在“同一用语的含义相对性”。税收滞纳金的实践争议根源在于其实际上不加区分地承载了“补偿”与“惩罚”两种功能。由于《行政强制法》的存在，“惩罚”功能的限度影响了“补偿”数额的计算。因此，要厘清“补偿”与“惩罚”的分界，把“税收滞纳金”拆分为“税收利息”和“滞纳金”两部分，前者负责迟延纳税的补偿功能，后者则负有略带惩罚性的督促功能。在这一区分下，税收利息的计算上不封顶，而滞纳金则受行政强制法的控制，由此法律适用逻辑得以厘清。

编写人：北京市第一中级人民法院　肖克　周浩

50

金融基础设施自律监管措施的可诉性与合法性审查

——电子公司诉某证券交易所行政处理案

【案件基本信息】

1. 裁判书字号

上海市高级人民法院（2022）沪行终288号行政判决书

2. 案由：行政处理

3. 当事人

原告（上诉人）：电子公司

被告（被上诉人）：某证券交易所

【基本案情】

电子公司股票原在某证券交易所上市。2021 年 4 月 29 日，电子公司发布 2020 年年报，其中载明：当期主要会计数据中营业收入为 8505794.08 元，比上年同期减少 70.09%，扣除与主营业务无关的业务收入和不具备商业实质的收入后的营业收入为 0 元。

因同时触发 2020 年《某证券交易所股票上市规则》（以下简称 2020 年《股票上市规则》）第 13.9.1 条和第 13.3.2 条规定，2021 年 4 月 29 日，电子公司发布《关于公司股票实施退市风险警示暨临时停牌的公告》，载明：退市风险警示起始日为同年 5 月 6 日，并于同年 4 月 30 日停牌一天。

2022 年 4 月 29 日，原告发布《电子公司 2021 年年度报告》，其中载明：当期营业收入 152397617.52 元，同比上涨 1691.69%，扣除与主营业务无关的业务收入和不具备商业实质的收入后的营业收入 133945619.51 元，净利润为-4737609.51 元，扣除非经常性损益的净利润为-6237691.17 元。同日披露的《2021 年度专项核查意见》中记载：电子公司营业收入扣除情况表中“营业收入扣除后金额”13394.56 万元属于“与主营业务无关的业务收入”，应予以扣除，营业收入扣除后金额为 0 元。

2022 年 4 月 30 日，某证券交易所向电子公司发出《关于拟终止电子公司股票上市的事先告知书》，告知其根据年报审计机构出具的《2021 年度专项核查意见》，其营业收入扣除后金额为零元，已触及《某证券交易所股票上市规则（2022 年 1 月修订）》（以下简称 2022 年《股票上市规则》）第 9.3.11 条规定的终止上市条件，将根据 2022 年《股票上市规则》第 9.3.14 条的规定，对电子公司股票作出终止上市的决定，并告知了申请听证的权利。

同年 5 月 20 日，应电子公司申请，某证券交易所组织进行了听证。同日，上市委员会作出审核意见，同意股票终止上市。2022 年 5 月 25 日，某证券交易所作出《关于电子公司股票终止上市的决定》，认定电子公司已构成 2022 年《股票上市规则》第 9.3.11 条规定的终止上市情形，根据第 9.3.14 条的规定，经某证券交易所上市委员会审核，决定终止电子公司股票上市；并在退市整理期届满后5个交易日内，对电子公司股票予以摘牌，股票终止上市；对终止上市决定不服的，可以在某证券交易所公告决定之日后的5个交易日内申请复核。

【案件焦点】

1. 被告某证券交易所在本案中所履行的职责是否属于公法上的权力，本案被诉《终止上市决定》是否属于可诉的行政行为；2. 原告2021年年报中所确认并经《2021年度专项核查意见》扣除的营业收入，是否属于“与主营业务无关的业务收入和不具备商业实质”的收入；3. 被告某证券交易所作出被诉决定的程序是否正当。

【法院裁判要旨】

上海金融法院经审理认为：就第一项争议，首先，根据《中华人民共和国证券法》的规定，交易所实施监管行为时，可以作为公法上的主体承担责任。其次，交易所根据法律授权并经证监会批准，依照自律监管规则实施监管行为，受合法性原则约束。同时，鉴于自律监管措施类型多样，对相关主体的权益产生的效果也不同，故纳入审查的自律监管措施应当对当事人权益产生实质影响并具有成熟性。

强制退市虽系自律监管措施，但其褫夺原由行政行为赋予之资格，改变了法律状态，对原告权利义务产生重要影响，故应纳入审查范围。被告履行监管职责，应视为授权行政主体；《终止上市决定》对原告权益产生终局性影响，属于可诉的行政行为。

就第二项争议，首先，依照《中华人民共和国证券法》和《证券交易所管理办法》，2022年《股票上市规则》规定的组合财务退市指标，构成了上市公司股票财务类强制退市的法定条件。其次，审计机构出具《2021年度专项核查意见》，明确说明核查过程，并认定原告2021年度营业收入在扣除与主营业务无关或不具备商业实质收入后的金额为0元，并无不当。

就第三项争议，《中华人民共和国证券法》修订后确立了以信息披露为核心的监管原则，被告依法及自律规则开展的监管行为，以督促和完善相应主体履行信息披露义务为主要形式，确保证券交易市场主体公平参与。

被告根据原告相关披露文件中记载的内容进行问询，确保了公开性，同时在听证中原告对经营情况进行了说明，上市委员会并就此进行了询问。结合审计机构出具的专项核查意见，被告就此作出《终止上市决定》，所认定的事实并无不当。

被告依《股票上市规则》，在原告被实施退市风险警示后，再次触及组合财务退市指标时，事先告知了拟终止上市决定，并依申请组织了听证，调查了相关事实、听取了陈述申辩，经上市委员会审核后作出被诉行政决定，行政程序合法。

上海金融法院判决如下：

驳回原告的诉讼请求。

电子公司不服一审判决，提起上诉。上海市高级人民法院同意一审法院裁判意见。

上海市高级人民法院依照《中华人民共和国行政诉讼法》第八十六条、第八十九条第一款第一项之规定，判决如下：

驳回上诉，维持原判。

【法官后语】

近年来，随着资本市场发展、金融法律制度不断健全，证券交易所等金融自律管理组织在完善金融监管体系，提升资本市场法治透明度等方面发挥着越来越重要的作用。证券交易所等机构通过自律监管措施实施监管，上市公司等主体能否提起诉讼，法院如何进行审查，本案一、二审判决围绕争议的焦点进行了阐述，对今后类案裁判和适法统一具有一定参考意义。

一、证券交易所的行政诉讼被告资格与自律监管行为的性质

当事人就证券交易所作出的强制退市、纪律惩戒等自律监管行为向法院提起行政诉讼并不鲜见。为此，本案从以下三个方面考虑证券交易所的行政诉讼被告资格和终止上市决定的可诉性：

1. 证券交易所在公法上的地位。根据《中华人民共和国证券法》（以下简

称《证券法》）第九十六条、第九十九条第一款的规定，证券交易所的设立由国务院决定，其组织、监督证券交易并基于公益优先原则履行自律管理职能，维护市场的公平、有序、透明。《证券法》《证券交易所管理办法》对证券交易所的设立、变更、法定代表人任免等组织事项作了特别规定，对证券交易所的职能也作了明确规范。大陆法系对这类基于公共目的设立，其职能又不适合直接由行政机关承担的机构，往往在组织法上归于公务法人（行政法人）或公营造物。

2. 证券交易所的自律监管行为可以归为行政行为。证券交易所作为间接行政的授权主体，相应地只有在依照法律、法规、规章授权其实施行政管理职能时，才构成行政主体。证券交易所实施的自律监管行为，监督证券交易活动是一项行政职能，《证券法》《证券交易所管理办法》又将部分监管职责授权证券交易所根据法律规范和自律规则实施。因此，证券交易所根据法律授权所实施的自律监管行为，可以归为行政行为的范畴。另外，证券交易所根据法律授权并经证监会批准，依照自律规则实施证券交易监管行为，并不仅仅以《证券上市协议》为基础，自律监管措施也不单纯基于意思自治而得为之，而应依照法律、法规等上位法并结合自律监管规则，因此受到合法性原则的约束。

3. 纳入行政诉讼的自律监管行为需要符合条件。根据《股票上市规则》及其他自律规则，证券交易所自律监管措施类型多样，对参与证券交易相关主体的权益所产生的效果也不同，因此并非所有自律监管措施都符合行政诉讼受理条件。就本案而言，证券上市本身须经行政许可，强制退市虽系证券交易所依照《股票上市规则》实施的自律监管措施，但其褫夺原由行政行为赋予之资格，改变了股票上市的法律状态，对相对人权利义务产生重要影响，具备终局性和成熟性，故应当纳入审查的范围。需要指出的是，根据《证券法》第四十九条规定，对交易所终止上市决定，可以向交易所设立的复核机构申请复核。当事人是否须复核后才能向法院提起行政诉讼，是值得研究的问题。作为内部救济程序的复核类似于行政复议，我国目前除法律特别规定复议前置外，其他行政行为皆以复议选择主义为原则，并不实行严格的穷尽救济原则，因此对于终止上市决定在法律未明确复核前置的情形下，应当允许当事人直接提起行政诉讼。

二、退市新规实施后终止上市决定的合法性审查要点

我国上市公司退市制度曾经历多次改革，在2019年《证券法》修订前，原《证券法》第五十五条、第五十六条分别规定了暂停上市和终止上市。2019年《证券法》修订，第四十八条明确由交易所依照自律规则决定终止上市，2020年中央全面深化改革委员会通过《健全上市公司退市机制实施方案》，在此基础上沪深交易所分别在上市规则及相关业务指南中对退市规则作了明确。

1. 自律规则的地位。制定自律规则是证券交易所作为自律管理机构履行自我管理、落实一线监管和提供证券业务服务的重要权力。自律规则既有内部自治的私法属性，又因交易所行使监管职责而具备公法属性。基于法律优先和法律保留原则，一般而言行政主体作出行政行为应有法律上的依据，而《证券法》第四十八条授权交易所依据自律规则决定终止上市，可以视为法律特别授权，从而自律规则可以作为交易所作出终止上市决定的依据。对法院而言，自律规则虽经法律授权，但与法律、法规仍存在位阶区别，依照《最高人民法院关于为设立科创板并试点注册制改革提供司法保障的若干意见》等司法政策，人民法院审理案件中可以“参照适用自律规则”。因此在行政诉讼中，自律规则的适用规则可以比照规章在行政案件中进行相应适用。

2. 交易所作出终止上市决定的行政程序要求。本案中，原告提出某证券交易所在作出终止上市决定的过程中，仅依据年报、专项审核报告及问询答复等书面文件，而未对原告、审计机构、供应商等进行询问和实地调查，调阅审计底稿，故认为行政程序不合法。这里涉及交易所履职程序的问题。从行政程序角度，除法律、法规对行政程序有明确的要式性要求外，原则上行政主体采取何种程序性措施属于其裁量范围。而证券交易所作出自律监管措施又有别于一般行政行为，因为证券自律监管措施所针对的对象大多为公开市场主体，需要遵循信息披露公平原则，尤其是以信息披露为核心的注册制改革后，更为强化信息披露在监管体系中的重要作用。故，交易所的调查职能主要通过对相关主体的公开披露文件进行审查分析来实现。之所以课以金融自律组织监管行为的程序义务有别于行政机关，与自律组织的监管职能定位有着密切联系。作为一

线监管的自律组织，基于市场前沿可以对金融交易进行实时监测，对高技术条件下的监管需求也可以进行实时回应，这些都是传统行政所不具备的优势。如果对金融自律组织的监管活动规定过高的程序性要求，可能造成自律组织的监管模式与行政机关的机关模式趋同，降低自律监管的效果。因此，当交易所通过公开披露信息已经足以作出相应事实认定时，应当认为交易所已经履行了调查职责。另外，根据上市规则，组合财务强制退市主要考量的是上市公司公开披露的财务指标是否已经触及退市条件。因此，上市公司本身需要依法主动定期披露相应财务状况，并确保披露信息的真实、准确、完整。在此基础上交易所根据公开披露信息作出相应认定，事先告知了拟处决定并应当事人申请进行了听证，应当认定具有程序正当性。

在自律规则构建的退市新规下，交易所依照自律规则开展退市监管，在确保程序正当、公正监管的前提下，不应规定过多的程序性义务，这点也是其他法域司法案例中对交易所自律监管行为进行审查时的常见标准。

编写人：上海金融法院　葛翔

51

自然资源主管部门在土地出让条件发生变化的情况下有权终止挂牌出让

——房地产开发公司诉某市自然资源和规划局不履行国有土地使用权出让职责案

【案件基本信息】

1. 裁判书字号

江苏省南通市中级人民法院（2022）苏06行终683号行政判决书

2. 案由：不履行国有土地使用权出让职责

3. 当事人

原告（上诉人）：房地产开发公司

被告（被上诉人）：某市自然资源和规划局（以下简称某市自规局）

【基本案情】

2009 年 11 月 17 日，某市自规局就某地块出让发布了《国有建设用地使用权出让公告》（以下简称案涉出让公告）。置业公司和房地产开发公司报名参加竞买活动，并缴纳了 980 万元保证金。2009 年 12 月 25 日，某市自规局向房地产开发公司和置业公司发出竞买通知，同意房地产开发公司和置业公司参加该宗土地出让活动，并告知挂牌起始时间和截止时间，挂牌期间置业公司报价 6498 万元。2009 年 12 月 31 日，某市自规局向房地产开发公司发出《取消竞买人资格的通知》（以下简称《取消通知》），认为房地产开发公司报名时没有提交房地产开发企业资质证书，只出具了有关部门“正在办理”的证明，决定取消房地产开发公司的竞买人资格。2010 年 4 月 22 日，房地产开发公司向海安市人民法院提起行政诉讼，要求撤销《取消通知》，海安市人民法院作出（2010）安行初字第 0017 号行政判决，认为某市自规局取消房地产开发公司竞买人资格的行为缺乏法律依据，且程序违法，判决撤销《取消通知》。置业公司不服提起上诉，二审、再审均被驳回。

2015 年 8 月 12 日，某市自规局与置业公司达成和解协议，某市自规局退还置业公司竞买保证金并补偿损失，置业公司退出竞买活动。此后，房地产开发公司多次要求某市自规局恢复挂牌程序未果后，于 2021 年 10 月 25 日向法院提起本案诉讼，请求判决某市自规局按照案涉出让公告及竞买须知的内容履行土地出让职责、恢复挂牌程序、确认房地产开发公司为本次挂牌程序唯一中标人资格并签订《成交确认书》。

【案件焦点】

房地产开发公司要求某市自规局按照案涉出让公告及竞买须知的内容继续

履行土地出让职责，并与房地产开发公司签订成交确认书及国有土地使用权出让合同，是否具有事实根据和法律依据，理由能否成立。

【法院裁判要旨】

南通经济技术开发区人民法院经审理认为：置业公司已退出挂牌出让活动，招拍挂出让活动仅剩房地产开发公司，无法体现出让活动的竞争性。案涉地块未完成拆迁，属于“毛地”，不符合现行土地出让条件。与案涉出让公告发布时相比，土地市场价格已发生巨大变化，如直接按案涉出让公告恢复挂牌，明显损害国家和社会公共利益。综上，案涉出让公告对应的挂牌程序已不适合继续进行。

南通经济技术开发区人民法院依照《中华人民共和国行政诉讼法》第六十九条之规定，判决如下：

驳回房地产开发公司的诉讼请求。

房地产开发公司不服一审判决，提出上诉。江苏省南通市中级人民法院经审理认为：国有土地使用权挂牌出让公告行为属于要约邀请，竞买人提出报价并按要约邀请支付保证金的行为属于要约，双方当事人尚未形成土地使用权出让合同关系。某市自规局并未对房地产开发公司的出价作出承诺，即使置业公司退出竞买，也不意味着房地产开发公司必然可以成为竞得人。房地产开发公司要求某市自规局与其签订国有土地使用权出让合同的主张不符合行政协议意思自治的基本原则，以及要约、承诺的基本规则。从房地产开发公司要求继续按照案涉出让公告挂牌出让的现实可能性来看，案涉出让公告适用的土地出让条件已发生重大变化。第一，案涉地块的规划设计要点有效期为 12 个月，土地估价的有效期为半年，目前已远远超过有效期，显然不能依照原公告的内容执行。第二，在国家禁止毛地出让的情况下，案涉地块未拆迁完毕，不符合现行的出让条件。第三，某地区房地产市场已发生显著变化，如果继续按房地产开发公司的报价 6588 万元执行，不能实现案涉地块国有土地使用权出让的目的，会使国有资产遭受巨大损失，造成公共利益的严重损害。

综上，无论是从土地挂牌出让公告的法律性质，还是目前土地出让的现实条件来看，作为竞买人的房地产开发公司，直接要求某市自规局恢复挂牌出让行为，并与之签订成交确认书、国有土地使用权出让合同，均缺乏事实根据和法律依据。

江苏省南通市中级人民法院依照《中华人民共和国行政诉讼法》第八十九条第一款第一项之规定，判决如下：

驳回上诉，维持原判。

【法官后语】

国有土地使用权出让行为存在标的大、履行周期长、参与主体多、民事行政交织等诸多特点，导致其一直是行政管理实践中的热点问题。在土地出让过程中，往往可能因为某一环节的违法或违约行为，导致出让程序中断甚至终止。虽然土地出让的目的在于实现土地市场化资源配置，促进土地利用，应当尽可能地促进合同目的实现，但土地同时也是稀缺资源，因为不当出让、使用造成的损失是不可逆转的。当事人因是否继续履行出让程序发生争议时，法院应当从行政和民事两个方面综合考虑土地继续出让的合法性、可行性、必要性，从而最大化地实现土地利用价值，维护公共利益与个人权益之间的平衡。

一、国有土地使用权挂牌出让公告的性质

国有土地使用权出让兼具行政和民事双重性质。从行政管理的角度观察，发布出让公告的行为毫无疑问属于具体行政行为，但是，与传统高权行政行为不同，发布出让公告行为并不直接设定行政法上的权利义务，而需要双方签订国有土地使用权出让合同，才会产生土地出让的效果。《招标拍卖挂牌出让国有建设用地使用权规定》第二条第四款规定，本规定所称挂牌出让国有建设用地使用权，是指出让人发布挂牌公告，按公告规定的期限将拟出让宗地的交易条件在指定的土地交易场所挂牌公布，接受竞买人的报价申请并更新挂牌价格，根据挂牌期限截止时的出价结果或者现场竞价结果确定国有建设用地使用权人的行为。根据上述规定可见，国有土地使用权出让公告属于要约邀请，竞买人在竞买申请中提出报价，并按要约邀请支付保证金的行为，属于要约，双方当事人尚未形成土地使用权出让合同关系。在自然资源主管部门与竞买人签订成交确认书、国有土地使用权出让合同之前，自然资源主管部门尚未对竞买人的报价作出承诺，双方关系仍停留于缔结合同过程中的要约阶段。

二、终止国有土地使用权挂牌出让行为的行政法考量

《招标拍卖挂牌出让国有建设用地使用权规定》对自然资源主管部门在土地挂牌阶段能否终止挂牌并未明确规定。《最高人民法院关于审理行政协议案件若干问题的规定》第十六条规定了行政机关在履行行政协议过程中，可以基于国家利益、社会公共利益而变更、解除协议的行政优益权，《中华人民共和国行政许可法》第八条规定了行政许可所依据的法律规定发生变化，或者为了公共利益的需要，行政机关可以依法变更或者撤回已经生效的行政许可。上述两种情形，均是行政法律关系存在的情况下，行政机关对现有行政行为的撤销权，根据"举重以明轻"的原则，在招拍挂阶段，双方尚未确定行政法上的权利义务，理论上行政机关自可随时、无因地终止挂牌。但是，行政行为不同于普通民事行为，行政机关自启动行政程序始，就应当履行勤勉、审慎，尽力实现行政目标的义务。随意终止行政程序即使不违反法律规定，也会对行政机关公信力、行政管理成本产生损失。因此，除非出现行政程序存在重大瑕疵、规划发生变化、土地出让客观不能等情形，自然资源主管部门一般不得随意终止挂牌行为。如本案中，规划条件、土地价值等出让条件已发生重大变化，继续按照原出让公告的内容挂牌出让土地会损害公共利益，法院遂据此认可某市自规局的终止挂牌行为。

三、终止国有土地使用权挂牌出让行为的法律责任

国有土地使用权出让以签订出让合同为行政法律关系成立的标准，故终止挂牌行为的法律责任，应纳入签订合同的视域考察。《中华人民共和国民法典》第五百条规定了缔约过失责任。行政协议中的缔约过失责任，是指在行政协议缔结过程中，行政机关因自己的过错而导致行政协议不成立无效或者被撤销，应当对信赖该行政协议有效成立的行政相对人赔偿基于此项信赖而发生的损害。缔约过失责任的存续期间即先合同义务存续期间，竞买人提出报价之时为要约，如果以报价时间作为挂牌出让缔约过失责任的起始时间，则意味着发布出让公

告起到竞买人报价时间止就不存在缔约过失责任，这就导致在这一阶段行政机关更改挂牌公告、挂牌文件、终止挂牌等，无须承担任何责任。实践中，行政机关发布出让公告后，竞买人基于对行政机关的信任，为竞得土地，往往会进行调查、规划、设计方案、资金准备等，即为缔约投入人力物力，如不纳入损失范围，则不利于权利完整保护，也有损行政公信力。因此，挂牌出让缔约过失责任的存续期间，应始于挂牌公告公布之日，止于行政机关与竞得人签订国有建设用地使用权合同之时。本案中，某市自规局曾错误地认定房地产开发公司不具备竞买人资格，导致土地出让行为久拖不决直至终止，其显然存在缔约过失，应当赔偿房地产开发公司相应损失。

编写人：江苏省南通市中级人民法院　张祺炜　冯禹源

52

第三人支付的医疗费用应优先冲抵参保人未能获得先行支付部分的损失

——郑某某诉某市某区医疗保障局基本医疗保险先行支付案

【案件基本信息】

1. 裁判书字号

山东省济宁市中级人民法院（2022）鲁 08 行终 133 号行政判决书

2. 案由：基本医疗保险先行支付

3. 当事人

原告（上诉人）：郑某某

被告（被上诉人）：某市某区医疗保障局（以下简称某区医保局）

【基本案情】

郑某某系济宁市某区居民，参加本辖区城镇职工基本医疗保险。2017 年 9 月 16 日 22 时 25 分许，案外人梁某某醉酒后驾驶某小型轿车由西向东行至某市车站西路某酒店门口处时，碰撞到由北向南横过道路步行的郑某某，致郑某某受伤，车辆损坏，造成道路交通事故。后经交通事故认定，梁某某承担本次交通事故的全部责任，郑某某无责任。郑某某于 2017 年至 2019 年先后在某市某医院进行救治，共花费医疗费 531620.14 元。在郑某某住院期间，梁某某为其垫付医疗费 275000 元，保险公司在交强险责任限额内赔偿郑某某各项经济损失 120000 元（其中医疗费 10000 元）。2020 年 2 月 27 日，济宁市任城区人民法院作出（2019）鲁 0811 民初 12098 号民事判决，判决梁某某赔偿郑某某各项损失共计 939576.94 元，扣除梁某某已经支付的 275000 元，还应赔偿郑某某 664576.94 元。判决生效后，梁某某未按期赔付，郑某某申请强制执行。2020 年 7 月 30 日，原审法院作出（2020）鲁 0811 执 1254 号执行裁定书，被执行人暂无财产可供执行，裁定终结本次执行程序。郑某某医疗费 531620.14 元扣减梁某某已支付的 275000 元，交强险支付医疗费 10000 元，郑某某尚有医疗费 246620.14 元损失未实际获得赔偿。郑某某向某区医保局申请先行支付医药费用，某区医保局作出案涉《不予先行支付决定书》，对郑某某的基本医疗保险基金先行支付申请，作出基本医疗保险基金不予先行支付的决定。郑某某不服诉至法院，请求依法撤销某区医保局 2021 年 6 月 24 日出具的《不予先行支付决定书》并判令某区医保局先行支付郑某某剩余医药费用共计 246620.14 元。

【案件焦点】

1. 郑某某因第三人侵权而引发基本医疗保险先行支付时，医疗费用先行支付的范围应如何确定；2. 第三人已经支付的医疗费应否在医保部门核定的先行支付金额基础上再予扣减以及如何扣减。

【法院裁判要旨】

山东省济宁市任城区人民法院经审理认为：医疗费用先行支付依法是按照

统筹地区基本医疗保险基金支付的规定先行支付相应部分的医疗费用，并非郑某某所称的扣减第三人、交强险支付的医疗费后剩余数额。某区医保局按照某市基本医疗保险基金关于医疗费用报销的相关规定，测算出郑某某住院费用符合基本医疗保险统筹可报销金额为 24.88 万元，而第三人赔付的款项已经超过该先行支付的医疗费用数额，因此某区医保局作出案涉不予先行支付决定，并无不当，不存在应当予以撤销的情形。

山东省济宁市任城区人民法院根据《中华人民共和国行政诉讼法》第六十九条之规定，判决如下：

驳回原告郑某某的诉讼请求。

郑某某不服一审判决，提起上诉。山东省济宁市中级人民法院经审理认为：本案郑某某与第三人发生交通事故产生的医疗费用为 531620.14 元，某区医保局按照统筹地区基本医疗费用报销的规定测算出的先行支付费用为 24.88 万元，可见郑某某的诸多医疗费用未能计入先行支付的范围，第三人支付的医疗费用应优先抵偿郑某某未能获得报销或先行支付部分的损失，超出部分可从先行支付数额中予以扣除，而不应以其全额先从先行支付数额中予以扣除，某区医保局以郑某某自第三人处所获得的医疗费用已超过该数额为由决定不予支付没有法律依据，亦不符合《中华人民共和国社会保险法》所规定的保障公民在特殊情况下依法从国家和社会获得物质帮助的基本原则。某区医保局核定的先行支付金额超出了生效判决认定的第三人仍应向郑某某支付的医疗费金额 246620.14 元，故，某区医保局应当按照第三人未支付的医疗费金额履行基本医疗保险基金先行支付的法定职责。

山东省济宁市中级人民法院依照《中华人民共和国行政诉讼法》第七十条第二项、第七十三条、第八十九条第一款第二项之规定，判决如下：

一、撤销济宁市任城区人民法院（2021）鲁 0811 行初 149 号行政判决；

二、撤销被上诉人某区医保局于 2021 年 6 月 24 日作出的《不予先行支付决定书》；

三、责令被上诉人某区医保局于本判决生效后三十日内履行先行支付上诉人郑某某医疗费246620.14元的法定职责。

【法官后语】

本案系对第三人侵权引发的基本医疗保险基金先行支付数额进行明确的新颖性案例。

我国现行法律法规关于第三人侵权情形下的基本医疗保险先行支付制度的规定较为原则，未明确先行支付金额的具体支付规则。司法实践中，社保部门为了避免陷入向第三人追偿的困境，更倾向于严格掌握先行支付的条件和范围；法院对于第三人侵权时先行支付具体医疗费金额的审查标准也存在争议，本案一、二审法官的裁判分歧即为上述争议点的动态呈现。本文将结合具体案情，从先行支付金额核定方式及第三人支付医疗费用的抵偿方式两个方面分析确定先行支付金额的审查规则。

一、基本医疗保险基金先行支付的金额应由社会保险经办机构进行核定

本案在审理过程中，对于医保基金先行支付的范围产生了两种不同意见，一种意见认为，基本医疗保险基金先行支付作为一种社会保障和救济功能的制度设置，具有先行垫付的性质，根据《社会保险基金先行支付暂行办法》之规定，先行支付范围及金额具体应由社会保险经办机构进行核定。另一种意见认为，医保基金先行支付与参保人员因病产生医疗费用的统筹报销是两种不同的情况，医保基金先行支付的范围即为第三人应当负担而未予支付的医疗费。

笔者同意第一种意见，即先行支付的范围及金额以社会保险经办机构的核定为准，而不是直接以第三人未支付的医疗费作为先行支付的金额。主要判断逻辑如下：第一，基本医疗保险先行支付规定在《中华人民共和国社会保险法》基本医疗保险的章节中，从体系解释上来看，先行支付的医疗费用范围应当与《中华人民共和国社会保险法》规定的医疗保险基金支付的医疗费用范围相一致，即参保人的基本医疗支出，相应的待遇标准也应当按照国家规定执行；第二，社会保险经办机构作为专业的医疗保险基金支付部门，对医疗费用的支付比例，以及相关药品、服务等费用是否在支付范围内具有专业判断力，人民法院对此应保持必要的尊让与谦抑。

需要注意的是，虽然《社会保险基金先行支付暂行办法》规定社保部门应根据本地区适用的基本医疗保险基金先行支付规定来确定先行支付范围，但实践中社保部门一般是根据本地区关于医保报销的规定通过基本医疗保险结算系统确定先行支付范围和金额。

二、第三人支付的医疗费用应优先冲抵参保人未能获得先行支付部分的损失

关于第三人支付医疗费用的冲抵顺序，本案一、二审法官的裁判观点并不一致。一审法院认为本案第三人已经支付的医疗费应冲抵医保部门确定的应先行支付的数额，二审法院则认为第三人支付的医疗费应优先抵偿参保人未能获得报销或先行支付部分的损失，若有超出部分再从确定的先行支付数额中予以扣除。上述两种冲抵方式的区别点在于对社保基金收支控制和参保人利益保护的不同价值衡量。

笔者赞同二审法院的裁判观点，具体理由如下：

第一，从基本医疗保险先行支付制度的立法目的来看，其制度初衷在于保证受害的参保人员能够获得及时的医疗救治，确保参保人产生的医疗费用能够得到及时充分的补偿，从而保障参保人的生命健康。如前所述，各地区社保部门在确定先行支付数额时，一般会将参保人因第三人侵权实际发生的医疗费用经过本地市医保报销系统进行核减，参保人实际上会有大量医疗费用未得到补偿，若此时再将第三人支付的部分医疗费用冲抵该先行支付数额，那么参保人所能获得的医疗费用补偿将远低于其实际发生的医疗费用。

第二，从社保追偿权的制度设计来看，《中华人民共和国社会保险法》在设立基本医疗保险先行支付制度的同时配套规定了社保基金对第三人的代位追偿权，赋予医保基金对其垫付的第三人未支付的医疗费用享有向第三人全额追偿的权利，这也使得医保机构在确定了应当先行支付的数额后，只要参保人不会因第三人支付的部分医疗费用而获益，便没有必要再将第三人先前支付的部分医疗费用予以扣减。

本案郑某某未获得清偿的医疗费用在某区医保局核定的先行支付金额范围

之内，某区医保局此时不应简单地以第三人先前支付的款项已经超过其确定的先行支付的医疗费用数额为由决定不予先行支付。如果郑某某未获清偿的医疗费用高于某区医保局核定的先行支付的金额，某区医保局也只应在核定金额内予以先行支付，郑某某未获完全清偿的部分，仍可继续向第三人主张权利，这实际上是通过医保基金的先行支付分散了参保人已支付医疗费用的清偿风险，也是医保基金先行支付的功能之一。本案二审法院裁判第三人支付的部分医疗费应优先抵偿参保人未能获得报销或先行支付部分的损失，该观点体现了保障参保人利益的价值衡量，符合医疗保险先行支付制度的初衷。

综上，本案厘定了先行支付金额的核定方式，特别是对第三人部分支付医疗费用后冲抵方式的认定，解决了实践中因第三人责任造成人身伤害的情况下医疗保险先行支付的金额确定问题，其裁判思路在未突破相关法律法规规定的前提下，符合保险的对价平衡和损害补偿原则，对司法实践中处理此类问题确立了裁判规则和具体指引。

编写人：山东省济宁市中级人民法院　戴亚男
山东省济宁市任城区人民法院　路姗

53

经行政复议后程序性行为的可诉性问题

——张某诉某区自然资源局、某区人民政府违法建筑认定及行政复议案

【案件基本信息】

1. 裁判书字号

广东省江门市中级人民法院（2022）粤07行终500号行政裁定书

2. 案由：违法建筑认定及行政复议

3. 当事人

原告（上诉人）：张某

被告（被上诉人）：某区自然资源局、某区人民政府

【基本案情】

2021 年 4 月 15 日，某街道办事处作出《关于征求规划许可专业性意见的函》，请求某区自然资源局就某地块建（构）筑物的行为，是否属于“未依法取得建设工程规划许可证或者未照建设许可证规定进行建设”的情形，以及是否属于《广东省城乡规划条例》第八十条“尚可采取改正措施消除对规划实施的影响的”情形作出明确的适法认定。2021 年 5 月 13 日，某区自然资源局作出《关于对违法建筑认定的函》载明，经查核，涉案建筑物未取得城乡规划主管部门的建设工程设计方案审查文件，也未取得建设工程规划许可证，违反了《中华人民共和国城乡规划法》第四十条及《广东省城乡规划条例》第四十条、第四十一条的规定，属违法建筑，请某街道办事处依据《中华人民共和国城乡规划法》第六十四条及《广东省城乡规划条例》第八十条有关规定依法处理。张某不服该《关于对违法建筑认定的函》，向某区政府申请行政复议。某区政府作出《行政复议决定书》认为，该《关于对违法建筑认定的函》是针对案涉建筑物作出判定，对张某的权利义务产生实质影响，因此，《关于对违法建筑认定的函》可以作为复议审查范围，并认定该《关于对违法建筑认定的函》事实清楚，内容恰当。遂作出维持《关于对违法建筑认定的函》的复议决定，并载明如对该决定不服有提起行政诉讼的权利、途径及期限。张某不服，遂提起本案行政诉讼。

【案件焦点】

1. 城乡规划部门向某街道办事处内部之间作出的专业性意见《关于对违法建筑认定的函》是否属于行政诉讼受案范围；2. 如该适法认定函不属于受案范围，经行政复议实体处理后，行政相对人因此是否具有诉权。

【法院裁判要旨】

广东省江门市江海区人民法院经审理认为：本案中，某区自然资源局作出的《关于对违法建筑认定的函》仅系某街道办在作出最终处理前的过程中一份参考性文件，该函实质属于为作出行政行为而实施准备并依附于该行政行为整体处理程序的阶段性、过程性、非终局性且不具备独立法律效力亦不具备可执行内容的行为，不具有行政法律意义上的单独可诉性。同时根据《最高人民法院关于适用〈中华人民共和国行政诉讼法〉的解释》第一百三十六条第七款“原行政行为不符合复议或者诉讼受案范围等受理条件，复议机关作出维持决定的，人民法院应当裁定一并驳回对原行政行为和复议决定的起诉”的规定，虽某区政府作出案涉《行政复议决定书》决定维持前述《关于对违法建筑认定的函》，但该函不符合行政诉讼受案范围，在本案中应当裁定一并驳回对该《行政复议决定书》的起诉。

广东省江门市江海区人民法院依照《最高人民法院关于适用〈中华人民共和国行政诉讼法〉的解释》第六十九条以及第一百零一条第一款之规定，裁定如下：

驳回张某的起诉。

张某不服一审裁定，提起上诉。广东省江门市中级人民法院同意一审法院裁判意见。

广东省江门市中级人民法院依照《中华人民共和国行政诉讼法》第八十九条第一款第一项之规定，裁定如下：

驳回上诉，维持原裁定。

【法官后语】

本案是全面推进镇（街）综合行政执法、完善基层综合执法体制机制改革进程中，人民法院最早受理的以街道办事处作为城乡规划管理执法权下放主体的案件之一。在执法实践中，承接执法权的镇政府或街道办事处可能因人员、配置的专业技术薄弱、承接能力不够、履职力量不足等导致其实施，如城乡规划管理等领域的行政执法措施效果不尽如人意，其往往需要执法权下放前的职权部门在行政机关内部之间作出专业性意见或适法认定函件作为参考依据，部分行政相对人因意欲规避后续可能被实施强制执行的风险，而提前提起前置性诉讼。由此引发的核心问题是，该类专业性意见或适法认定函件是否属于行政诉讼受案范围。

一、专业性意见属于过程性行为，不具有独立法律效力，不属于行政诉讼受案范围

行政诉讼审查的对象应是对公民、法人或者其他组织的权利义务产生直接确定法律效力的行政行为。根据《最高人民法院关于适用〈中华人民共和国行政诉讼法〉的解释》第一条第二款第六项之规定，行政机关为作出行政行为而实施的准备、论证、研究、层报、咨询等过程性行为不属于人民法院受案的范围。由此可知，可诉的行政行为需具备成熟性、终局性。本案某区自然资源局作出案涉《关于对违法建筑认定的函》，系某街道办事处为了执法需要，就相关事实及法律问题征询有关城乡规划主管机关，由该主管机关某区自然资源局在内部流转函复的专业性意见，仅作为某街道办事处在作出最终处理前的其中一份参考性证据，该专业性意见此并非基于某区自然资源局主导的行政程序而作出的行政行为。最终的行政行为应由某街道办事处依法定职权全面、客观公正地调查收集有关证据，调查核实相应法律事实，在正确适用法律法规、遵守法定程序等情况下，综合衡量包含前述专业性意见在内的全案证据，就张某的案涉建设行为作出终局性的行政处理决定。概言之，该《关于对违法建筑认定的函》仅为整体处理程序的其中一项环节程序，属于为作出行政行为而实施准备并依附于该行政行为整体处理程序的阶段性、过程性、非终局性行为，其所产生的法律效力将会被最终的实体处理行政行为所吸收或覆盖，该过程性行为不具有独立法律效力，亦未产生确定性法律规制效果，不具有行政法律意义上的单独可诉性，其并没有对张某的实体权利义务不会直接造成直接实质性影响，亦不会设立、变更或消灭任何新的权利义务，故不应被纳入审查范围。如张某对该《关于对违法建筑认定的函》不服，可待相应行政机关作出具有

独立法律效力的行政行为后，依法针对该成熟性、终局性行政行为整体提起行政诉讼。

二、过程性行为不因实体处理的复议决定获得可诉条件

《中华人民共和国行政诉讼法》以及《最高人民法院关于适用〈中华人民共和国行政诉讼法〉的解释》规定的行政诉讼受理条件，与《中华人民共和国行政复议法》及《中华人民共和国行政复议法实施条例》规定的复议受理条件基本一致，以利害关系为例，复议机关如果对申请人申请复议的主体资格判断有误，进而作出维持原行政行为的复议决定，当事人不服提起行政诉讼。人民法院经过审查认为原告因与原行政行为没有利害关系而不具有申请复议的资格，人民法院应当一并驳回当事人对原行政行为和复议决定的起诉，而不宜对复议决定进行实体审查；比如，在原行政行为超过起诉期限的前提下，复议机关作出维持决定，当事人不服提起行政诉讼的，人民法院亦应对全案裁定驳回起诉。此外，从维护行政法律关系的稳定性及行政诉讼起诉制度的严肃性考虑，亦不应当让不符合起诉条件的当事人通过行政复议程序重新获得已经丧失的诉权。一般而言，可申请行政复议的行政行为，亦应当是行政主体直接设定行政相对人权利义务或者对行政相对人权利义务直接产生影响并对外发生法律效果的行为，故人民法院是否受理行政诉讼案件，应不受复议机关是否进入实体复议程序的影响，即使该复议机关错误告知了行政相对人救济途径的情况下，亦不应因此获得诉权依据。根据《最高人民法院关于适用〈中华人民共和国行政诉讼法〉的解释》第一百三十六条第七款之规定，原行政行为不符合复议或者诉讼受案范围等受理条件，复议机关作出维持决定的，人民法院应当裁定一并驳回对原行政行为和复议决定的起诉。虽本案中，复议机关作出维持实体决定并告知当事人可以提起行政诉讼，但该《关于对违法建筑认定的函》不因实体处理的复议方式对实质诉讼标的产生行政法律上的可诉条件。在本案中，应当裁定一并驳回对原行政行为和复议决定的起诉。

值得注意的是，如一个成熟的行政行为面临被行政相对人在不同阶段多次起诉的困境，不仅可能引发以司法权拖累行政权的嫌疑，还可能有违“一事不

再理”的裁判规则，且极大地浪费司法资源。本案出于维护行政效率的目的，裁判释明应将程序性行政行为和最终的实体行政行为一并救济，既符合法律救济效益，也可避免对过程性行政行为的滥诉审查而过于频繁地干扰正常的行政秩序进程。

编写人：广东省江门市江海区人民法院　廖杰华

54

拍卖公司网上记分评价行为不具有行政可诉性

——拍卖公司诉某市公共资源交易管理办公室行政纠纷案

【案件基本信息】

1. 裁判书字号

浙江省宁波市中级人民法院（2022）浙02行终167号行政裁定书

2. 案由：行政纠纷

3. 当事人

原告（上诉人）：拍卖公司

被告（被上诉人）：某市公共资源交易管理办公室（以下简称某市公管办）

【基本案情】

2021年8月3日，拍卖公司受运输公司委托，在“网上竞价平台”举行网络拍卖会，拍卖成交后，经某市公管办审核，于8月5日在某市公共资源交易网依法公告拍卖结果，公告载明公告期限自2021年8月5日至12日止。

2021年9月26日，某市公管办作出《动态评价记分通知书》（以下简称《通知书1》）。《通知书1》载明，拍卖公司在其代理活动中只公示了5个自然日（自2021年8月5日至10日），存在结果公告日期少于5个工作日的违法违规行为。根据《某市公共资源交易代理机构动态评价暂行办法》（以下简称《暂行办法》）的规定，记 3 分。次日，该公司收到《通知书 1》，并向某市公管办口头提出异议。

2021 年 10 月 8 日，某市公管办作出编号相同的《动态评价记分通知书》（以下简称《通知书 2》），载明拍卖公司在某路某号部分房屋租赁及旧机动车拍卖项目公共资源交易代理活动中违反《某市国有产权交易管理办法》（以下简称《管理办法》）的规定，具体为该公司于 2021 年 8 月 5 日提交某市公管办备案的成交结果公告中公示期为自 2021 年 8 月 5 日至 10 日，公示期仅为 5 个自然日，不符合《管理办法》第十三条第六款“结果公告期不少于 5 个工作日”的规定。根据《暂行办法》的规定，记 3 分。2021 年 10 月 12 日，拍卖公司收到《通知书 2》。该拍卖公司不服，提起行政诉讼，要求判令撤销某市公管办作出的《通知书 2》。

【案件焦点】

《通知书 2》及记 3 分的处理行为是否具有可诉性。

【法院裁判要旨】

浙江省慈溪市人民法院经审理认为：《通知书 2》不具有可诉性。《通知书 2》与《通知书 1》的编号一致，处理一致，某市公管办听取拍卖公司的口头意见，对《通知书 1》中的用词进行调整后形成《通知书 2》与《通知书 1》没有实质性差异。故，《通知书 2》并未对拍卖公司的权利义务产生新的影响，不具有可诉性。

评价记分记 3 分的行为不具有可诉性。第一，从评价记分主体来看，根据《宁波市公共资源交易管理条例》第五条，《管理办法》第六条、第十三条，《暂行办法》第二条、第五条、第八条及附件等的规定，作为某市行政区域范围内公共资源交易项目的代理机构的监管部门，某市公管办有权对照评价标准对拍卖公司代理的项目进行评价并编制记分通知书。

第二，从评价记分的法律后果看，根据《暂行办法》第四条规定，项目评价由项目单位（项目招标人、出让人、转让人、采购人等）、某市公管办、市公共资源交易中心三方组织实施。第九条规定，动态评价按项目单位项目评价占比10%、某市公管办项目评价占比50%、市公共资源交易中心项目评价占比40%，以动态评价分发布当日的前一个整年度时间为计分周期，计算公式为动态评价分=项目单位对代理机构计分周期内的所有项目评价的算术平均分×10%+某市公管办对代理机构计分周期内的所有项目评价的算术平均分×50%+市公共资源交易中心对代理机构计分周期内的所有项目评价的算术平均分×40%+奖励分-惩戒分。据此，某市公管办对某家代理机构计分周期内单个项目的评分仅是形成动态评价分的一个环节，在动态评价分中占比重较小，对代理机构合法权益的影响尚未最终形成。本案中，某市公管办对拍卖公司代理的涉案项目记3分，属于对单个项目的评价记分，系动态评价中的一个环节、过程。另根据《暂行办法》规定的计分周期，《暂行办法》于2021年7月30日发布，计分周期现尚未届满，并未形成并发布最终的动态评价分。故，某市公管办作出的涉案项目评价记3分，对拍卖公司的权利义务不产生实际影响。

第三，从被记分机构的救济途径来看，记分行为的性质也具有内部监督管理性质。依照《暂行办法》第八条规定，代理机构应当在收到通知后的3个工作日内，以书面方式或通过宁波市中介超市向相关评价主体提起申诉。据此，被记分的代理机构不服记分的，有相应的救济途径，但该救济途径明显不属于行政复议性质。

综上，《通知书2》未对拍卖公司的权利义务产生新的影响，记3分的行为也不属于人民法院行政诉讼受案范围，拍卖公司的起诉不符合《中华人民共和国行政诉讼法》第四十九条规定的起诉条件。

浙江省慈溪市人民法院依照《最高人民法院关于适用〈中华人民共和国行政诉讼法〉的解释》第六十九条第一款第一项之规定，裁定如下：

驳回拍卖公司的起诉。

拍卖公司不服一审裁定，提起上诉。浙江省宁波市中级人民法院同意一审法院裁判意见。

浙江省宁波市中级人民法院依照《中华人民共和国行政诉讼法》第八十九条第一款第一项的规定，裁定如下：

驳回上诉，维持原裁定。

【法官后语】

当前，经济新业态迸发，形式多样的新行业层出不穷，为了提升行业规范，各大监督机关积极探索合理有效的管理方式。采用记分评价标准对公司企业进行量化性管理，一定程度上可以加强监督，提升服务，促进商业间良性竞争。但在记分评价行为可能对当事人后期发展产生影响的情况下，监督机构的网上记分评价行为是否具有行政可诉性？一方面是新生事物的规范发展必经过程，另一方面是法律体系的权威体现，网上记分评价行为可诉性问题不仅关系到个案，行政诉讼法律体系的严谨和后续行业评价的连锁效应同样值得关注。

谈及记分评价，我们生活中接触较多的是交通违法记分行为，但具体实践中，交通违章扣分可以单独进行行政诉讼，是因其记分系依附于道路交通安全违法处罚程序中，有相应法律规定予以支持，但拍卖公司网上记分评价行为在没有明确具体的法律规范情况下，需以行政诉讼法一般标准予以权衡。本案中，拍卖公司对网上记分评价行为提起行政诉讼，综合考虑到监督机关行为合法性、法人组织合法权益的保护和行政诉讼法中该行为的法律规范。某市公管办有权对照评价标准进行评价并编制记分通知书，并无不当；拍卖公司作为被记分机构，可通过申诉进行救济，保护其合法权益，救济途径并非行政诉讼唯一渠道；网上评价记分行为是否具有行政可诉性问题，需从行政诉讼受案范围予以考量。

第一，网上记分评价行为属于内部监管行为，不具有行政可诉性。根据《中华人民共和国行政诉讼法》第四十九条之规定，起诉应符合人民法院受案范围，本案中，某市公管办作出的评价记分行为系拍卖管理机构对拍卖公司内部管理考核办法，属于内部监督管理性质，是为加强管理、规范代理，提升服务能力而做出的评价，没有设定强制性权利义务，其记分评价仅是为了引导项目单位择优选取代理机构，不属于行政处罚。

第二，网上记分评价行为属于过程性行为，不具有行政可诉性。某市公管办做出动态评价记分所依据的评价标准《暂行办法》既不属于地方性法规，也不属于地方政府规章，而属于部门规范性文件。根据规定，该规范性文件不得设定行政处罚。事实上该规范性文件也仅规定了根据代理机构的动态评价结果制定“择优选取”和“直接选取”比选方法，引导项目单位择优选取代理机构，并未规定动态评价记分会产生停业整顿等法律后果。

根据《最高人民法院关于适用〈中华人民共和国行政诉讼法〉的解释》的规定，行政机关为作出行政行为而实施的准备、论证、研究、层报、咨询等过程性行为，不属于行政诉讼的受案范围。可诉的行政行为应当具备成熟性特征，只有最终对外产生法律效力的行为才能纳入行政诉讼的受案范围；对于行政程序进行中的阶段性、过程性行为，通常不属于行政诉讼的受案范围。该案中，监督机构对拍卖公司的评分行为仅属于择优选取一个环节，占比较小，同时对该公司合法权益的影响尚未最终形成，不宜纳入行政诉讼受案范围。

编写人：浙江省慈溪市人民法院　赵文

ISBN 978-7-5216-4357-2

9 787521 643572 >

图书在版编目（CIP）数据

中国法院2024年度案例．行政纠纷／国家法官学院，最高人民法院司法案例研究院编．—北京：中国法制出版社，2024．5

ISBN 978-7-5216-4357-2

Ⅰ．①中… Ⅱ．①国…②最… Ⅲ．①行政法-案例-汇编-中国 Ⅳ．①D920．5

中国国家版本馆CIP数据核字（2024）第054099号

策划编辑：李小草　韩璐玮（hanluwei666@163.com）
责任编辑：韩璐玮　　封面设计：李宁

中国法院2024年度案例．行政纠纷

ZHONGGUO FAYUAN 2024 NIANDU ANLI. XINGZHENG JIUFEN

编者/国家法官学院，最高人民法院司法案例研究院
经销/新华书店
印刷/三河市紫恒印装有限公司
开本/730毫米×1030毫米　16开　　印张/18.25　字数/225千
版次/2024年5月第1版　　2024年5月第1次印刷

中国法制出版社出版
书号 ISBN 978-7-5216-4357-2　　定价：75.00元

北京市西城区西便门西里甲16号西便门办公区
邮政编码：100053　　传真：010-63141600
网址：http：//www.zgfzs.com　　**编辑部电话：010-63141791**
市场营销部电话：010-63141612　　**印务部电话：010-63141606**

（如有印装质量问题，请与本社印务部联系。）